Von weißen Frauen, Hexen, Teufeln, Geistern und anderen Mitmenschen

Eine Sammlung Odenwälder Sagen aus dem Mümling- und Gersprenztal mit ihren Höhen und Seitentälern

Gesammelt und bearbeitet von Helmut Schmitt

Zeichnungen von:
Gisela Gansler, Dorf-Erbach und Horst Schnur, Olfen

ISBN 3-9807224-2-2

© by es-Verlag, Erbach/Odenwald
Klaus Seigies, Brombachtal
2000
Nachdruck, auch auszugsweise nur mit Genehmigung des Herausgebers
4. Auflage 2014

Nachruf

Helmut Schmitt, der Sammler dieser Sagen und Erzählungen, verstarb am 04. September 1998.

In stillem Gedenken an einen wunderbaren Menschen

Vorwort

Das Buch beinhaltet eine Sammlung Odenwälder Sagen aus dem Mümling- und Gesprenztal mit ihren Höhen und Seitentälern. Es sind Überlieferungen aus schriftlichen und mündlichen Quellen, die von meinem Großvater Helmut Schmitt zusammengetragen, geordnet und bearbeitet wurden.

Sowohl die Sagen, als auch die alten Erzählungen aus dem Odenwald blieben unverändert in ihrem Stil. Sie zeichnen sich durch ihre langen, heute nicht mehr üblichen Schachtelsätze aus. Der Lesefluß wird hierdurch nicht unterbrochen, und die Ursprünglichkeit dieser Sagen und Erzählungen bleibt erhalten. Nichts ist vereinfacht oder erweitert. Man muß sich daher etwas einlesen am Anfang, aber es lohnt sich, weil der Leser schnell merkt, daß Inhalt und äußere Form ein harmonisches Gesamtbild ergeben.

Danken möchte ich vor allem Herrn Klaus Sulzbach, ohne dessen Unterstützung das Buch nicht entstanden wäre. Gleiches gilt für alle diejenigen, die mir mit Engagement geholfen haben. Dem Leser wünsche ich, daß er viel Freude an diesem Buch hat und es immer wieder gerne aufschlägt.

Klaus Seigies

Grußwort des Landrat

Seit jeher ist der Odenwald ein von Märchen und Sagen umwobenes Gebiet. Durch seine hügelige Landschaft und die waldreiche Gegend galt er früher sogar als unwegsam und unzugänglich und wurde als geheimnisvoll, ja sogar als unheimlich beschrieben.

Das war natürlich der ideale Lebensraum für Sagengestalten, Drachen, Riesen, Hexen, Feen, Elfen und Geister. Über alle diese Gestalten werden Märchen, Geschichten und Sagen erzählt, die Jung und Alt magisch anziehen. Sie regen die Phantasie an, auch wenn sie nur aus ihr entsprungen sind oder das eine oder andere hinzugedichtet wurde.

Nicht nur Kinder hören gerne Märchen. Auch Erwachsene lauschen gespannt oder erzählen sie ihren Kindern als Gute-Nacht-Geschichte und erinnern sich an die eigene Kindheit.

Ich wünsche allen Kindern und Erwachsenen viel Freude beim Lesen dieses Sagen- und Märchenbuches und hoffe, daß wir alle ein Stück des Kind-Seins in unseren Herzen bewahren können und die Phantasie uns so manches Mal weit weg vom Alltag entführen kann.

Horst Schnur
Landrat des Odenwaldkreises

Inhaltsverzeichnis

Bad König
Die Braut in König als Katze	18
Der gebannte Fuhrmann in Bad König	19
Der umgehende Hund in Fürstengrund	20
Das Bubenkreuz zwischen Kimbach und Vielbrunn	21
Der Teufel weiß, wo Kimbach liegt	22
Der Wassermann	23

Beerfelden
Von der Burg Freienstein	26
a) Der Mann mit dem Schlackhut	27
b) Die feurigen Wagen vom Freienstein	28
c) Lebendig eingemauert	28
d) Die Geldkassette und der Teufel	28
e) Eine Kiste voll Geld	29
f) Das vergrabene goldene Kalb	29
Der Bärenstein bei Gammelsbach	30
Der Bärenstein bei Gammelsbach, 2. Fassung	30
Der wilde Jäger bei Gammelsbach	31
Die Zigeunerin in Beerfelden	32
Der wilde Jäger bei Beerfelden	33
Das Gespenst in der Kirche	34
Das Muhkalb	35
Eine Geiß muß den Teufel spielen	36
Das Olfener Bild	37
Die Frau am Scholzenbrunnen in Olfen	37
Die Hexenbuche zwischen Dürrellenbach und Olfen	38
Die Geschichte vom Regenmacher	39
Das Hexenhäuschen	41
Himbächel und Königsbrunnen	46

Die Entstehung Etzeans	49
Etzelshan	49
In der Walterbach	54
Vom Hasengrund	59
Das Holzmännchen im Hasengrund bei Etzean	60
Der Köhler auf dem Herrnberg	60
Vom Dorf in der Marbach	61
Der Bauernhof am feuchten Brünnchen	62
Fafenstein und Klofenberg	62

Breuberg

Von der Burg Breuberg	68
a) Vom Tore der Burg Breuberg	68
b) Vom Glücksschwein	69
c) Vom Breilecker am Breiberg	70
d) Der Breilecker	71
e) Vom unterirdischen Gang auf der Burg Breuberg	72
f) Das weiße Fräulein auf dem Breuberg	72
Die Sage vom Bruberg	73
Die Hexenmühle	77
Die Herren von Rosenbach	81
Das Mühlhäuser Schlößchen	83
Der Grenzsteinversetzer	86

Brombachtal

Das Wirtshaus auf der Böllsteiner Höhe	88

Erbach

Der Schlurcher auf dem Roßbacher Hof	90
Das weiße Mäuschen von Erbach	91
Der Schlapper in Erbach	92
Der Bärenstein bei Erbach	93
Wie ein Abwesender in Erbach zitiert wurde	93

Der Geist des alten Grafen	95
Das Tempelhaus in Erbach	96
Ering, Erich und Eling	98
Frevel am Heiligsten	102
Das Bubenkreuz	103
Der Dautenkopf	103
Das nächtliche Stöhnen an der Pestscheune in Fulbach	107
Die wilden Leute bei Ebersberg	108
Der Kalteberg	108
Aus der Ebersberger Gemarkung	110
Haisterbach und Schönnen	111
Das Lindenkreuz bei Haisterbach	115

Hesseneck

Der Axthirsch	118
Die Seitzer Buche	120
Vom Richterhaus im Eduardstal	123
Warum es in der Hohl in Kailbach „webbert"?	125
Die wilden Leute im Rindengrund	128
Der Eselspfad nach Hebstahl	130
Der feurige Mann in Kailbach	132
Schöllenbacher Eisenhammer	132
Der Schöllenbacher Bäcker und das Gewitter	136
Marienstille	138

Höchst

Das steinerne Kreuz bei Höchst	148
Ein Bahrgericht im Odenwald	149
Die Haselhecke am Riedberg	150
Woher Höchst seinen Namen hat	150
Höchst und Dusenbach	154
Die gezöpften Pferde in Pfirschbach	155

Lützelbach
Vom Drachenhof zu Rimhorn   158
Zum Henkmantel   162

Michelstadt
Der Plumgau   166
Eginhart und Imma   168
Das Opfer der Mümling   170
Die schwarze Katze   171
Der Stein Ebert   172
Vom Kloster Steinbach   173
  a) Die weiße Frau   174
  b) Die geisterhaften Gestalten   175
  c) Der köstliche Weingeruch   175
  d) Die glückverheißenden Raupen   176
  e) Lärm und Gesang im Kloster   176
Schloß Fürstenau   177
Der Krischer im Bezirk der Spreng   179
Der hohle Stein in den Ingelheimer Bergen bei Würzberg   180
Das verhexte Kind   181
Die Rache einer Hexe   182
Der Unsichtbare   183
Der Schlorker   184
Die gespensterhafte Melkerin   185
Von einer weißen Gestalt verfolgt   186
Die Lissegräit   187
Die Lissegräit und der Lehrer   188
Die Sage vom goldenen Kalb   189
Von der Benzenburg bei Vielbrunn   190
Vom Jannickel mit dem Kreuzstein   190
Versuch, einen Schatz zu heben   192
Sansenbuch im Odenwald   193

Der wallende Brunnen, auch Sweltersbronn genannt	194
Bran und Gir	198
Vom feurigen Aranvogel-Das Bubenkrutze	202
Vom feurigen Aranvogel-Der Orrein	205
Vom feurigen Aranvogel-Auf der Zuppensole	208

Mossautal

Die weiße Frau bei Mossau	214
Die ursprüngliche Mümlingquelle	215
Der Zigeunerstock bei Hiltersklingen	215
Der Zigeunerstock bei Hiltersklingen	216
Der Allmenjäger an der Wegscheide	217
Der Stein des lahmen Schneiders an der Wegscheide	218
Die Riesen bei Hiltersklingen	218
Die große Tanne bei Hiltersklingen	219
Woher Hüttenthal, Günterfürst und weitere Orte ihren Namen haben	219
Der Siegfriedsbrunnen	220
Die Sage vom Lindelbrunnen	221
Die Gestalt am Lindelbrunnen	221
Der Schnappgalgen bei Hüttenthal	222
Der Geisberger Hof bei Hüttenthal	222
Manegoldscelle	223
Der Zauberer von Güttersbach	230
Wie Güttersbach entstand und früher aussah	231
Das Güttersbacher Kloster (Die Wasserburg)	232
Der Funke aus dem Holz	233
Der wilde Jäger am Mühlberg bei Güttersbach	234
Die weiße Frau am Weißfrauenbrunnen	235
Der Köhler und die weiße Nonne	236
Die Schatzgräber und die Alte	238
Der Bub und die schwarzen Kröten	239

Rothenberg

Der wilde Jäger bei Rothenberg und Hirschhorn	242
Der wilde Jäger im Finkenbachtal	242
Die Rockenmahd	243
Der Bauer und der Teufel	244
Der Grenzsteinschmuggler	246

Gersprenztal

Vom Reichelsheimer Schlößchen	248
a) Der Hausgeist	249
b) Das Gespenst am Fenster	249
c) Die geisterhaften Männer	249
d) Das blaue Licht	250
e) Die weiße Gans	250
f) Die weiße Frau auf dem Reichenberg	251
g) Das Trompeterswäldchen	252
h) Das kleine Männchen	252
i) Der Galgen	252
j) Der krumme Bau	253
k) Der unterirdische Gang	254
Das Hexenbuch in Reichelsheim	255
Weißes Wiesel	256
Der Teufel unterm Pranger	257
Der Teufelsstein am Krautweg	258
Spuk im Gerichtssaal	259
Gestörtes Rendezvous	260
Eine merkwürdige Erscheinung	261
Der Alte am Fenster	262
Der Spuk im Ofen	263
Der unschuldig Hingerichtete	264
Das bunte Flämmchen	265
Das Geldfeuerchen in der Mühlgasse	265
Der Schatz im Buch	267

Die weiße Frau am Alten Weg	268
Eine Schüssel voller Gold	269
Der Einsiedler am Nebelsee	270
Das Beerfurther Schlößchen	271
a) Der Schatz im Schloß	272
b) Der Schatz im Keller	274
c) Der Schatz im Acker	275
d) Der Schatz am Burgweg	276
e) Der Bohnenacker	277
Wie die Beerfurther zu ihrem Gemeindewald kamen	278
Der Lohbouz	281
Vom Beerfurther Scholz	282
Das Geldfeuerchen am Hetzenberg	283
Ein Kessel voller Gold	284
Der Kriegsschatz	285
Von einer Hexe gebannt	286
Heimleuchten	286
Das goldene Kalb	287
Zwei Höhwische	288
Ein Kind schreit	290
Das verhexte Mutterschwein	291

Sagen vom Rodenstein

Rodenstein und Schnellerts	294
Der Rodensteiner ermordet sein schwangeres Weib	296
Der treue Rodensteiner oder der Sieg über die Türken	299
Die Doppelehe des Rodensteiners	300
Des Rodensteiners Rettung	302
Der Todestrunk der Wirtstochter	303
Der Schnellertsgeist	304
Vom Schnellerts	305
Das wilde Heer in der Küche	306
Die wilde Jagd auf dem Schnellerts	307

Der Reiter auf dem Schnellerts	308
Der Geisterwagen	309
Der Kornweg	310
Das Sonntagskind	310
Die Scheune in Ober-Kainsbach	311
Der nächtliche Reiter in der Haal	312
Des Rodensteiners letzter Auszug	313
Schatzgräber auf dem Rodenstein	315
Die Katzen auf dem Rodenstein	316
Tote Frau auf Rodenstein	317
Die Geister im Rodenstein	318
Der Mann auf dem Dreimärker	320
Der Schmied zu Kainsbach	324
Schlange auf dem Rodenstein	325
Hirt und Edelfräulein	327
Die drei Schwestern und der Hund am Schnellerts	328
Die Geiß im unterirdischen Gang zwischen Rodenstein und Schnellerts	329
Das Eichbrünnchen	331

In einem Odenwalddorf

Als Hexe gezeichnet	334
Die Hexe auf dem Mist	335
Das Bannen	336
Die gebannte Hexe	337
Die Hexe am viereckigen Waldstück	338
Der Teufel im Odenwälder Bauernhaus	339
Der Teufel im Pferdestall	340
Nächtlicher Friedhofsbesuch	342
Das naßgeweinte Tuch	344
Ein Mann im schwarzen Anzug	345
Das Licht auf dem Friedhof	345
Nächtliches Erlebnis eines Schneiders	346

Der ewige Jude	347
Das Hiebfestmachen	348
Der nächtliche Reiter	349
Der Mann im nächtlichen Gewitter	350
Nächtliche Begegnung	351
Die Katze auf dem Ochsenwagen	352
Der kranke Zugstier	353
Nächtlicher Lärm in einem Bauernhaus	354
Der Brandstifter	355
Die Blutlache in der Mühle	356
Der Gotteslästerer	357
Der Grenzsteinversetzer	359
Der wilde Jäger	360
Der feurige Wagen	361
Literaturverzeichnis	363

Bad König

ie Braut in König als Katze

Zwei Mädchen gingen zur Spinnstube. Das eine, ein an sich sonderbares Wesen, sagte plötzlich: „Bleib hier stehen, ich habe was zu tun. Gehe aber nicht von den Spinnrädern weg!" Doch die andere war neugierig und wollte sehen, was geschah. Da bemerkte sie, wie ihre Freundin zum Hause ihres Liebsten ging, mit dem sie eben böse war. Nachdem das erste Mädchen sich geschüttelt hatte, fielen ihr die Kleider ab, und eine Katze sprang am Weinstock in die Höhe. Von Schrecken ergriffen, lief das zusehende Mädchen nach Hause. Am andern Tag erzählte der Bursche, daß er in der Nacht von einer Katze gedrückt worden wäre wie noch nie.

Glenz, Heimatsagen Nr.3

Der gebannte Fuhrmann in Bad König

Moin Groußvadde hot vezäihlt, daß in Kinnig ins Schem-bäisches (Schönberger Hof) emal Musik wur. Do issen Ma'nn g'foan kumme, der hot do e emol hurdisch noigeguckt. Wieje äwwe wirre furt foan hot welle, do isses nit ga'nge. Di Gail un de Wache wur'n geba'nnt. Do isse noi un hot g'soat: „Ihr liewe Brire, loßt mich foan, äwwe eß bassiert e Ouglick!" - Wieje wirre auskumme iß, isses als noch nit g'ange. Do horre e Bail genumme un hot e Spaaje vum Road ezwaa gehaawe. Da'nn iß im Saal oane img'falle, dem wur eß Boa ezwaa.

Glenz, Heimatsagen Nr.31

Der umgehende Hund in Fürstengrund

Moin Brure iß emol owends niwwe uff die Kinnische Wiese, um ze wessen. Wieje niwwe iß, do horre unnes Päiremichels a'n de Grenze zwische Kinnig un Firschtegrund sou en grouße Hund rimlaafe sähe.

Zwische elfe und zwelfe isse wirre vum Wessen hoam. Do wur de Hund wirre do. Deßmol issem äwwe noochgelaafe. Er horren goanit lous wään kenne. Do horre g'soat: „Gäischde hoam!" -

Wieje deß gsoat kadde hot, issem de Hund uff de Buggel gsprunge un nit mäih runne gange. Er ist gsprunge mirrem, bisse nit mäih gekennt hot. Do horre gsoagt: „Ach´, du liwe Gott, helf me!" Un de Hund wur veschwunne. Es wur Samschdoags owends zum irschte Advent.

Glenz, Heimatsagen Nr.32

Das Bubenkreuz zwischen Kimbach und Vielbrunn

Zwischen Kimbach und Vielbrunn im Waldbezirk Oberhaspel steht ein mit drei Reliefkreuzen bezeichneter Gedenkstein, urkundlich „Bobencrutze", im Volksmund „Buwekreiz" (Bubenkreuz) genannt. Der Stein soll errichtet worden sein zur Erinnerung an den jähen Tod eines jungen Hirten.

Ein alter Mann wußte darüber folgendes zu erzählen:

Zwische Kimboch un Vielbrunn do lairen Stoa. Uff dem sinn drei Kraize oigemaaselt. Me säigt nurn dezu es Buwekraiz. An sellem Blatz hewwe emol drei Buwe gehi't. Weil se äwwe Langeweile kriegt hewwe, do hewwe se hoalt ougfange minanne ze spiele. Oane wur de Reiwe, die zwäi annen hewwe gfange und hewwen annem Strick uffgehengt.
  Sie hewwen glei wirre runne doun welle; äwwe do issen Hoas gelaafe kumme, der hot nurn drei Boa kadde.
  Dem sinn se hoalt noochgelaafe. Wiese äwwe wirre an ijen Hittblatz kumme soin, do wur de oam Bu dout.
  Jez iß dort e Gespenst; wann oans in de Noacht dort vebei gäiht, hebbt em äbbes uff de Buggel, un iascht an de Krimm wärres wirre lous.

Glenz, Heimatsagen Nr.33

er Teufel weiß, wo Kimbach liegt

Einem armen Burschen in Kimbach träumte drei Nächte hintereinander, er solle in Frankfurt auf die Brücke gehen, dort könne er sein Glück machen.

Eines Tages ging er auch hin. Suchend schritt er die Brücke ab, doch er konnte nichts finden. Da traf er einen Soldaten, der auf Posten stand, der fragte ihn, was er hier suchen wolle. Der Bauer erzählte nun seinen Traum. Als er auserzählt hatte, sagte der Soldat, auch ihm hätte dreimal hintereinander geträumt, er solle nur nach Kimbach gehen, wo hinter einer alten Scheune ein großer „Hollerbusch" stände, unter dem viel Geld läge. „Aber", so fügte der Soldat hinzu, „der Teufel weiß, wo Kimbach liegt." Unser Bauer aber stellte sich dumm, sagte kein Wort und ging noch eine Weile auf der Brücke hin und her. Endlich entfernte er sich und eilte rasch nach Hause, um die alte Scheune zu suchen. Dort fand er auch wirklich so viel Gold und Silber, daß er Äcker und Wiesen kaufen konnte, worüber die Leute seines Dorfes sehr erstaunt waren.

Noch heute aber ist im östlichen Odenwald die Redensart gebräuchlich: „Der Teufel weiß, wo Kimbach liegt."

Glenz, Heimatsagen Nr.34

er Wassermann

Im Odenwald fließt die Mümling. An diesem Flüßchen liegt ein Ort - Etzengesäß. Dort befand sich zu früherer Zeit ein Woog, und darin wohnte eine Nöcke oder ein Wassermann. Er hatte in der Tiefe einen herrlichen, schimmernden Saal. Bisweilen war er schuppich wie ein Fisch und hatte unten auch solchen Leib. Man sah ihn auch am Ufer sitzen wie ein gewöhnlicher Mensch. Nur hatte er grüne Haare. Zuleide tat er niemandem etwas.

Pfister, Sagen und Aberglaube S.53

Beerfelden

on der Burg Freienstein

Im schönen Gammelsbach, etwa fünf Kilometer südlich von Beerfelden, ist die stattliche Burgruine Freienstein zu finden. Sie ist Eigentum des Grafen von Erbach-Fürstenau. Sie wurde Mitte des 13. Jahrhunderts als Sicherung der südlichen Herrschaftsgrenze des Erbacher Landes erbaut. Es residierten hier als Burgmänner die Herren von Freienstein. Mitte des 14. Jahrhunderts wurde sie durch ein Erdbeben sehr beschädigt. Arnold von Freienstein verkaufte sie samt Dorf Gammelsbach danach an die Erbacher Schenke. Sie wurde Verwaltungssitz der Oberzent oder des Amtes Freienstein, dem die Stadt Beerfelden und weitere Dörfer angehörten. Im 15. Jahrhundert wurde sie als Wohnschloß wieder aufgebaut. Sie war auch Witwensitz des Grafenhauses. Sie diente auch als Jagdschloß, im dem die Pfalzgrafen zu Gast waren. Im dreißigjährigen Krieg war sie Fluchtburg für die Bevölkerung. Danach hatte sie keine strategische Bedeutung mehr und zerfiel langsam. Nach dem großen Stadtbrand von Beer-felden im Jahr 1810 erlaubte Graf Albrecht den Obdachlosen, Materialien aus der Burg zu holen. Letztmalig wird sie 1811 als Armenwohnung genutzt. In den Jahren des Großherzogtums Hessen, vor und nach dem Ersten Weltkrieg und nach dem Zweiten wurde immer wieder versucht, die Burg zu erhalten. 1988 stürzte die Burg zum größten Teil ein. Heute bemüht sich der Heimat- und Geschichtsverein Oberzent, um die Sanierung der noch stehenden Reste des Schlosses, wie die Burg von der Gammelsbacher Bevölkerung genannt wird. Um diese alten Mauerrest hat auch die Sage ihre duftigen Gewebe gesponnen.

Glenz, Heimatsagen Nr. 1

a) Der Mann mit dem Schlackhut

Vor ein paar Jahren hat noch eine alte Frau eines der Zimmer des verfallenen Schlosses Freienstein bewohnt. Eines Abends trat ganz unbefangen ein Mann zu ihr in die Stube herein, der einen grauen Rock, einen großen Schlackhut und einen langen Bart trug.

Er hing seinen Hut an den Nagel, setzte sich, ohne um jemand sich zu kümmern, nieder an den Tisch, zog ein kurzes Tabakspfeifchen aus seinem Sack und fing gemächlich an zu rauchen. So blieb der Graue immer hinter seinem Tische sitzen. Die Alte aber konnte seinen Weggang nicht erwarten und legte sich ins Bett.

Morgens war das Gespenst wieder verschwunden. Des Schulzen Sohn erzählte: „Am ersten Christmorgen, während Amt in der Kirche gehalten wurde, saß meine Frähle (Großmutter) in unserer Stube und betete. Als sie einmal vom Buch aufsah und gerade nach dem Schloßgarten guckte, erblickte sie oben einen Mann, der von Zeit zu Zeit hackte. Er trug eine graue Kette und einen Schlackhut. So haben wir und alle Nachbarn ihn gesehen."

Glenz, Heimatsagen Nr.1a

b) Die feurigen Wagen vom Freienstein

Konrad Schäfer aus Gammelsbach erzählte: „Ich habe vor einigen Jahren Frucht aus der Hirschhorner Höhe nicht weit vom Freienstein, dem alten Schloß, gehütet. Nachts um zwölf begegneten mir zwei feurige Kutschen mit gräßlichem Gerassel; jede war mit vier feurigen Rossen bespannt. Der Zug kam gerade vom Freienstein. Er ist mir nicht einmal, sondern öfters begegnet und hat mich jedesmal gewaltig erschreckt; denn es saßen Leute in den Kutschen, denen die Flamme aus Maul und Augen schlug." *Glenz, Heimatsagen Nr.1b*

c) Lebendig eingemauert

Das Gammelsbacher Schloß soll früher einen Turm gehabt haben. In den sind die Leute lebend eingemauert worden. Sie sind nie mehr ans Tageslicht gekommen. Es waren Bauern, die ihre Güter nicht hergeben wollten. Die Sträflinge haben dort auch Steine auf dem Kopf tragen müssen.
Hardes, Der Odenwald 1960/2 S.52

d) Die Geldkassette und der Teufel

Bei dem Schloß soll eine Geldkassette vergraben gewesen sein. Einmal haben zwei Männer versucht, diesen Schatz zu heben. Da ist der Teufel gekommen. Der eine der beiden hat aber nicht schweigen können und hat gerufen: „Peter, der Schwarze kommt, geh aus dem Loch!" Da sind die beiden davongelaufen und haben nicht mehr gewagt, nach dem Geld zu graben.
Hardes, Der Odenwald 1960/2 S.52

e) Eine Kiste voll Geld

In Gammelsbach hat eine Frau nachts einen Traum gehabt, sie solle vom Garten aus in einen Gang gehen. Da würde sie eine Kiste finden und ein Schwert dabei. Die Kiste wäre voll mit altem Geld, und das Geld wäre unrechtmäßig erworben. Die Frau hat den Traum dreimal gehabt. Beim dritten Mal ist sie am Werktag zum Pfarrer gegangen und hat ihm den Traum erzählt. Der ist darauf mit ihr gegangen und gar nicht weit im unterirdischen Gang hat die Kiste gestanden. Man hat sie mit einem Kuhfuhrwerk zum Pfarrhaus gefahren und dort aufgemacht. Sie war voll mit Geld. Auch das Schwert ist gefunden worden und noch ein Totenkopf.
Hardes, Der Odenwald 1960/2 S.52

f) Das vergrabene goldene Kalb

In de Ruine Freieste is e goldnes Kalb vergrawe, ineme unererdische Gong, sage die Leit. De Beughär, der in de Beug war, war evongelisch, un de annern Leit warn a evongelisch, un donn sin se heidnisch worn un hawe sisch e goldnes Kalb gemacht. Wie des de Beughär rausgegrigt hot, hot der geschimpft un hot ihne verbore, des Kalb länger ozubere. Do hawwe ses vergrawe ineme unererdische Gong, wos nimaond find.
Hardes, Der Odenwald 1960/1 S.4

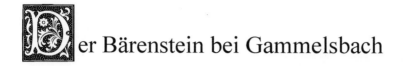er Bärenstein bei Gammelsbach

An der alten Straße von Gammelsbach nach Rothenberg liegt links am Wege ein formloser Felsblock. Im Volksmund heißt er nur „der Bärenstein". Er ist mit einigen, teilweise verwitterten, von ungeübter Hand eingehauenen Buchstaben versehen. Von den roten Schriftzeichen ist nur noch zu erkennen „DIO VII". Der Sage nach ist der Block ein uraltes Totenmal. Das Volk erzählt sich darüber:

In alter Zeit, als noch Wölfe, Bären und andere wilde Tiere hier bei uns im Odenwald hausten, soll einmal ein Wanderer an der alten Straße von Gammelsbach nach Rothenberg von einem Bären zerfleischt und getötet worden sein. Zum Gedächtnis dieser Begebenheit habe man hier den Bärenstein errichtet.

Glenz, Heimatsagen Nr.2

Der Bärenstein bei Gammelsbach, 2. Fassung

Früher, als es noch Bären und Wölfe in den Wäldern um Gammelsbach gab, gingen eine Mutter und ihr Töchterchen einen alten Weg nach Eberbach. Nicht weit unterhalb des Dorfes kam ein großer, brauner Bär und erschreckte die beiden durch sein Brummen. Heißhungrig kam er aus dem Dickicht hervorgestürzt und zerfleischte Mutter und Kind. Zum Andenken an jene Bluttat hat man an der Unglücksstätte einen roten Waldstein hingesetzt, darauf man heute noch zwei Bärentatzen sehen kann. Im Volke heißt er nur der „Bärenstein". Er liegt links an der alten Rothenberger Chaussee.

Glenz, Heimatsagen Nachdruck 1997 Nr.2a

Der wilde Jäger bei Gammelsbach

Von Gammelsbach nach Falkengesäß ist der Wilde Jäger gefahren. Eine Scheune auf seinem Weg ist von allein aufgesprungen. Es hat gerauscht in der Luft, und die Hunde haben gegauzt.

Hardes, Der Odenwald 1960/1 S.8

Die Zigeunerin in Beerfelden

Es war an einem Abend. Wild heulte der Wind, und Regentropfen schlugen wider die Fensterscheiben; ein Wetter war draußen, daß man keinen Hund hinausgejagt hätte.

Nur eine alte Zigeunerin schien in dem Wetter allein zu sein. Mühsam schleppte sie sich auf der ansteigenden Straße fort. Schon sah sie die ersten Häuser von Beerfelden. „Endlich," seufzte sie, „bin ich wieder bei Menschen." -

Vor allen Häusern bat sie gar flehentlich um Aufnahme für die Nacht. Aber überall wies man sie schroff und unbarmherzig zurück. Niemand wollte von der zerlumpten Frauensperson etwas wissen, denn jeder meinte, sie stünde mit dem Teufel im Bunde und wäre im Besitze geheimer Zaubermittel.

Wieder schritt sie keuchend eine Treppe hinauf. - Jetzt stand sie vor der Tür des Schäferhäusleins. Sie klopfte. Man öffnete ihr. Der Schäfer aber schreckte etwas zurück, als er eine alte, zerlumpte, ganz durchnäßte Frau mit schwarzem, strähnigem Haar und brauner Gesichtsfarbe vor sich auf den Knien liegen sah.

Unter Tränen und Seufzen bat sie: „Ach, lieber Mann, nehmt Ihr mich doch wenigstens auf, alle weisen sie mich zurück, und ich bin so hungrig, so müde und matt, daß mich meine Beine kaum weitertragen können. Habt Ihr doch Erbarmen mit einer armen Frau! Gott soll's Euch reichlich wieder lohnen!"

Der Schäfer vermochte diesem herzzerreißenden Bitten und Flehen nicht zu widerstehen. Er ließ sie ein, wies ihr ein Nachtlager an und pflegte sie gastfreundlich drei Tage lang.

Als sie wieder fortging, segnete sie das Häuschens, anders konnte sie ihm ihre Dankbarkeit nicht beweisen. Kurz darauf, man schrieb das Jahr 1810, fand der bekannte Beerfelder Brand statt. Fast alle Häuser wurden eingeäschert, wenige nur blieben verschont. Und darunter war auch das Häuslein des Schäfers.

Glenz, Heimatsagen Nachdruck 1997 Nr. 3

er wilde Jäger bei Beerfelden

Im Jahre 1898, als ich noch ein Kind von etwa 11 Jahren war, sind Knechte von uns aus Beerfelden gekommen. Da ist über sie in der Luft ein Getöse hinweggebraust vom Galgen nach der Sensbacher Höhe zu, daß sie sich auf den Boden warfen. Es war ein Klirren, Pfeifen, Schreie und Töne wie Hundegebell, hu, hussa, als wenn die Luft zusammenschlägt.

Hardes, Der Odenwald 1960/1 S.8

as Gespenst in der Kirche

Wie noch ältere Leute zu erzählen wissen, soll früher in der Kirche zu Beerfelden ein böser Spuk sein Unwesen getrieben haben. Es hieß, daß es der Geist eines Verstorbenen sei, welcher zu Lebzeiten einmal im Gotteshaus einen schrecklichen Frevel begangen habe und nun zur Strafe darin umgehen müsse. Sogar ein dort amtierender Pfarrer soll sich einmal des Ausdrucks bedient haben, daß es in der Kirche nicht ganz geheuer sei. Als einmal Konfirmandenstunde in der Beichtkammer abgehalten wurde, sah plötzlich ein kohlschwarzer Mann mit einer ungeheuren Zipfelmütze auf dem Kopfe zum Kirchenfenster herein, und die Orgel der Kirche fing von unsichtbarer Hand an zu spielen, so daß der Pfarrer damals den Unterricht beendet und rasch mit seinen Konfirmanden dem Ausgang zugeströmt sein soll.

Ein Handwerksmann aus einem Nachbarorte, der auswärts gearbeitet hatte und auf dem Nachhauseweg durch Beerfelden kam, setzte sich, um ein wenig auszuruhen, auf die Kirchentreppe. Es war gerade um die Mitternachtsstunde, und alles schien schon tief zu schlafen, sogar beim Bärenwirt gegenüber war schon kein Licht mehr, da ließ sich auf einmal ein lautes Rumoren und Poltern im Innern der Kirche vernehmen, als ob sämtliche Kirchenbänke und Gott weiß was alles übereinander geworfen würden. Sein Geselle, der noch bei ihm war, hörte den Lärm ebenfalls, und man glaubte nicht anders, als daß sie der alte Spuk in der Kirche wieder einmal bemerkbar mache.

Haas, Unter der Dorflinde 1934/12 S.158

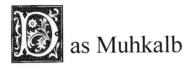as Muhkalb

Am Beerfelder Brunnen, der bekannten, aus mehreren Röhren springenden Mümlingquelle, trieb sich früher einmal zur Spätherbstzeit in den Abendstunden ein unheimliches Wesen in der Gestalt eines Muhkalbes um, wie solches nach altem Volksglauben halb Stier, halb Jungfrau sein sollte. Niemand getraute sich mehr in der Dunkelheit an den Brunnen zu gehen und Wasser zu holen. Als die Sache zu toll wurde, sah sich die Gemeindebehörde veranlaßt, um die abergläubischen Gemüter zu beruhigen, einen Aufruf in der lokalen Presse zu veröffentlichen, worin bekannt gegeben wurde, daß auf das vermeintliche Gespenst, wenn es sich wieder zeige, rücksichtslos geschossen werden solle.

Von da an hörte der Spuk auf. Erst lange danach verlautete es, daß es ein Abdeckergeselle war, welcher den ganzen Unfug verzapft hatte, indem er sich in die Haut eines Rindes hüllte und in dieser Verkleidung, die furchterregend aussehen mochte, in den dunklen Abendstunden mit unheimlichem Geplärr den Brunnen unsicher machte. Als er jedoch merkte, daß man keinen Spaß verstand und ihm mit Waffengewalt auf den Leib rücken wollte, stellte er seinen Frevel ein. Von da ab aber nannte man ihn das „Muhkalb", welcher Name sich auch noch auf seine Kinder und Kindeskinder fortgeerbt haben soll.

Haas, Unter der Dorflinde 1934/12 S.158

ine Geiß muß den Teufel spielen

In dem Dorf Falken-Gesäß befindet sich ein altes Fabrikgebäude, die Walkmühle genannt. Von einem früheren Besitzer derselben erzählt man sich, daß er mit dem Teufel im Bunde gestanden habe, und verschiedene wollten sogar gesehen haben, wie derselbe mit Hörner und Bocksfüßen darin herumgelaufen sei. Dieses Dorfgerede machte sich einmal ein gewitztes Schneiderlein zu Nutzen und schaffte hier des Nachts seines Meisters Ziege die etwa 20 Stufen zählende Stiege hinauf in den Korridor, um einen hier wohnenden, älteren Zunftkollegen, der noch Junggeselle und etwas furchtsamer Natur war, glauben zu machen, der leibhafftige Teufel mit Hörnern und Bocksfüßen stünde vor seiner Tür. Als aber die Geiß in ihrem ungewohnten Stalle beständig hin und her lief und laut meckerte, wurde der betreffende Bewohner, dem das Ständchen gelten sollte, aus seinem erquickenden Schlummer geweckt, und neugierig, wie eben alle Schneider sind, wollte er auch wissen, was draußen im Korridor vor sich ging. Da öffnete er nur ein klein wenig die Tür und streckte zur Vorsicht den Kopf hinaus, wobei er auch schon zu seinem nicht geringen Schrecken sah, wie ein schwarzes, behorntes Ungeheuer auf den Hinterbeinen auf ihn zugelaufen kam. Niemand war da schneller als der Schneider, seinen Kopf in Sicherheit zu bringen, und er hatte es mit dem Türezuschlagen so eilig, daß er dabei fast seinen schönen, stolzen Bart einklemmte. Auch die anderen Mietsleute nebenan konnten sich nicht erklären, was dieser Lärm bedeuten sollte. Erst als es zu tagen begann, erkannte man in dem vermeintlichen Gespenst das harmlose Milchtier des Schneiders. Als dann die Geschichte an die Öffentlichkeit kam, wurde sie im ganzen Dorf belacht, und viele wurden dadurch von dem Banne ihres Gespensteraberglaubens befreit.

Haas, Unter der Dorflinde 1934/12 S.159

Das Olfener Bild

Zwischen Olfen und Güttersbach steht an einem Kreuzweg das Olfener Bild, ein alter gotischer Bildstock. Wie die Leute sagen, war dort früher die Heilige Maria in Stein dargestellt. An diese Stelle sind die Hexen gekommen, und es war dort viel Spuk. Die Bauern sollen auch ihr krankes Vieh dorthin getrieben haben und ihm Stücke des heiligen Steins ins Getränk gegeben haben, damit es gesund wurde.

Hardes, Der Odenwald 1960/2 S.48

Die Frau am Scholzenbrunnen in Olfen

Am zweiten Scholzebrunnen in Olfen, zu dem das Wasser hingewendet ist, hat früher eine Frau gesessen mit ganz langem Haar und hat sich immer gekämmt.

Hardes, Der Odenwald 1960/1 S.9

Die Hexenbuche zwischen Dürrellenbach und Olfen

Zwischen Dürrellenbach und Olfen stand früher die Hexenbude. Dort war es unheimlich und gefährlich, am Mittwoch vorbeizugehen. Dann waren die Hexen und der Teufel im Wald. Ein alter Mann will dort früher einmal eine Hexe gesehen haben, die unter einer Buche saß und in einer Schüssel ein blutendes Herz hielt. *Hardes, Der Odenwald 1960/2 S. 48*

ie Geschichte vom Regenmacher

Es war vor einigen hundert Jahren ein glühend heißer Sommer, und die Wiesen und Weiden verdorrten immer mehr. Auf den Feldern vertrockneten die Früchte, und morgens ging die Sonne immer mit dem gleichen, strahlenden Gesicht über den umliegenden Waldbergen auf. Die Bauern beteten und flehten Gott um Hilfe an, aber es schien, daß er sie nicht hören wollte.

Da trafen die Bauern von Olfen eines Tages, als sie von einem Bittgottesdienst in Güttersbach um Regen wieder heimkehrten, einen fremden Mann, der ihnen gegenüber aufschnitt, daß er Regen machen könne. In ihrer Verzweiflung versprachen sie ihm guten Lohn, wenn er es fertigbrächte, den Himmel regnen zu lassen.

Der Mann bat sich aber zunächst nichts anderes als ein gutes Essen aus und meinte, er wolle erst dann belohnt werden, wenn der Regen eingetroffen sei. Sie sollten nur auf ihn vertrauen und beten, daß ihm sein Kunststück gelänge. So schritt der fremde Mann drei Tage rund um den Teil des nördlichen Olfen, der heute „Sibirien" genannt wird, und murmelte unverständliche Worte in einer fremden Sprache. Der Mann wurde immer blasser und seine Schritte immer schleppender. Aber er gönnte sich keine Ruhe. Immer von Neuem riß er sich zusammen.

Manche der Bauern wurden schon ungeduldig, und viele wollten ihn schon zum Teufel jagen, weil es sich doch schon erwiesen hätte, daß er unfähig sei, den Regen herbeizurufen. Da plötzlich, am dritten Tag blieb er wie angewurzelt stehen, warf sich zu Boden und fing an, den Acker aufzuwühlen. In die entstehende Mulde kniete er sich und betete, betete in einem fort. Dann stand er nach langer Zeit taumelnd auf, und sein Gesicht strahlte in einem unwahrscheinlichen Glanz.

Die umstehenden Kinder und Weiber forderte er auf, Holz zusammen zu tragen, um ein Feuer zu machen, das bis an den blauen Himmel schlagen müsse. In diesen Brand warf er Mäuse und allerlei Ungeziefer. Und noch als der Brand zum Himmel stieg, erschien auf einmal am Horizont eine kleine weiße Wolke, die sich bald mehr und mehr verdichtete. Danach dauerte es keine zehn Minuten mehr, und ein gewaltiger Blitz fuhr neben dem Brand in die Erde. Der nachfolgende Donner drohte die Himmelskuppel zu zerreißen, und ein gewaltiger Wolkenbruch übergoß jetzt stundenlang die ganze Gegend. Und noch Wochen später fiel ein leiser, sanfter Regen auf das ausgedorrte Land, so daß die Ernte doch noch erträglich wurde und die Menschen vor einer Hungersnot bewahrt blieben.

Den Mann aber, den sie Regenmacher nannten, hatte vom Augenblick des riesigen Blitzschlags niemand mehr gesehen. Auch die Grube, die der Fremde gegraben hatte, war wieder verschlossen, und niemand von den Olfener Bauern hat jemals wieder den Ort entdeckt oder sich auch nur erinnern können, wo der Brand war und wo zuletzt der Regenmacher gestanden hatte.

Schüppel, Güttersbach erzählt S.26

Das Hexenhäuschen

Im Himbächel steht ein aus Fichtenstangen und Ginstern gefertigtes, naturwüchsiges Hüttchen, ein Schutz wider Wettersturm für Waldarbeiter im nahen Pflanzgarten, dazu ein Ruheplätzlein, wie ein kleiner Tisch und die niedrigen Bänke ringsum ausweisen. Einstmals soll hier ein Häuschen gestanden haben, das als Hexenhäuschen verschrien war, ob mit Recht oder Unrecht, mag seine Geschichte lehren.

Vor alter Zeit hatte in dem nächsten Städtlein, darin die Juden Schutz genossen, ein Jude einen Handel mit einem Schuster. Die kamen miteinander vor das Amt. Der Jude gab an, er habe dem Schuster Leder und Wollentuch verkauft und geliefert, dieser ihm aber nichts gezahlt. Der Schuster aber beteuerte, er habe von dem Juden weder Leder noch Wollentuch gekriegt, weshalb er auch weder dieses noch jenes habe bezahlen können. Die Sache hing lange. Zuletzt gewann der Jude den Handel durch etliche falsche Zeugen. Dem Schuster wurde Haus und Habe verkauft und er mit Weib und Kind auf die Gasse gesetzt.

Da wäre nun jeder andere überaus traurig gewesen. Aber unser Schuster war ein lustiger Bruder und nicht lange verlegen, was er anfangen sollte, seine Schwarzamseln und Stare, die er pfeifen gelehrt, waren schon in die Wälder und auf die Waldwiesen vorausgeflogen. Ihnen gedachte er nachzuziehen.

Zuvor aber ging er zum gestrengen Herrn Amtmann und bat, er möge den Juden nur noch einmal mit ihm zusammenkommen lassen, er habe noch etwas zu sagen. Dem willfahrte der Amtmann. Als nun der Schuster und der Jude vor ihm standen, sagte der Schuster: „Herr Amtmann, das Leder und das Wollentuch, das ich von dem Juden bekommen haben soll, das soll er noch alles fres sen, so wahr ich Schusterjörgel heiße und unser Herrgott noch im Himmel donnert." „Ist das alles, was du zu sagen hast?" fragte der Amtmann. „Alles," antwortete Meister Pechdraht. Der Jude wollte schimpfen und schänden. Aber der Herr Amtmann rief den Büttel, der jagte die beiden hinaus.

Tags darauf schon nahm Schusterjörgel alles, was er noch hatte, sein Weib nämlich, die Schustergret, und seinen Buben, den Schusterdick, und zog die Gassen des Städtleins hinab und drüben wieder den Bergwald hinauf und dann jenseits hinunter ins Tal, bis etwa zur Stelle, wo jetzt die Waldhütte steht. Er wurde ein Kohlenbrenner oder Köhler, daher er auch Kohlenschuster hieß. Und war er schon vorher kein Meister im sauberen Handwerk, so wurde er jetzt erst recht schmutzig. Sein Weib aber nannten die Leute nicht mehr Schustergret, sondern Kohlengret. Nur dem einzigen Jungen blieb sein ehrlicher Name Schusterdick, weil er die Profession nicht gewechselt hatte und dazu trotz sehr magerer Kost und geringer Kleidung seine dicken, vollen Backen behielt und täglich runder wurde.

Geraume Zeit hatten der Kohlenschuster und die Seinigen hier im Walde gehaust, ohne daß sich etwas Absonderliches zugetragen hätte. Da zog eines Tages um Bartholomäi um die Mittagszeit von Osten her ein schweres, schwarzes Wetter auf. Das Ehepaar war gerade an verschiedenen, auseinander liegenden Meilern, der Schusterdick mit dem Einsammeln von Heidelbeeren und Schwämmen beschäftigt. Beide machten einen Haupt-nahrungszweig aus. Der gute, alte Freund, der Jude Löb Katzenstein, war gerade mitten auf dem Wege, der vom Königsrück hinunterführt, das Himbächel hinaus und zum Städtlein hinan. Das Wetter ballte sich jählings zusammen, Blitz und Krach erfolgte, furchtbare Regengüsse strömten nieder.

Der Kohlenschuster und seine Frau, die Kohlengret, machten, daß sie zu ihrem Häuschen kamen. Hinter ihnen her keuchte Schusterdick, ein Tuch mit Schwämmen auf dem Buckel, einen

Topf mit Heidelbeeren in der Hand. Dort hüpfte ein Schwamm nach dem andern heraus, hier sprangen die Beeren munter davon. Bald flackerte auf dem einfachen Herd das Feuer. Der Junge kroch in seine Ecke und stopfte sich die Schwarzbeeren handvollweise in den Mund. Die Mutter durchsuchte das Schwammtuch und schalt alsbald den Rangen, weil er fast gar keine Stein- und Herrenpilze gebracht hat, sondern allerlei Zeug, das gerade aussähe, als hätten es die Hexen zurecht gemacht. „Jörgel," rief sie, „sieh nur einmal das Zeug an, das der Bub heute herbeigeschleppt hat." „Ei potztausend," lachte Jörgel laut auf, „ das sieht fast aus wie Leder und Wollentuch und fühlt sich auch gerade so an, als ob damit mein Fluch gegen den Juden könnte wahr werden. Höre, Hexengretel, du könntest dem Löb ein Gericht davon kochen und es ihm schicken."

Noch tobte das Wetter draußen mit Blitz und Blitz und Schlag auf Schlag und in Wasserströmen, die durchs Tal hin rauschten. „Es ist ein schweres Wetter, Gott schone uns," sprach Jörgel und ging an die Tür, die der Wind zu bewegen schien. Diese aber ging im selben Augenblick auf, und wer stand davor, zitternd und schlotternd an Arm und Bein, von Kopf bis Fuß durchnäßt mit schmutzig brauner Kappe und desgleichen Stock? Kein anderer als der Jude Löb Katzenstein, und der bat um ein wenig Unterstellen. „Das sollst du haben, Löb," sagte ganz freundlich der Kohlenschuster und schob ihn in das Häuschen hinein. „Gretel," rief er, „da ist der Judenpilz, wie er leibt und lebt! Ach, er sieht so hungrig aus wie eine alte Ziege. Bring ihm doch nur gleich von dem Zeug, das der Junge gebracht hat, und das sich anfühlt wie Leder und Wollentuch."

Die Gretel war nicht faul und brachte die größten und ältesten von den Schwämmen herbei. Schusterdick lugte aus seiner Ecke neugierig hervor. „Nanu, was solls, Jörgel?" fragte jetzt Löb. „Was es soll," antwortete Jörgel, „Löb, hörst du donnern im Himmel? So sollst du auch fressen, wie ich dir geschworen habe, alles Le der und Wollentuch, das ich von dir bekommen habe." Löb mochte sich wehren, wie er wollte, der Kohlenschuster packte ihn fest und stopfte ihm so viele der rohen Schwämme ein, bis dem Juden der Bauch schwoll und er in einem fort schrie: „Jörgel, Jörgel, hab keine Luft von dem vielen Wollentuch und Leder. Ich geh kappores! Jörgel, laß mich los, laß mich gehen!"

Die Kohlenschusterfamilie schlug jetzt ein großes Gelächter an. Dann sagte Jörgel: „Löb, wir sind nun wieder quitt, und wenn du durch den Amtmann mein Häuschen droben im Städtel an mich zurück gibst, so will ich dich und deine Zeugen bei dem Amtmann nicht als Meineidige angeben. Aber noch eins, horch. Hundert Pfund Leder und dreißig Ellen gutes, blaues in der Wolle gefärbtes Tuch dazu!"

Der Jude versprach's nicht einmal, sondern wohl zehnmal und war nur froh, daß sich das Wetter bald verzog. Ohne langen Abschied machte er sich davon und murmelte beständig vor sich hin: „Hexenpilz, Schusterpilz, Donnerpilz." Der Schusterdick aber konnte es nicht lassen, dem Löb Katzenstein nachzulaufen und aus Leibeskräften nachzurufen: „Judenpilz, Judenpilz!"

Als montags darauf der Kohlenschuster ins Städtlein zu dem Löb Katzenstein kam, war bereits die Urkunde über die Abtretung des Häuschens an den alten Besitzer ausgefertigt, und Leder und Wollentuch lagen auch bereit.

Das Gesicht des Juden war so lang wie möglich, aber auch so freundlich wie möglich. „Löb, wir wollen alte, gute Freunde bleiben," sagte der Schusterjörgel, „und uns einander nicht wieder verklagen, nicht wahr?"

Und über vier Wochen zog der Schusterjörgel samt seiner Schustergret und dem Schusterdick und etlichen Holzkäfigen mit den Amseln und Drosseln und Blutfinken darin, ins alte, liebe Häuschen ein. Und bald hämmerte er wieder auf seinem Schusterstuhl. Sein Starmatz aber rief schon im nächsten Frühjahr gar lustig in die Gasse: „Judenpilz, Judenpilz!"

Das Häuslein im Himbächelgrund aber behielt seitdem den Namen Hexenhäuschen, weil darin alles gar geschwinde, aber „ganz ohne alle Hexerei" zugegangen war.
Müller, Sagen und Märchen S.82

imbächel und Königsbrunnen

Der ganze Bergrücken, der jetzt den Namen Königsrück trägt, hieß zuvor Himilinberg, und das Himbächel, das von da nur noch in zwei Rinnen herabkommt, verrät dies. Wenn man die andern, fast ganz vertrockneten Rinnen hinzu nimmt, entdeckt man, daß dieses Bächlein eigentlich neun Müttern seinen Ursprung verdankt. Wie mag es ehedem in dem Grund des Bachs bis zu seiner Mündung in Mümling und Marbach gerauscht haben? Es ist ein herrliches Tal mit hohen Rücken zu beiden Seiten und in seiner Mitte neunfach durchfurcht. Noch heißt ein fast versumpfter Quell im dunklen Fichtenhain der Königsbrunnen, einst wohl die Hauptquelle des Himbächel und ein uralter Grenzpunkt. An ihm hängt folgende Sage:

Ein eingewanderter, deutscher Volksstamm in diesem Bergtal hatte teils durch Kriegsunglück, teils durch Hungersnot nicht allein den weitaus größten Teil seiner waffenfähigen Mannen, seiner Weiber und Kinder verloren, sondern auch sein Königsgeschlecht. Wenigstens verbreitete sich seit dem letzten Kriegszug gegen den benachbarten römischen Grenzwall die Nachricht, der König und sein Gemahl mit ihrem Säugling an der Brust seien getötet worden, die letzten aus dem geborenen und erkorenen Geschlecht der Himili. Da zerstreuten sich die Reste des Stammes aus dem Tal, das wieder anfing, öde zu werden. Der Quell im Fichtenhain nahm ab, Baum und Tier trauerten, klagende Winde durchwehten das Tal.

Da zogen nach einiger Zeit Frauen von verschiedenen Seiten das Tal herab und hinauf, alle zum Brunnen, wo sie sich wehklagend niederließen. Es waren ihrer acht. Sie erzählten einander ihr Leid, sie sangen ihren Gefallenen Lob und Preis. Was sie am tiefsten mit Wehmut erfüllte, war das Aussterben ihres königlichen Ge schlechts. Alle wußten nicht anders, denn daß seine letzten Sprossen gefallen und vernichtet seien. Sie beschlossen, als die letzten mütterlichen Reste in diesem Heim zu sterben. Da bemerkten sie eines Tages, daß der Brunnen wieder lebendiger sprudelte, die Bäume ringsum wieder frischer grünten, die Vögel völliger sangen und die Winde weicher lispelten.

Und siehe, als sie eines Tages bei niedergehender Sonne ihre geringe Speise genossen, um sich dann in der Nähe der alten Königshütte zur Ruhe zu legen, hörten sie von ferne langsame Schritte dem Ort sich nähern. Bald nahte ein Weib, auf ihren Armen einen Knaben, aber in ganz elendem Zustand und in der Tracht der Mägde. „Wer bist du?" fragen die acht Frauen. „Ich bin die Mutter eures Königs, den ich hier auf meinen Armen trage," antwortete sie.

„Unser König und sein Gemahl und ihr einziger Sohn sind jüngst gefallen oder gefangen im fernen Osten, und wir haben niemand mehr aus unserem edlen Stamm, dem unsere Treue gehört," sprach die älteste der trauernden Frauen. „Wie willst du uns unseren König bringen?" „Nehmt mich nur auf für diese Nacht und laßt mich ruhen an diesem Brunnen. Bis der Tag anbricht, wird's sich zeigen, wer ich bin," antwortete sie.

Sie gewährten der armen Mutter gastfreie Aufnahme, aber in die Königshütte ließen sie sie nicht. In der Nacht erwachte eine der Frauen, geweckt durch eine helleuchtende Erscheinung. Als sie an der Stelle nachsah, wo die zugewanderte Frau mit ihrem Kind lag, erkannte sie einen dreifarbigen Schein um des Säuglings Haupt. Sie weckte ihre Genossinnen, die nicht wenig erstaunt die se dreifarbige Erscheinung ebenfalls sahen. Mit dem anbrechenden Morgen waren jedoch Mutter und Kind spurlos verschwunden, ohne daß die schlafenden Frauen es bemerkt hatten. Aber an dem Ort des Lagers fanden sie zu ihrem nicht geringen Erstaunen acht goldene Pfennige. Diese legten sie in die Königshütte.

Einige Tage hernach vernahmen sie oben auf des Berges Rücken ein lautes Zusammenschlagen von Schilden und ein jauchzendes heilio. Laut rauschte der nahe Brunnen; ein Edelfalke schwebte nieder. Sie eilten den Berg hinan, und was sahen sie? Mitten im Kreis starker Kriegsmannen stand das Weib, an ihrer Brust das Kind, das sie ihnen zeigte, und das diese durch ihren Zuruf als ihren Herrn und König anerkannten.

Sobald die Königin die acht Frauen bemerkte, winkte sie sie zu sich her. Sie beugten das Knie und küßten ihre Hand. Sie bildeten hinfort ihr Gefolge und pflegten und hüteten mit den Vormündern den minderjährigen König mit Namen Heim oder Him, der schön und frisch und stark aufblühte wie eine Blumendolde. Er wohnte wieder in der Königshütte, die neu erstand. Die acht Goldmünzen erhielten die acht Frauen als Gedächtnismünzen. Sie blieben lange Zeit in den Familien und erinnerten an Goldrute und Johannisblume, die so herrlich in diesen Bergwäldern blühen.

Auf dem Königsrück hielt der mit Heim wieder erstarkende Stamm seine Volksversammlungen.

Am Königsbrunnen aber blieb für Jahrhunderte der alte Königssitz.

Müller, Sagen und Märchen S.122

ie Entstehung Etzeans

Etzean hat früher eine Kirche gehabt und hat noch eine haben wollen. Daher der Name: Hett'se a! Die Kirche hat in der Nähe des heutigen Hofgutes gestanden, ungefähr dort, wo heute der Wald beginnt, in der Hecke links vom Weg nach Airlenbach. Sie soll nicht groß gewesen sein. Etzean ist früher größer gewesen. Es soll älter als Beerfelden und früher ein Markt gewesen sein.

Hardes, Der Odenwald 1960/2 S.48

tzelshan

Nahe bei Beerfelden liegt der Ort Etzean. Sein ursprünglicher Name war Etzelshan, das heißt Etzels Stein. Wo die drei Gemarkungen Etzean, Hetzbach und Beerfelden zusammenstoßen, war in den alten Tagen des Steinreichs ein Riese gesessen, der hatte ein dreieckiges Herz von Stein. Sein Haupt und ebenso sein Schild waren steinern. Niemand konnte über diese Berge kommen, weder von Süden noch von Norden, weder von Osten noch von Westen. Der Riese weidete und hütete ringsum seine große Rinderherde, die er von seinem Sitz aus überschauen konnte. Trotzig blieb er hausen und wollte nicht weichen, als schon vom Sitz der Mimili aus dem mütterlichen Riesenleib der Erde die goldene Saat entlockt wurde, als schon der Kampf begonnen hatte um Eigentum und Erwerb. Nicht geringen Schaden fügte er ihnen zu, besonders durch das Werfen mit Steinkeilen.

Da wandten sich die Mimili an den in Segen und Frieden waltenden Tor, der um seines väterlichen Sinnes willen als Etzel oder Großvater oder Herrle hoch geehrt wurde. Der wollte nun gern helfen und ging auch mit seinem Hammer eines Tages auf den Steinriesen los. Es entspann sich ein wütender Kampf mit Hanen oder Heinen, das sind Steinkeile. Wirklich traf der Riese den guten Etzel mit seinem besten Steinkeil so stark in sein Haupt, daß die Hälfte davon darin stecken blieb. Um sich heilen zu lassen, ging der alte Held zurück.

Schon wurden die Mimisleute besorgt und dachten, sie wären verloren. Aber Etzel ließ ihnen sagen, sie sollten nur fein ruhig sein, seine heiligen Tiere würden den bösen Runge mit seinem bösen Han oder Keil schon wegbringen. Und siehe, was geschah? Kaum hatte sich der vom langen, ungestümen Kampf müde gewordene Riese zur Ruhe niedergelassen, als der rote Fuchs aus seinem vielgewundenen Höhlenbau herauskam, äugte und witterte und seine Rute bis zur Blume hoch emporhob, und dies unter einer Donnereiche. Bald darauf erschien ein starker Geißbock mit seiner Hippel, und beide hatten helle, muntere Augen und warme Ohren und meckerten und wedelten mit den Schwänzen, indem sie sich freundlich zu dem Rotfuchs gesellten. Einige Minuten später sprang ein fuchsrotes Eichhorn, dieser Nage- und Knackmeister, von Ast zu Ast die heilige Eiche herab und lachte mit seinen Guckäuglein die schon versammelten Kampfgenossen an.

„Wo bleiben denn die beiden andern?" rief jetzt Meister Reineke und reckte seine Lauscher zu noch schärferer Witterung nach allen vier Winden. Vetter Eichhorn aber lief eiligst hinauf auf die Spitze des Baumes um auszuschauen. Da, mit einem Male, ließ sich ziemlich gleichzeitig eine Heerschnepfe auf dem Fuchs und ein Rotkehlchen auf der Geiß nieder. Es war Anfang des Ruodmonds, den wir jetzt März nennen, als diese Tierschar unter der heiligen Eiche sich versammelte, um zu ruhmreichem Kampf auf ihres Herrn Machtgebot, des väterlichen Atli, auszuziehen.

Plötzlich erschien der gewaltige Heldengott und zeigte seine noch immer ungeheilte Hauptwunde. Dann wies er sie den Berg hinan und entließ sie. Der gewandte, schleichende und doch grimmige Fuchs zog voran, das schlanke, muntere und doch hart beißende Eichhorn folgte. Die von Kindesbeinen zu allen halsbrecherischen Unternehmungen tauglichen Ziegen voll Kühnheit und Kletterlust, auf denen die beiden Vögel ihren Sitz genommen hatten, schlossen den Zug.

Bald war das Steinlager des bösen Runge erreicht. Er lag noch schnarchend da. Sofort begann der Fuchs seine Arbeit damit, daß er sich von drei Seiten her in das dreieckige Herz des schlafenden Heunen eingrub, so leise und listig, daß er es nicht merkte. Das Eichhorn fing an, überall an seinem Schilde zu nagen, und zwar so schnell und scharf, als ob er aus lauter Tannenzapfen gemacht wäre. Der Geißbock und die Geiß nahmen ihre kühnste Stellung zum Stoßen wider Runges Steinhaupt ein, das sie in den gewandtesten Sprüngen erklettert hatten, ohne daß er nur das Geringste gemerkt hätte. Die Vögel blieben vorerst ganz still und stumm auf der Ziegen Rücken sitzen.

Schon war der Fuchs mit dem dritten Gang zum Riesenherzen fertig, das Eichhorn hatte den Schild so weit durchgenagt, daß er beim leisesten Berühren zerbrechen mußte, und schickte sich an, auf die Riesennase des Runge zu springen, als auch die Heerschnepfe in Schraubenlinien hochauf gen Himmel flog, bis sie für jedes Menschenauge entschwand, sich dort flatternd und schwankend im Kreise drehte, dann aber plötzlich mit ausgebreiteten Flügeln abwärts stieß, indem sie ein durchdringendes, wieherndes Meckern hören ließ. Da erwachte der böse Runge, wußte aber selbst nicht, wie ihm ums Herz war. Denn jetzt gerade entließ Reineke aus der oberhalb seines Schwanzes befindlichen Drüse seine Viola, den veilchenartigen Geruch, und kitzelte ihn mit der Blume so unverschämt, daß der Felsriese nur noch an seinen Han, seinen Steinkeil, denken konnte, so betäubt war er schon. Als er aber auf den Han griff, saß auch schon das muntere, unruhige Rotkehlchen darauf und guckte nach allen Seiten mit so drolligen, dem Riesen völlig unbekannten Verbeugungen umher - bald sah es ihn dabei an, bald wieder von ihm weg, sang auch dazwischen in seiner netten Weise - daß der böse Runge den Keil gar nicht finden konnte.

In der Betäubung und Verwirrung, die mit jedem Augenblicke wuchs, fing der ungefüge Riese an, sich zu wälzen und kam ins Rollen, das der in seinem dreieckigen Herzen grübelnde Fuchs und die immerzu stoßenden Geißen und die stets lauter wiehernde, meckernde Schnepfe und das noch wacker an der Nase knabbernde Eichhorn noch förderten. Also rollte er den ganzen Berg hinab, bis er unten im Abhang nach der Marbach zu zerschellte und zerbarst, wovon die reichlichen Felstücke noch heute zeugen.

Daß die heiligen Tiere dabei keinerlei Schaden nahmen, wißt ihr alle. Denn noch schleicht der Fuchs, springt das Eichhorn, stößt der Geißbock, meckert die Himmelsziege, wie jetzt die Heerschnepfe heißt, noch singt lieblich das Rotkehlchen, und alle haben ihren Ruhm von jenem Tage an bis auf diesen Tag behalten.

Die Mimili oder Mimilungen aber, froh und dankbar, den feindlichen Bergriesen los zu sein, benutzten seine Glieder und seinen Schild, soweit sie oben lagen, um aus dem wilden Gestein die Grundlage zu der Straße zu machen, auf der ihre Kunde weiter in die Gaue vordringen sollte. Ein großer Stein aber blieb nahe einer Eiche liegen. In deren Nähe entstanden treffliche Hubengüter, und ihnen blieb der Name Etzean, das heißt Großvater-Stein.

Weil indessen noch immer das Stück Steinkeil in Etzels Stirn stecken soll, das kein Zauber lösen konnte, müssen die Leute in Wald und Flur stets wieder Steine lesen und auf Haufen werfen. Weiter verbieten die sorglichen Leute daher heute noch ihren Kindern, einander mit Steinen zu werfen. Und ein uraltes Mütterchens in Etzean hörte der Erzähler einmal die Enkelkinder warnen, als sie sich am Brunnen mit Steinen warfen: „Ihr werft doch noch so

lange, bis euch ein Stück Stein im Kopfe stecken bleibt!"
Müller, Sagen und Märchen S.105

In der Walterbach

Walterbach - der Name ist euch Kindern bekannt, und wenn es auch nur vom Krebsen wäre, das ihr dort treiben durftet. Gemeinhin sagt man „in der Walterbach". Ihr wißt, daß es ein Bächlein ist, das zur Mümling rinnt, nicht weit von dessen Ursprung, und in einem geheimnisvollen Wiesen- und Waldtal über Felsgeröll plätschert. In der Walterbach ist's nicht recht geheuer, plaudern die Leute. Wenn man sie fragt warum, so sagen sie, es wäre hier eine Schlangenwohnung gewesen. Und in der Tat haben Leute, die in dem dort gestandenen Jägerhaus gewohnt haben, nicht selten Schlangen darin gefunden, nämlich unsere Ringelnatter, aber auch die glatte Natter. Solche Tiere machen allerdings das Wohnen schon unangenehm und nicht lieblich. Aber das ist noch lange kein eigentlicher, finsterer Spuk. Und solchen wollten jene Buben aus Beerfelden wenn auch nicht gesehen, so doch gespürt haben, als sie eines Abends atemlos und ganz erschöpft nach Hause kamen. Doch sagten sie dem Erzähler auf sein Befragen nur, sie seien durch einen großen Lärm in der Luft gejagt worden. Da erkundigte er sich bei dem uralten Kräutermütterchen, das nun längst in Gott ruht und gar oft in der Walterbach nach heilsamen Kräutern gesucht hatte, ob es denn wirklich dort nicht recht geheuer sei. Die erzählte folgende Geschichte:

In alten Zeiten wohnte in diesem waldigen Wiesengrund eine königliche Frau, welche die Leute in der Umgegend wies und warnte. Sie hieß bei den Leuten nur die Waldminne von Walterbach. Ihr Gemahl Waldmann war längst gestorben; und seit seinem Tod lebte sie hier als kinderlose Witwe, den Armen und Elenden ringsum hilfreich dienend. Auch die Kinderlein unterrichtete sie in allerlei guten Sprüchen, wie zum Beispiel:

*Die alten Runzeln halte wert,
sie sind ein Kron' auf dieser Erd.*

oder

*Lerne dienen und demütig sein,
so du willst herrschen dermalein.*

oder

*Der Priester bete,
der Fürst vertrete,
der Bauer acker' und gäte.*

und dergleichen gute, weisen Lehren mehr. Alte und Junge besuchten sie gern an ihrem klarem Bächlein und kamen immer heiter und fröhlich zurück. Da geschah es nun, daß ein wilder Jägersmann mit seinen Gesellen ins heimliche Wiesental kam und die Ruhe der hohen Waldminne störte, so daß sie zuletzt weichen mußte und davonzog.

Nach einiger Zeit baute dann des Jägers Sohn am Berghang nahe dem Bächlein im Waldgrund ein Haus und führte bald ein Weib heim. Das war genauso böse wie ihr Mann, und hart und höhnisch gegen die armen Leute, wenn sie ins Holz und Futter gingen. Eines Tages begegnete der Jägersfrau eine alte Bettlerin, die sich Reisig gelesen hatte. Der machte sie Vorwürfe wegen ihrer Armut. Sie aber antwortete ruhig; „Im Himmelreich werde ich reich genug." „Geht mit fort mit eurem Himmelreich!" rief die Jägersfrau, der da droben mag es für sich behalten, wenn ich nur in der Walterbach munter leben und mein Mann von Burre bis Gurre jagen kann." Kaum gesagt, so war die arme Alte verschwunden, nachdem sie noch ihr Reisig ihr vor die Füße geworfen hatte. Aber siehe, aus den Reisern kamen viele Schlan gen, die der schreiend davonlaufenden Jägersfrau nachsetzten. Sie erreichte, im kalten Schweiß gebadet, die Tür ihres Hauses und schlug sie hinter sich zu.

Der Abend war gekommen, aber ihr Mann noch nicht. Sie wagte keine Fackel anzuzünden, aus Angst, das helle Licht könne die Schlangen herbeiziehen. So saß sie da in ihrer Ecke und horchte, ob sie nicht des Mannes Tritte oder den Laut seiner Hunde vernähme. Vergebens, es blieb alles totenstill. Es wurde Mitternacht. Da fuhr sie hoch von ihrem Sitz, denn sie hörte draußen lautes „hoho, hoho, husasa" und dazu Peitschenknall. Sie dachte, ihr Mann käme vielleicht mit großer Jagdgesellschaft den Etzeaner Bergwald herab, und trat ans Fenster. Aber was sah sie? Kohlschwarze Hunde, denen glühende Zungen aus dem Halse hingen. Ihnen folgten zerlumpte Buben mit feuerroten, struppigen Haaren, hinter diesen ein wilder Jägerschwarm hoch auf schwarzen Pferden, und mitten unter ihnen ihr Walter auf einem weißen Pferd, aber ohne Haupt, das er unter dem linken Arm trug.

Als der tobende und tosende Jagdzug in die Nähe des Hauses kam, riefen die zottigen und zerfetzen Buben: „Macht auf, Frau Walterin, Wild-Walter reitet hier durch von Gurre nach Burre. (Beides sind Abkürzungen für Gundersbach und Burrivelden, die ältesten Schreibweisen für Güttersbach und Beerfelden). Aber die Elsbeth Walterin machte nicht auf, sondern fiel tot vor Schreck auf dem Boden. Als nach einigen Tagen benachbarte Jäger kamen, um nach Walters Ausbleiben zu fragen, fanden sie die Tür verschlossen. Sie brachen sie auf. Da sahen sie seine tote Frau auf der Erde liegen und eine Menge Schlangen rasch von ihr hinwegschleichen. Walter selbst fanden sie nicht, er war verschwunden.

Zeigt er sich, so ist es auf die bezeichnete Weise, da er von Gurre nach Burre durch die Luft fährt, was im Frühjahr und Herbst zu geschehen pflegt. Sobald die Leute seine Jagd, bald bei Tag bald bei Nacht, in den Wäldern hört, so treten sie gleich zur Seite unter die Heckenbüsche und niederhängenden Bäume.

Eines Tages stieß der schreckende Jäger auf seiner stürmischen Jagdfahrt an der Stelle oberhalb von Etzean, die jetzt das Schinnbüchel heißt, auf einen alten, armen Mann, der nicht schnell genug ausweichen konnte. Dem gab er seine Hunde zu halten, und der tat es, wenn auch mit Zittern und Zagen. Als er ihm die Hunde wieder abnahm, schenkte er ihm ein Stück von einem Mühlstein und hieß ihn, es in die Walterbach zu tragen. Kaum war der arme Alte nach unsäglicher Mühe mit dem Stein dahin gekommen und hatte ihn vor die zerfallenen Stufen der Treppe fallen lassen, als eitel Gold- und Silberstücke vor ihm sprangen und klangen.

Dieser arme, nunmehr reiche Alte, vererbte dieses seltsame Geld an einen Verwandten, der dann an derselben Stelle mit Billigung des Grundherrn eine Mühle baute. Indessen verpachtete er sie bald wieder. Doch blieb kein Pächter lange. Denn das Volk sagte, es wandere ein Ungeheuer darin und störe die Ruhe. Daher kam es gar dahin, daß zuletzt in den Pachtvertrag aufgenommen wurde, der Pächter könne von dem Vertrag weichen, falls ein Ungeheuer in den Mühlgebäuden umgehe und die Ruhe störe. Zuletzt wollte sich gar kein Pächter mehr finden. Da bestimmte einer der Schenken zu Erbach, Gefälle von diesem Mühlenhof an das Kloster zu Schönau bei Heidelberg zu geben. Seit der Zeit verschwand der Spuk, und die Ruhe kehrte wieder. Als aber über 120 Jahre danach diese Gefälle wiederum getauscht wurden, fing die alte Unruhe aufs neue an und die Mühle ging schließlich ein. Das in neueren Zeiten gestandene Jägerhaus wurde zuletzt, ehe es ganz abgebrochen wurde, der Sitz armer Leute. Es war eben nie recht geheuer in der Walterbach, seit die weise Waldfürstin weggejagt worden war.

Also schloß die alte Müllerin, das Kräuterweiblein, und rupfte weiter Mutter-Gottes-Bettstroh, das euch allen bekannte Waldlabkraut. „Das ist gut gegen die Gicht," setzte sie hinzu, „es kann auch mit Kraut und Blumen schön gelb färben. Doch da ich lange genug geplaudert habe, will ich auch einmal fragen. Ich woll te schon lange gern hören, warum doch unser gelbes Waldstroh Mutter-Gottes-Bettstroh heißt. Niemand hier herum hat es mir bisher sagen können." Da mußte denn der Erzähler seinen Dank in der Walterbach abtragen und hat es gern getan.

Er erzählte also: Da die heilige Jungfrau und Joseph, der treue Nährvater, mit dem lieben, kleinen Jesuskind nach Ägyptenland flüchteten, hatten sie in der Wüste nicht geringe Not mit der Kindswäsche. Da mußte eines Tages Maria den kleinen Vorrat an Windeln alle auf die Hecken hängen. Derweil holte der fromme Joseph einen rechten Arm voll von dem gelben Labkraut und machte dem heiligen Kind daraus ein hübsches Bettlein zurecht und legte es hinein, bis die Windeln wieder trocken waren. Daher heißt dieses Kraut Mutter-Gottes-Bettstroh und die an jener Hecke wachsende Heckenrose Mutter-Gottes-Wäsche. „Ja, es ist nichts von ungefähr," sagte die Alte, und wir schieden.

Aber wie sind die Krebse in die Walterbach gekommen? So fragte ein kleiner, aufmerksamer Zuhörer, der nicht über den Anfang der Geschichte hinaus gekommen war.

In einer jener Schreckensnächte, da Wild-Walter Umritt hielt, führte der Sturmwind eine Menge Tiere in den von einem Wolkenbruch angeschwellten Bach. Als sich am andern Tag die Wasser wieder verlaufen hatten und etliche junge Knaben den Bach aufwärts gingen, um Illermüllerchen oder Krötenmuscheln zu suchen, griff einer unter die daliegenden, zum Teil ganz neu verschobenen Steine, zog aber alsbald laut schreiend seine Hand wieder hervor, an der ein sonderbares Tier mit beweglichen Augen auf Stielen hing. Der Kopf war mit dem Brustschild verwachsen. Große Scheren hatte es an den vorderen Fußpaaren am Bauch. Die andern Jungen lachten herzlich. Der Gepackte aber schnickte hin und her und rief: „Ihr habt gut lachen, mich aber greift's und kneift's, pfetzt's und krebst's." Und dabei ging er rückwärts und fiel über einen Stein. Das Tier ließ los und kam auf den Boden zu liegen. Da kroch es rückwärts wieder in das

Wasser. Jetzt ging das Lachen der Jungen erst richtig los. „Ihr zwei habt einerlei Natur!" riefen sie dem Kameraden zu, der seitdem, wie das Tier, Krebs gerufen wurde. Der neue, junge Krebs aber sagte: „Wer den Schaden hat, braucht für den Spott nicht zu sorgen." Seit dieser Zeit gibt es Krebse in der Walterbach.

Müller, Sagen und Märchen S.109

om Hasengrund

Im Hasengrund, da webberts, da sollen die Hexen oder der Teufel umgehen. Die Kinder haben sich früher gefürchtet, wenn sie das Vieh von Etzean nach dort treiben mußten. Bei einem alten Gemäuer soll etwas gestanden haben, die einen sagen Kloster, die andern sprechen von einem Haus oder mehreren.

Hardes, Der Odenwald 1960/2 S.54

as Holzmännchen im Hasengrund bei Etzean

Im Hasengrund wohnte einst in einer Höhle ein Holzmännchen, das über dem Berg seine Köhlerei betrieb. Einmal ist seine Frau zum Brotbetteln fortgegangen. Als sie abends nicht wiederkam, bekam es das Holzmännchen mit der Angst zu tun und schickte die Kinder weg, damit sie seine Frau suchten. Sie kamen aber nicht zurück, und erst später hat man eines versteinert aufgefunden.
Hardes, Der Odenwald 1960/1 S.11

er Köhler auf dem Herrnberg

Auf dem Herrnberg wohnte einst ein Köhler. Zu ihm soll die Frau des Holzmännchens aus der Höhle im Hasengrund, als ihr Mann sie zum Betteln fortschickte, gezogen sein. Später hat ihr Mann, der sie suchte, den Köhler erschlagen. Vor dem Sterben verriet der Köhler der Frau noch einen Schatz auf der höchsten Spitze des Herrnberges, goldene Dukaten in einer steinernen Schüssel. Die Tochter der Frau soll einen Grafen geheiratet haben.
Hardes, Der Odenwald 1960/2 S.53

om Dorf in der Marbach

Bei dem Klosterbrunnen stand vor dem Dreißigjährigen Krieg ein Kloster und das Dorf Hetzbach. Das Kloster war aus Holz gebaut, und die Nebengebäude waren aus Lehm. Als der 30jährige Krieg hereinbrach, wurden auch das Kloster und das beiliegende Dorf nicht verschont, sondern zusammengeschossen. Bei dem Kloster waren auch zwei Seen. Heute sieht man noch die Grundmauern des Klosters. Das Dorf Hetzbach wurde nach dem Kriege dort aufgebaut, wo es heute noch steht. Der letzte Mönch im Kloster hieß Bernhard.

Die Häuser des Dorfes sollen kleine Hütten gewesen sein und waren aus Lehm. Sie standen am Klosterbrunnen, im Meisengrund und am Bolzenrain, der sich nach Etzean hinauf zieht. Die Bewohner waren Nagelschmiede. Kirchlich gehörten sie zu Güttersbach. Doch den Meisengrund ist früher niemand gegangen, weil man sich da fürchtete.

Bei dem alten Dorf Hetzbach stand ein Ritterschloß. In der Nähe des Schlosses stand ein steinerner Tisch mit steinernen Bänken. An diesem Tisch aßen und tranken die Grafen und Ritter. Bei dem Schlosse war ein Ziehbrunnen. Als das Schloß zerschossen war, ließ der Hofjäger den Tisch an sein Haus in Hüttenthal bringen, wo er heute noch steht. Hier ist auch ein Gebirgszug. Er heißt Lange Mauern. Die Lange Mauern muß ursprünglich mit dem Rittergut zusammengehangen haben.

Vom Daumsberg, auf dem das Schloß der Sage nach gestanden hat, soll ein unterirdischer Gang zum Leonhardsberg bei der Schmelz in Hüttenthal gegangen sein.

Hardes, Der Odenwald 1960/1 S.52

Der Bauernhof am feuchten Brünnchen

Es hat ein Bauer auf Kannstag Heidekorn gesät. Die Leute, die vorbei gekommen sind, haben gesagt: „Heut` sät man doch nicht am Kannstag." Der Bauer aber hat gesagt: „Kannstag hin, Kannstag her, mein Harekorn muß unter die Erd". Da ist er mit seinem Gespann am Feuchten Brünnchen versunken. Man hat noch Stricke geholt, aber es war schon zu spät. Damals ist am Feuchten Brünnchen noch alles Feld gewesen, und der Mann hat dort sein Haus gehabt. Man hat ihm an der Stelle einen Stein gestellt.

Hardes, Der Odenwald 1960/4 S.116

Fafenstein und Klofenberg

Wer heutzutage in des Odenwalds Bergen unter den Leuten nach dem Fafenstein und dem Klofenberg fragt, bekommt schwerlich Bescheid, es sei denn, daß er zufällig mit einem Antiquarius zusammenträfe. Dieser würde ihm aus der Hülle und Fülle der ihm zugänglich gewordenen Urkunden auseinandersetzen, daß in uralten Grenzbeschreibungen der Heppenheimer Mark beide Namen dicht nebeneinander lägen, aber dennoch auf eine zweite, freundliche Anfrage nicht sagen können, wo sie in der Wirklichkeit zu finden seien. Ruft man aber Frau Saga zu Hilfe, so wird die Stelle wieder lebendig.

Einst herrschte über den Teil der Grafschaft Erbach, der jetzt die Oberzent heißt, ein Albenkönig mit Namen Albin, ein Sohn

Rickers. Seines Reiches Kleinodien hatte er tief in einem der höchsten Berge geborgen, über dessen Eingang er von oben her eine Unmasse der von den Riesen umhergestreuten Sandsteinfelsen hatte wälzen lassen. Auf dem obersten dieser Felsblöcke, in dessen Mitte eine kleine Öffnung war, lagerte seines Hortes Hüter, eine ungeheure, schwarze Schlange, Faf genannt, die niemand hinzukommen ließ.

König Albin hätte aber gerne diesen seinen Schatz wieder vererbt, aber er hatte keine Nachkommen. Auf einer seiner Ausfahrten in ferne Lande hatte er in den Bergen, die man noch heute „Die Höhe" nennt, eine weise, schöne Jungfrau mit Namen Klofa gefunden, die einsam in einer waldumkränzten Höhle lebte. Sie hätte er gerne zur Gemahlin gehabt, doch verschmähte sie seine Liebe. Da raubte er sie mit Gewalt und brachte sie in seines Reiches Berge, wo er sie in eine unterirdische, schöne Grotte nahe seinem Hutberge einschloß, hoffend, sie werde mit der Zeit seinen Bitten nachgeben. Aber er hoffte vergeblich. Dieser Berg, der die Einsame in sich barg, hieß von da ab der Klofenberg.

Indessen war die Kunde von dem reichen Schatzberg und der nahe dabei gefangen gehaltenen weisen Jungfrau zu einem König Helferich in fernen Landen gedrungen. Dem gelüstete stark nach dem roten Gold der Tiefe, daß er seit der Kunde davon keine Nacht mehr schlafen konnte. So machte er sich auf, begleitet allein von seinem Knappen Schwind, um des Hortes Herr zu werden. Sie zogen lange gen Südosten über Flüsse und Berge, bis sie zu dem hohen Berg gelangten, von dem es hieß, daß darin Schatz und Jungfrau gefangen lägen. Hier trafen sie nahe dem Eingang zwei Elbenkönige, Schiltung und Schirmung, die dem König Albin nicht hold waren, und daher Helferich und seinem Knappen unter der Bedingung, daß sie Teil bekämen an den Schätzen, Weg und Steg nach dem Fafenstein und Klofenberg hinauf verrieten, auch mit einem von ihnen gefertigten Keil dienten, der in die Öffnung des Schatzfelsens hinein getrieben werden müsse, um diesen zu sprengen. Auch brauchten sie vor das Felsgestein, welches das nächste Tal schließe, nur diesen Keil zu halten, und es würde sofort zerbersten und zerschellen.

Also taten sie. Der Fels zersprang vor dem Keil. Das Schöllenbacher Tal tat sich vor ihnen auf. Durch dieses gelangten sie ins Kuntel, das ist die kund gewordene Tiefe, und von da ins Finsterbuch. Endlich erreichten sie unweit der Gebhardshütte den Höhenkamm, an dessen nordwestlichem Vorsprung der Fafenstein lag.

Schwind schlich sich zuerst heimlich heran und trat glücklich mit dem Keil in der Hand zwischen dem Kopf- und Schwanzende des schlafenden Drachen hindurch und brachte den Keil in die Öffnung, aber nur zur Hälfte. Da hatte den tapferen Knappen das Untier auch schon erfaßt und elendiglich zerdrückt. Allein im Nu trafen es des herangesprengten Helden wuchtige, scharfe Schwertschläge, daß Kopf und Schwanz getrennt den Berg hinabrollten und nur des Leibes Ungestalt zuckend liegen blieb. Rasch legte der König seinen treuen Knappen auf die Seite und trieb mit dem Schwertknauf den Keil in das Loch. Da bebte die Erde, der Berg sprang oben auf, unten aber entfloh aus seiner Grotte Rickers Sohn, dem Dienstleute, einen Teil der Schätze auf ihren Rücken, flüchten halfen. Wirklich gelangten sie auf verborgenen Pfaden zum Hiltberg und von da die Klinge aufwärts zu einer Höhle, in deren Inneres sie ihre Kleinodien bargen. Der Ort hieß später Arezkrefte, heutzutage Erzbach. König Helferich aber gelangte in den Besitz aller übrigen Schätze und war so ganz berauscht von ihrem Anblick, daß er das der weisen Jungfrau und den Elben gegebene Versprechen vorerst ganz vergaß. Sein Auge weidete sich, sein Herz wühlte sich hinein in die ihn ganz gefangennehmende Macht der Güter der Tiefe.

Endlich weckte ihn der Jammerruf Klofas aus dem Rausche seines Siegesglücks. Er stürzte nach der Stelle, woher der Ruf kam. „Wo bist du? Wie heißt du?" rief er, und aus der Berggrotte tönte es: „Ich heiße Klofa und bin in Albins Berg." Mit Mühe arbeitete er sich zum Eingang, aber öffnen konnte er ihn nicht. Da rief er nach den Elbenkönigen. Die hatten das Erdbeben und die Lust auf Beuteteilung schon in die Nähe gelockt. Sie erschienen, und ihrer Kunst wichen die Riegel. Klofa trat heraus aus ihrem Verschluß, sah den stattlichen, königlichen Helden und reichte ihm dankbar die Rechte. Bald war sie seine Gemahlin. Die Elbenfürsten aber harrten lange auf ihr Beuteteil, jedoch vergeblich. Helferich konnte sich nicht von seinem Golde trennen. Klofa wußte nicht um das Versprechen.

Einige Jahre hatten beide in Frieden miteinander gelebt, nur war es Klofa immer bange ums Herz, wenn sie den Gemahl zu der Schatzkammer des Berges begleiten mußte. Oft hörte sie heimlich im Eichenwald eine Stimme flüstern: „Wer den Hort hat, muß bald sterben." Nach etwa drei Jahren hielt Helferich seinen Umritt um seines Landes Grenzen, kam aber nicht mehr zurück. In der Hiltaklinge ward er erschlagen. Schiltung und Schirmung, erbost über seine Treulosigkeit, hatten an Albin die Zeit und den Tag seines Umritts verraten. Als Klofa durch die Elbenfürsten die Kunde vom tödlichen Hintritt ihres Gemahls vernommen hatte, lebte sie stille und einsam in Witwentrauer und Witwenklage.

Der Fafensein ist als Phaphenstein Einhardi und Klofas Grotte als Clophenberk, Grenzpunkte zwischen der Heppenheimer und Michelstädter Mark, noch heute als uralte Grenzmauer zwischen der Hetzbacher und Ebersberger Gemarkung deutlich erkennbar. Auch sollen in der Nähe zwei Einsiedeleien bestanden haben, worauf Phaph, so viel wie Pfaffe, und Clophe, so viel wie Nonne, hinweisen. Der Schild- und Schirmberg, sowie Kailbach, Schöllenbach und Hiltersklingen künden in ihren Namen noch von der uralten Geschichte.

Müller, Sagen und Märchen S.68

Breuberg

on der Burg Breuberg

Im freundlichem Mümlingtal, hoch über dem Städtchen Neustadt, liegt die stattliche Burg Breuberg, eine der schönsten Burgen unseres Hessenlandes. Sie ist gemeinschaftliches Eigentum der fürstlichen Häuser Löwenstein-Wertheim-Rosenberg und Erbach-Schönberg. Im Jahr 1942 kam die Burg Breuberg in das Eigentum des Deutschen Reiches und wurde Fremdarbeitslager. 1949 gelangte sie in das Eigentum des Landes Hessen und wird heute als Jugendherberge und Museum genutzt.

Urkundlich erscheint sie unter dem Namen Bruberg (1200), Prewberg (1310), Bruberg und Bruburg (1223), dann aber scheint der jetzige Name Breuberg allgemein geworden zu sein.

Wie nun in erster Linie die trutzigen Ruinen mittelalterlicher Burgen, die auf steiler Höhe oft horsten oder an schmalen, abstürzenden Felsvorsprüngen kleben, Tummelplätze der Sagen sind, so ist auch die Burg Breuberg mit einem Kranz von Sagen umwoben.

Glenz, Heimatsagen Nr.40

a) Vom Tore der Burg Breuberg

An einem Tore der Burg Breuberg hingen früher auf einem kreisrunden Brett Fetzen eines mit Stroh ausgestopften Schweinskopfes, der wahrscheinlich von einer Wildsau stammte. Davon erzählt man sich: Im Dreißigjährigen Krieg wurde die Burg einst belagert, und die Lebensmittel der Besatzung gingen schon zur Neige, bis schließlich von all dem Schlachtvieh nur noch ein einziges Schwein übrig blieb, das man nun jeden Tag auf den Burghof trieb, wo man es so lange quälte, bis es laut quiekte. Die Belagerer glaubten nun, in der Burg wäre noch Nahrung genug, da man noch jeden Tag ein

Schlachtschwein schreien höre und zogen deshalb ab. Die Burg war gerettet. Zum Andenken aber wurde der Kopf dieses Schweines ausgebalgt und an das Burgtor genagelt.
Glenz, Heimatsagen Nachdruck 1997 Nr. 4a

Dieselbe Sage liegt auch noch in einer anderen Fassung vor:

b) Vom Glücksschwein

Einst hatten die Ritter miteinander Streit. Die Otzberger trieben ihr Vieh in den Breuberger Wald und schossen sich da auch Hirsche und Wildschweine. Da paßten ihnen die Breuberger auf, schlugen sie windelweich und nahmen die Frechsten von ihnen als Gefangene mit auf den Breuberg. Nun kamen die Otzberger, und sie hatten auch noch die Umstädter bei sich. Es waren ihrer so viele, daß sie die Burg Breuberg belagern konnten. Ringsum stellten sie ihre Kanonen auf, und bald flogen ihre Kugeln gegen die dicken Mauern und die hohen Türme. Aber Woche um Woche verging, und die Breuberger ergaben sich nicht.

Freilich gingen in der Burg die Lebensmittel zur Neige, an Wasser fehlte es im tiefen Brunnen nicht, wohl aber an Brot. Da wandten sie eine List an. Im Stall hatten sie nur noch ein einziges Schwein, einen alten Eber. Den führten sie nun jeden Tag auf den Wall, quälten ihn so lange, bis er gewaltig schrie. Sein Schreien hallte jedesmal weit über das Tal, und die Otzberger draußen sagten sich, die Breuberger würden sich noch lange nicht ergeben, weil sie noch viele Schweine zu schlachten hätten.

Unten „auf der Schanz" litten die Belagerer bitteren Hunger. Die Bauern waren mit ihrem Vieh in den Obernburger Wald geflohen und waren nicht zu finden. Die Dörfer ringsum standen leer. Die dürren Klepper der Otzberger nagten vor Hunger die Rinde von den Bäumen ab. Nachts war es bitter kalt, und dabei regnete es, was es nur konnte. Da spannten die Otzberger ihre Gäule vor die Kanonen und zogen ab. Wie jubelten oben in der Burg die Breuberger. „Wir hatten ein Schweinsglück," sagten sie, „das verdanken wir diesem Eber. Wir geben ihm das Gnadenbrot!" „

Immer wieder trieben sie ihn zur Eichelmast. Und als er endlich kugelrund war und draußen auf dem Wall geschlachtet wurde, da hingen sie seinen Kopf an das Burgtor. Das Brett von dem Schweinskopf mit den langen Borsten und den kräftigen, krummen Hauern ist da noch zu sehen als Wahrzeichen bis auf den heutigen Tag.

Glenz, Heimatsagen Nachdruck 1997 Nr. 40b

c) Vom Breilecker am Breiberg

Rechts am Eingangstor zur Burg lugt ein bärtiges, lebensgroßes Menschenhaupt, ein Krieger- oder Trutzkopf, mit vorgestreckter Zunge aus dem Burggemäuer hervor. Im Volksmund heißt er nur „der Breilecker".

Diese Skulptur (Bildhauerarbeit) hat der Volksphantasie Anlaß zur Sage vom „Breilecker am Breiberg" gegeben. Man erzählt darüber: In alter Zeit wurde die Burg Breuberg einmal belagert. Ohne sie aber nehmen zu können, setzte der Feind den Belagerten hart zu, indem er versuchte, sie durch Aushungern zur Übergabe zu zwingen.

Da kam ein schlauer Kopf in der Burg auf einen glücklichen Gedanken. Um die Feinde zu ärgern, kochten sie einen großen Kessel voll Brei, zu dem der letzte Sack Mehl verwendet wurde, und trugen ihn auf die Ringmauer, wo sie die dampfende Mahlzeit in aller Gemütsruhe und im Angesicht des Feindes verzehrten. Dieser, hierüber erbittert, warf Steine hinauf, wovon einer gerade in den Kessel fiel, daß der Brei umherspritzte. Die Esser flohen alle;

nur einer blieb zurück; und dieser wurde ganz mit Brei bespritzt; aber trotzdem ließ er sich bei seiner Mahlzeit nicht weiter stören, sondern leckte den umhergespritzten Brei ruhig ab und streckte den Feinden zum Hohn noch die Zunge heraus. Die Belagerer zogen hierauf bald ab. Der „Waghals" aber erhielt von nun an den Namen „Breilecker", wurde später in Steine nachgebildet und in die Burgmauer eingefügt. Das Schloß aber hieß nach dieser Begebenheit nicht mehr „Freiberg", sondern „Breiberg".
Glenz, Heimatsagen Nachdruck 1997 Nr. 40c

Dieselbe Sage erzählt man sich auch noch in anderer Form:

d) Der Breilecker

Ein anderes Mal kamen die Otzberger wieder gezogen. Jetzt hatten sie aber noch schwerere Kanonen bei sich. Sie wollten die dicken Mauern der Burg umschießen und den Breuberg der Erde gleich machen. Bum, bum! - Bum, bum! - Doch weit gefehlt. Die Kugeln prallten ab an den riesigen Quadersteinen; nur eine Stückkugel blieb stecken, gleich rechts vor dem Tor, da kann man sie heute noch sehen. Die Breuberger verließen sich auf ihre feste Burg und verloren den Mut nicht. Wenn es draußen blitzte und krachte, jauchzten die Burgleute, und der Roßbub schlug im Hof drei Purzelbäume. An einem Mittag standen sie draußen auf der Wacht hinter der Mauer. Dabei kochten sie einen Kessel voll Hirsebrei; und als sie sich setzten und sich den Brei nun schmecken lassen wollten, bu, da flog eine Kugel wider den Turm, prallte ab und, plumps, da fiel sie mitten in den Kessel. Der Brei spritzte heraus, aber Werner, ein richtiger Spaßvogel, leckte ihn vom Boden auf, sprang auf die Mauer und streckte den Feinden die Zunge heraus. Gleich schossen die Otzberger nach ihm, aber sie trafen ihn nicht. Wie lachten da die Burgleute, und der ganze Haufen schrie: „Werner, du bist unser Kühnster, du sollst uns allezeit die Burg bewachen!" Dietrich, der Steinmetz, holte den Hammer und meißelte in einen vorspringenden Stein neben dem Tor Werner, den Breilecker. Da schaut er noch heute herunter, dieser Spaßvogel im Kettenpanzer, er streckt allen die Zunge heraus, die bei geschlossenem Tor die Burg nicht betreten können. Die Tür ist verriegelt, und an der schweren Kette hängt ein dicker, dicker Ring. Wer ihn durchbeißt, bekommt den Breuberg und all das Land ringsum, die ganze „Herrschaft". Viele tausend Buben und Mädchen haben es schon probiert, aber der eiserne Ring blieb ganz, und der Breilecker, von dem der „Breiberg" seinen Namen haben soll, hat sie alle ausgelacht. Auch mir hat er die Zunge herausgestreckt.

Glenz, Heimatsagen Nachdruck 1997 Nr. 40d

e) Vom unterirdischen Gang auf der Burg Breuberg

Am nordwestlichen Rande der zwischen dem inneren und äußerem Wehrgraben liegenden, nun gärtnerischen und anderen wirtschaftlichen Zwecken dienenden Burgstelle, befindet sich eine halbzerstörte Terrassenanlage und dicht daneben die aufgemauerte Öffnung eines „unterirdischen Ganges", der der Volksphantasie von jeher zu den kühnsten Meinungen Anlaß gab. Der Sage nach soll sich dieser Gang in der Tiefe nach zwei entgegengesetzten Richtungen hin verzweigen.

Der eine Gang führe nach Neustadt, und in dem anderen Gange gelange man sogar bis nach Hainstadt. Die Ausmündung des Neustädter Ganges habe man in dem Keller des Hauses Nr. 33 noch sehen können.

Glenz, Heimatsagen Nachdruck 1997 Nr. 40e

f) Das weiße Fräulein auf dem Breuberg

Auf der Burg Breuberg stand eine mächtige Linde, wie man deren ja bei den meisten Burgen noch heute findet. Unter dieser Linde erschien einst jeden Abend ein weißes Fräulein. Es war der Geist der Tochter eines Ritters von Breuberg, die zur Strafe nach ihrem Tode umgehen mußte, weil sie ihr ganzes Leben nutzlos vertrauerte und Gott darüber in ihrem Herzen vergaß. Sie dachte nur an ihren Geliebten und harrte seiner, der in einen Krieg in fremde Länder gezogen und darin umgekommen war.

Glenz, Heimatsagen Nachdruck 1997 Nr. 40f

ie Sage vom Bruberg

In Folge lang andauernder, verwüstender Kriege an den Ufern des Mains kam in den ältesten Zeiten eine große Schar flüchtiger Verbannter und Vertriebener die Mümling aufwärts in die damals noch undurchdrungenen Wälder um den hohen und steil vorspringenden Bergkegel, auf dem das alte Schloß Breuberg liegt, umkreist von den murmelnden Wassern und den grünenden Wiesen.

Große Scharen raubgieriger Wölfe empfingen allenthalben die fremden Gäste, deren Kräfte schwach und deren Schwerter stumpf geworden waren. Nur mit Mühe und Not, unter schwerem Verlust an Mensch und Vieh, konnte sich die neue Ansiedlung in den waldigen Bergen halten. Dazu fiel unter die Ankömmlinge eine Krankheit um die andere ein, denn große, wilde Wasser überschwemmten das Tal. Dicke, naßkalte Nebel wechselten mit dichten, schwülen, giftgetränkten Dünsten. Der Fieberalb ritt nicht wenige der reisigen Recken, und manch rotblühendes Angesicht hing den gelben Kittel über. Ja, es sollten etliche der kranken Fremdlinge so laut gehustet haben, daß man es bis hinauf nach Höchst hören konnte, welches davon den Namen bekommen hätte, denn „Hoste" hieß in der alten Sprache so viel wie Husten.

Obgleich weise Männer und Frauen unter den Ansiedlern fleißig ihre Sprüche und Segen wider Fieber und Wölfe murmelten und prebelten, das Verderben wollte nicht weichen. Da trieb das Haupt der Waldflüchtigen einen lebensmüden und krankheitsschwachen Krieger dahin, daß er sich in einer Nacht, nur begleitet von seinem treuen, ältesten Knecht, hinauf auf des Berges Kuppe schleppte und mit dem Anbruch des Tages in einen tiefen Felsspalt stürzte, wohin sein Diener ihm folgte, hoffend der Aufnahme in Odins Valhöll.

Schon wollten die des Hauptes beraubten, kraftlosen und ohnmächtigen Flüchtlinge einen Beschluß fassen, alle ihre Siechen und Kranken elendiglich umzubringen und als letzter Rest weiter vorzudringen, als ein Sohn des Mannes, der sich den Tod gegeben, ein Jüngling mit Namen Reginhart, widersprach und gleichzeitig Schutz und Schirm versprach, wenn sie von jenem Beschluß abließen und noch eine Weile warteten. Sein Bitten und Mahnen half. So stand er Wache bei Nacht und Tag ohne Aufhören, und die Fieber wichen und die Wölfe wurden weniger.

Eine Tages stand er wieder nahe des Lagers auf treuer Hut. Da stürzte ein grimmiger, zähnefletschender Wolf auf ihn zu. Er aber, ruhig und sicher stehend, gebot mit lauter Stimme: „Wolf des Sieges, geh mir voran!" Der Wolf wandte sich um, eilte den Waldberg hinan, Reginhart schleunigen Schrittes ihm nach. Aber urplötzlich verschwand das Tier, und an der Stelle, an der er den Grimmen zuletzt gesehen hatte, saß eine stattliche, kriegsgerüstete Jungfrau, damit beschäftigt, einen Kriegergürtel zu winden und zu binden. Betroffen stand der Held still. Sie aber winkte ihn mit bezauberndem Blick hinzu. Als er vor ihr stand, blickte sie nieder auf ihre Arbeit, bis der Gürtel fertig war.

Dann reichte sie mit freundlichem Lächeln den roten Gurt dem schönen, jungen Helden und sprach: „Edler Reginhart, nimm diese Bruohha, diesen Gürtel, in ihm ruht alle Gerechtigkeit. Zwar warst du treu und tapfer, stark und sicher diese Zeit her, aber in Bruohha, dem Gürtel, liegt alle göttliche Kraft, das göttliche Recht, aus dem allein alle schirmende Stärke entspringt und entstammt. So trage ihn denn um deine Lenden, du bist des Gürtels wert. An ihn hänge dein Schwert, und dein Schwert wird durch die Kraft dieses Gürtels einen Kreis des Gerichts, der Herrlichkeit und Freiheit, des Friedens, des Reichtums und Segens rings um diesen Berg ziehen. Wer in diesen Frieden tritt, wird Frieden haben." Mit den letzten Worten verschwand die Jungfrau.

Kaum war der Gurt umgegürtet und das Schwert daran gehängt, so fühlte sich Reginhart als göttlich berufener Held. Bei seiner Rückkehr zur Lagerstatt empfing ihn aus dem Mund seiner genesenen Schar der jauchzende Ruf: „Heil Herjo, Heil Liebo." Und im Nu auf einen großen Schild gehoben, ward er dreimal im Kreis herumgetragen. Dann aber schlachteten sie Pferde zum Opfer Odins und verzehrten sie.

Die Frauen backten aus dem letzten, was sie hatten, zur Letze fürs große und kleine Hausgesinde, einen „Letzelten", einen großen Kuchen und kneteten einen Pfennig darein. Von den vielen Stücklein, in der er zerschnitten wurde, wurde jedem eins gegeben. Wem das Stücklein mit dem Pfennig zufiel, der wurde an dem Tag als Haupt und Herr anerkannt. Reginharts kleiner Bruder, Reiz genannt, bekam den Pfennig. Die jungen Leute huben ihn auf kleinem Schild in die Höhe und schwenkten ihn dreimal. Das Fest war vorüber. Reginhart gedachte seines Gürtels, seines Amtes. Sein erstes Geschäft war, den Gürtelberg zu umreiten und den Burgfrieden aufzurichten. Da kam er zum ersten an einen Bach, wo er sämtliche waffenfähigen Gefolgsleute aufstellte. „Hier soll euer Sammelpunkt sein, so oft der Ruf zur Heerfolge ergeht. Wer nicht erscheint, geht aller gemeinsamen Mannesrechte verlustig." So Reginhart. Dann brachte er auf dem

Hügel über dem Bach, der bis heute „Sambach" (Sandbach) heißt, ein Bundesopfer.

Indem Reginhart fürbaß ritt, kam er zu einem Brunnen. Ein furchtbarer Wolf stürzte aus dem Dickicht, aber ein Griff und Schlag von des Waltenden Hand, und er lag tot am Boden. Von daher schreibt sich „Wolfen der Hof" am Brunnen. Denn hier wurde nachher die erste Hofstatt errichtet. Beim Weiterziehen kam aus einem mitten im Wald liegenden Sumpfmoor ein wüster Schlangenwurm hervor und wütete wider die Schar. Aber einer, Heimo mit Namen, erlegte ihn in wildem Kampf unter dem Jubelschrei der Genossen. „Heimo," rief Reginhart, „diese Stätte, soweit meines Speeres Wurf reicht, sei dein Eigen und Erbe." Sie wird bis zur Stunde „Heimstat" oder „Hainstadt" genannt. Von hier zogen die Mannen mit ihrem geborenen und erkorenen Herrn an den Bundesbach zurück. Das ist der spätere Burgfriede des Breubergs.

Während die Schar einwärts dieses Kreises ritt, kam die Nacht daher, denn es war Neumond oder Niuwi. So blieben sie inmitten des Waldes unter einer alten Linde über Nacht und hießen beim Abzug am Morgen die Stätte Niuwi- oder Neumondstatt, das jetzige Neustadt. Der Breuberg wurde der Wohnsitz Regin-harts und seines Gesindes. Der Felsenspalt, in den sein Vater sich gestürzt hatte, wurde später zum Burgverließ ausgemauert. So lange der Spruch hier oben galt „rehtunga bruohha sinero lumblo," das heißt „Gerichtigkeit der Gurt seiner Lenden", widerfuhr dieser Landschaft weder Kränkung und Schwächung, noch Verletzung von Recht und Herrlichkeit.

Der fünfte Bruder Reginharts, Reiz, baute sich nachher Halle und Hochsitz rechts der Mümling auf einer Anhöhe. Man nannte den Bach, der daran vorbei floß, eingedenk des Letzelten, bei dem Reiz als Kind erhoben wurde, Letzeltenbach, woraus später Luzelnbach (Lützelbach) geworden ist. Von daher stammen die späteren Breuberger.

Müller, Sagen und Märchen S.14

Die Hexenmühle

Stoffel Benz, der Bestandsmüller der gräflich - erbachischen Bestandsmühle zu Neustadt, stand auf dem schmalen Mümlingsteg und schaute sinnend in das Wasser, das schäumend und rauschend in den Kasten des großen Wasserrades stürzte. Rasch drehte sich das Rad, von den eilenden Wassern getrieben. Die Mahlstühle klapperten, und ein dünner Mehlstaub wehte gleich einer großen Wolke aus der offenen Tür des Mühlbaues.

Unbeweglich stand Stoffel Benz auf dem schmalen Steg. Wie gebannt blickten seine schwärmerischen Augen in den dichten Herbstnebel hinaus, der auf den feuchten Mümlingwiesen lag. Wie gespenstische Schatten zogen die Nebelschwaden langsam, wie von Geisterhänden getrieben, über das schmale Tal, stiegen an den Hängen des Breubergs hervor und verschwanden hinter dem Bergfried. Einer Herde Schafe glich das Gewoge, weißgrau und flockig. Auch der Schäfer erkannte den Müller, der über dem Wolkengebilde dahinschwebte.

Den Stoffel überlief es. Da war er wieder, der alte Schafpeter, den sie vor einem Jahr auf dem Zentgerichtsplatz verbrannt hatten. An manchem Abend hatten sie zusammengesessen, der Müller und der Schäfer. Das Wasser rauschte und die Mahlstühle klapperten. Ächzend drehten sich die schweren Mühlsteine. Draußen heulte der Wind, und beim flackernden Schein des Kienofens erzählte der Müller geheimnisvolle Ding von der Hexenzunft im Breuberger Land und ihren nächtlichen Zusammenkünften. Das waren lustige Nächte. Der Teufel erschien dabei in der Gestalt eines schmucken Jägers, und der Clos von Rimhorn blies die Tutey. Auch Schnecken und Mäuse hatten sie gemacht, die Frucht verdorben und das Vieh verhext. Das alles wußte der alte Schäfer, denn er war der Vertraute des Jägers. Von ihm hatte er seine Zau berkraft, mit der er und seine Gesellen die gewaltigen Sprünge ausführten, bis hinauf auf die Schanze vor der Burg und einmal bis hinüber nach Ostheim im Mainzer Land, wo der Schäfer auch der Meister der Hexen war. Dabei waren der Farnmethes von Neustadt und seine Frau, des jungen Helmtädters Frau von Rai-Breitenbach und viele andere.

Der Müller hatte dem Schafpeter Verschwiegenheit gelobt. Das quälte ihn manchmal, wenn er den Hexen begegnete. Denn nun war er Mitwisser geworden und in den Bannkreis des Bösen geraten. Und wenn nachts in den sumpfigen Wiesen die Frösche quakten, wußte er, daß dies die Stimme des Bösen war, der sein Haus umlagerte und seine Seele betören wollte. Einmal war ihm der Teufel sogar in Gestalt einer dicken Kröte auf dem Mühlsteg begegnet und hatte ihn mit bösen Augen angesehen.

Dann war der schreckliche Tag gekommen. Der Zentbüttel hatte den Schäfer in den Turm zu Neustadt geführt. Seine Taten waren ruchbar geworden, und sie hatten ihn zum Tode verurteilt. Mit Schaudern dachte der Mühlstoffel an den Tod des Hexenmeisters. Gierig leckten die Flammen an dem Scheiterhaufen empor, der Herbstwind blies ins Feuer, Rauchschwaden zogen durch das Tal, das Volk gaffte und schrie. Der Mühlstoffel aber sah, wie die Seele des Schäfers in Rauch und Feuer über den Breuberg schwebte, er hörte des Teufels lustige Tutey, und ein schauriges Lachen erklang aus den Lüften.

Traurig ging der Müller zurück in seine Mühle. Der Teufel ließ ihn nicht mehr los. Als er an Walpurgis sein Mühlpförtchen öffnete, saß da wieder die dicke Kröte und sah ihn heimtückisch mit ihren Glotzaugen an. Dieses Wissen machte ihn trübsinnig. Er vernachlässigte seine Mühle. Vergebens kamen die Bauern aus seinem Mühlbann und verlangten ihr Mehl. Der Müller saß in der Stube bei seinem Weinkrug und führte gar seltsame Reden von des Teufels Tutey und von dem toten Schafpeter. Kopfschüttelnd nahmen die Bauern ihr Korn wieder mit und brachten es nach der Rosenmühle. Bei einem Gespenserseher konnten sie keine Kun den sein, wenn sie auch als Erbacher Untertanen zu seinem Mühlbann gehörten.

Der Stoffel aber erzählte weiter von dem Teufel und seinen vielen Gesellen. Und als er einmal in Neustadt saß, wo sie den gräflich-erbachischen Wein probierten, fing er plötzlich an zu seufzen, zu schluchzen und zu jammern und bezichtigte sich des Umgangs mit dem Teufel. Er erzählte alles, was ihm einst der Schafpeter anvertraut hatte, so, als ob er selbst es erlebt und dabeigewesen sei. Zuletzt ergriff er, zur Urkund, daß alles, was er geredet, die Wahrheit sei, sein Glas und trank es aus. Er wisse wohl, daß er verbrannt werde, und er wolle es auch sein, damit er endlich Ruhe fände.

Das Gerücht von des Stoffels Bekenntnis ging durch das Breuberger Land. Die Leute murrten und mieden ihn. Bald wurde er in den Turm geworfen, seine Aussagen zu Protokoll genommen, und dem Grafen zu Erbach vorgelegt. Der war ein weiser und frommer Mann. Er wollte in seinem Land nicht brennen lassen und glaubte auch nicht recht an das, was die Leute in jenen unruhigen Zeiten alles erzählten. Wenn er einmal durch das Mainzer Land ritt und von den vielen Scheiterhaufen hörte, und von den vielen, unglücklichen Männern und Frauen, die man gefoltert und dann dem Nachrichter übergeben hatte, dann grauste ihm.

Um aber seine Pflicht zu erfüllen und vor seinem Gewissen rein zu bleiben, übergab er die Akten des Mühlstoffel einem berühmten Frankfurter Rechtsgelehrten und bat um seine Meinung. Der prüfte alles gewissenhaft und fällte dann sein Urteil. Das alles, so schrieb er an den Grafen, habe der Müller in voller Weise und unter so wunderlichen Umständen ausgesagt, daß es eher Fabula und Träumen als wahren Geschichten gliche. Weil aber dieser Geselle auch sonst ein gottloser Mensch sei und sich auch anderer Vergehen bezichtigt habe, auch einen Mann namens Veit Fuchsen, der durch einen Unfall in der Mümling ertrunken sei, ermordet zu haben vorgebe, so soll er ernstlich examiniert und befragt werden.

Wenn er dann von seinen beim Wein gemachten Aussagen nichts mehr bekennen würde, so sollte man ihn auf Kaution und Handgelöbnis entlassen, da nach den Bestimmungen des Hexenhammers ein zurückgezogenes, freiwilliges Geständnis zur Folter nicht genüge.

In diesem Sinne lautete das gräfliche Urteil. Der Müller wurde mit den aufgelaufenen Prozeßkosten und dem Botenlohn belastet, mußte Urfehde schwören und wurde dann aus dem Gefängnis entlassen. Er zog sich in seine Mühle zurück, mied die Menschen, und wenn ihn seine Gesichter überkamen, wenn er nachts den Schäfer und die Teufelskröte sah, wenn er des Teufels Tutey durch den Wintersturm zu hören glaubte, dann schlich er in seine Mahlstube, wo das Geklapper der Räder und das Ächzen der schweren Steine die seltsamen Stimmen in seinem Innern übertönte. Ganz still aber wurden diese Stimmen erst, als wenige Jahre später der Tod den Müller von seinem Wasserrad und Mahlstuhl abberief.

Seitdem geht, so sagen die Leute im Breuberger Land, der alte Mühlstoffel in der Erbacher Bestandsmühle um. Ruhelos poltert er durch den Wasserbau und steigt ächzend über die knarrenden Stiegen. Seine Unruhe blieb wie ein böses Vermächtnis in der Mühle. Niemand hielt es dort lange aus. Die Mahlknechte wechselten von Jahr zu Jahr, und nur wenige Bauern brachten noch ihr Korn zum Mahlen. Erst nach hundert Jahren schwand die Unruhe und die Erinnerung an den Hexenmüller im Gedächtnis des Volkes, und die Mühle und ihre Besitzer erhielten wieder einen ehrlichen Namen.

Höreth, Die Heimat 1978/3

ie Herren von Rosenbach

Einst kam ein fremder, freier Mann das unterste Mümlingtal heraufgeritten. Er hatte sich auf einer Kriegsfahrt verirrt und war im Elend. So wurde er ein Gast unter den Kunden oder Einwohnern dieses Maingaulandes und konnte daher auf den Schutz und Schirm ihrer Landschaft keinerlei Anspruch erheben. Während er von Haus zu Haus, von Hofstatt zu Hofstatt wanderte, geschah es, daß ein Diebstahl in diesem Gau begangen wurde. Der Fremde wurde dieser schweren Untat bezichtigt. So mußte er vor dem Richterstuhl erscheinen, der unter der breitschattenden Linde zu Neustadt stand, um sich von der Untat zu reinigen, die er aber entschieden leugnete. Aber als Fremder konnte er in dem Gau die nötige Anzahl der Eideshelfer nicht finden. So schob ihm der Richter mit den Schöffen das Gottesurteil der Feuerprobe zu, welches der angeklagte Gast mit Freuden annahm.

Also wurde ihm aufgegeben, im bloßen Hemd dreimal durch die Flammen eines angezündeten hohen Dornbergs langsam hindurchzuschreiten. Dieser Dornberg wurde unterhalb der Gerichtsstätte nahe einem rechts zur Mümling fließenden Bächlein hoch aufgeschichtet und angezündet. Fröhlich und frei trat der Beweisende an die bezeichnete Stelle. Auf ein Zeichen des Vorsitzenden der Schöffen schritt der ritterliche Gast durch die im dürren Dorn lodernde und leckende Flamme. Der erste Gang war vorüber. Aber wie staunten die Richter, als der Bezichtigte nicht nur am Leib, an Haut und Haaren unversehrt erschien, sondern auch dem Grafen eine schöne, weiße Rose überreichte. Dann schritt er zum andern und zum dritten Male durch des Feuers wildprasselnde Glut, beide Male ohne Schaden, jedes Mal eine Rose vor dem obersten Richter niederlegend.

Mehr als genügend war demnach der Beweis seiner völligen

Unschuld geliefert. Auf die gestellte Frage darnach wurde auf seine Reinheit und Unschuld erkannt, und er sofort in die Rechtsgenossenschaft des Landes aufgenommen und, da er sich zum Bleiben bereit erklärte, zu seinem Markwart erkoren. Er hatte zuerst sein Gesäß zu Raibach und nachher auf den Gütern um jenen Bach, wo er so wunderbar das Gottesurteil dargetan. Das Volk nannte von Stund an diesen Bach den Rosenbach und den wunderbaren Fremdling Marktwart von Rosenbach.

Nach beendetem Gericht jenes Tages erhielten bei dem Fest- und Trinkgelage Gerichtsherr und alle Beisitzer je einen Kuchen. Der Herr reichte seinen Kuchen an den neuen Marktwart. Alles Volk erhielt gleichfalls Kuchen durch den Vogt, dessen Nachkommen als „Kuche vom Dornberg" bekannt geworden sind. Als später das edle Geschlecht derer von Rosenbach erlosch, wurden die Kuche von Dornberg die Erben ihrer beträchtlichen Güter. Aber wenn der Name Kuche hier in den Bergen, falls ihn nicht der eine oder andere Jude tragen sollte, ausgestorben ist, lebt darin noch das Dörfchen Rosenbach unterhalb des Breubergs, dessen nächste Umgebung sogar bis heute Rosental oder Rosenau genannt wird. Ob die alte Kunde, die drei Rosen in dem Wappen der Grafen von Wertheim stammten von jenem wunderbaren Geschenk des unschuldig Beklagten, ihre Richtigkeit hat, überlassen wir den Wappenkundigen zur Entscheidung.

Müller, Sagen und Märchen S.18

as Mühlhäuser Schlößchen

Als das unförmliche Geschlecht der Riesen noch in seiner ursprünglichen Unschuld, Weisheit und Kraft auf massengewaltiger Erde auch hier zu Lande herrschte, wohnte ein alter, plumper, aber treuherziger Hüne an der Stelle im Mühlhäuser Tal, wo jetzt die Trümmer des sogenannten Mühlhäuser Schlößchens, eines aus dem grauen Mittelalter stammenden festen Hauses mit einem Turm, zu sehen sind. Des Riesen Name war Starkadr. Er hatte zwei Söhne und zwei Töchter. Die Söhne hießen Synand und Brysing, die Töchter Rütze und Mene.

Ihre Hauptlust waren fünf Riesenhunde mit langzottigen Haaren, die sie Tag für Tag mit ihren langen Fingernägeln kämmten, und denen sie die goldenen Halsbänder anlegten, welche ihnen Spechtesharter Zwerge geschenkt hatten, denen sie die Springwurzel aus des Odenwaldes oberen Bergen verschafft hatten. Auch beschäftigten sie sich zu ihrer Unterhaltung damit, große Sandsteine rund zu reiben und dann aufeinander hin und her zu drehen, bis Feuer heraussprühte. Die Steine, die sie nicht mehr brauchten, durften sich die Leute der Umgegend holen und sie als Mühlsteine noch benutzen. Daher bekamen die Riesen den Namen „Mulenhuser", was so viel bedeutet wie Mühlenfreunde.

Ihre gute Art aber legten sie besonders an den Tag, als eine in den oberen Bergen durch Wasser und Wind erregte schreckliche Sturmflut das untere Mümlingtal in einen großen See verwandelte und besonders um den Breuberg alles überschwemmte, verwüstete und verderbte. Die meisten Menschen und Tiere kamen darin um. Nur drei Personen wurden durch die Riesen, den Vater und seine beiden Söhne, gerettet: Ein alter Held mit Namen Wachenburn (der aus den Wogen Geborene), eine weise Frau, ein uraltes Weibel, Frau Breida genannt, und ein Knabe, der in mitten der tosenden Seeflut immerzu „Brim, Brim" (See, See) geschrien hatte, woher er den Namen Brim bekam. Alle drei brachten die guten, starken Riesen aus den Wassern nach ihrem Sitz, wo die Riesentöchter sie geraume Zeit nach Kräften verpflegten.

Der alte Starkadr und der alte Wachenburn sprachen am liebsten von den uralten Zeiten. Dabei meinte eines Tages der letztere, es gehe wohl bald mit den guten Zeiten der Riesen zu Ende. Ob er es gleich mit Bedauern aussprach, ward doch Starkadr so aufgebracht, daß er zwei gewaltige Mühlsteine nahm und sie so schrecklich aufeinander rieb, daß dem alten Wachenburn die Flamme ins Gesicht schlug und seinen Bart versengte. Dann stampfte er auf die Erde, daß sein Fuß bin ans Knie hineinfuhr. Doch gab es sonst keinen Streit. Frau Breida lehrte die Riesentöchter und den kleinen Brim allerlei weise Sprüchlein, darunter den folgenden:

Wer sagt keinen Traum
Und schält keinen Baum
Und tritt auf kein Krümchen Brot
Der hat nimmer Not

Am liebsten spielte der kleine Brim mit den großen Hunden. Doch durfte er es nur, wenn er ringsum in den sumpfigen Wiesen mit großen Ruten die Frösche gestillt hatte, denn diese konnten trotz ihrer Riesennerven Starkadrs Töchter Rütze und Mene am Abend und in der Nacht nicht quaken hören. Das Schweigen dieser Tiere gelang aber dem kleinen Brim nicht oft, aber immer mit größter Mühe und Anstrengung. Da lernte ihn Frau Breida ein Verschen, das mit den Rutenschlägen zusammen bald treffliche Dienste tat und ihm das Spielen mit den Hunden öfters gestattete.

Es lautete:

*Ruh, Ruh, großer Quader du
die Weiber kriegen sonst kein' Ruh!*

Später zogen die von der Riesenfamilie Geretteten in Dankbarkeit und Frieden ab. Zuerst Frau Breida. Sie wohnte anfangs an der Stelle im Wald, wo jetzt Wiebelsbach liegt. Diese soll nach dem alten Weibel benannt sein. Später wohnte sie an dem Brunnen, der ihren Namen noch heute trägt: Breidenburnen oder Breitenbrunn.

Der alte Wachenburn kam als Dienstmann auf den Breuberg. Der kleine Brim aber nahm als großer Mann seinen Sitz in dem nahen Raibach. Seine Nachkommen schrieben oder nannten sich Herrn von Prümen. Etwas war diesem Geschlecht aus der Riesenzeit, die wirklich bald zu Ende ging, geblieben: Die Prüme konnten die Frösche nicht quaken hören, wenn sie schlafen sollten. Die gemeinen Leute meinten, die Riesinnen hätten ihnen das angetan. Vielleicht aber hatten sie nur die Kraft des Verslein verloren.

Genug, einer der Prüme bestimmte für sich und seine Nachkommen Erb und Gut in Raibach, dessen Inhaber beim Rasten eines Familiengliedes den Dienst hatte, die Frösche zu stillen. Übrigens sorgte noch jener erste Brim dafür, daß die Mulenhuser Stätte, welche die Geretteten geborgen, zu einer Freiet oder Freistatt erklärt wurde. Wenn daher angeklagte oder unangeklagte Verbrecher oder in Fehde Verfolgte zu diesem Mühlengarten, wie ihn das Volk hieß, entrannen, so durfte sie niemand daraus nehmen, auch ihnen niemand in den Hof nachfolgen. Später wurde die Hofstatt Sitz einer Verbrüderung von freien Leuten, ein sogenanntes Ganerbenhaus.

Müller, Sagen und Märchen S.11

er Grenzsteinversetzer

Auf der „Weinstraße", einer zwischen Wald-Amorbach und Heubach hinziehenden Höhenstraße, wollen früher Amorbacher Leute oft einen Mann gesehen haben, der einen Grenzstein auf seiner Schulter trug; sie nannten ihn nur den „Häimann". Jedem, der in seine Nähe kam, rief er zu: „Häi, häi, wou soll ich'n dann heh läiche?" Er meinte damit den Stein.

Es war ein längst Verstorbener, der nach seinem Tode im Grabe keine Ruhe finden konnte. Er hatte einen Grenzstein am Acker versetzt und mußte deshalb allabendlich mit dem Steine auf der Schulter am Orte seines Frevels hin und her irren.

Da kam eines Abends ein kecker Bursche des Weges. Der hörte auch die immer wiederholte, bange Frage: „Wou soll ich'n dann heh läige?" Da rief er ihm zu: „Ei, wou d'n kriht host." Da stieß der Unglückliche noch einen markerschütternden Schrei aus, und dann verstummte er. Seitdem aber sieht und hört man von ihm nichts mehr.

Glenz, Heimatsagen Nr. 11

Brombachtal

Das Wirtshaus auf der Böllsteiner Höhe

Auf der Böllsteiner Höhe stand früher ein Wirtshaus, in dem man übernachten konnte. Wenn die Leute aus dem Marbachtal nach Darmstadt wollten, so mußten sie über diese Höhe, denn damals gab es noch keine Eisenbahn. Einmal hat ein Mann in diesem Wirtshaus übernachten wollen. Als er in die Wirtsstube kam, merkte er, daß es nicht ganz geheuer war, denn die Leute sprachen heimlich miteinander. Als es Zeit zum Schlafengehen war, bekam er ein Zimmer angewiesen, in dem kein Licht war. Als er sich ins Bett legte, zündete er vorher noch sein eigenes Licht an und betrachtete sich das Bett näher. Da sah er, daß unter dem sauberen Bettuch noch ein blutiges lag. Er legte sich darauf leise nieder und wartete, bis alles ruhig geworden war. Dann machte er sich auf und wollte fliehen. Als er aus dem Haus hinaus wollte, wurde er aber bemerkt und verfolgt. Da rannte er ein Stück die Straße entlang und legte sich in den Straßengraben. Zum Glück regnete es in dieser Nacht, und man hörte seine Schritte nicht so genau. Wie sie nach ihm suchten und an ihm vorbeigingen, sprach einer zum andern: „Jetzt werden wir ihn nicht mehr finden." Da wurde ihm leichter zumute, denn er lag mit bangem Herzen im Graben. Die Räuber wußten nämlich, daß Leute, die nach Darmstadt reisten, Geld hatten.

Hardes, Der Odenwald 1960/4 S.118

Erbach

Der Schlurcher auf dem Roßbacher Hof

In dem nicht weit von Erbach gelegenen Roßbacher Hof hatte sich ein Hausgeist, welcher Schlurcher genannt wurde, so eingenistet, daß die Leute im Haus, denen er bei allen Arbeiten mit ungeheurer Behendigkeit half, ganz an ihn gewöhnt waren und auf seine Erscheinung nicht mehr sonderlich achteten.

Der Schlurcher trug eine graue, durch einen Strick zusammengehaltene Kutte und ein Paar Holzschuhe, in denen er geräuschvoll die Treppen hinauf- und hinunterschlappte oder schlurchte, wie die Bauern sich ausdrückten.

Es geschah mehrmals, daß die Knechte abends beim Kartenspiel saßen und einer von ihnen sagte: „Wie wärs, wenn jetzt der Schlurcher käme?"

Da saß der Genannte auch schon gleich mitten unter ihnen und wollte mitspielen. Aber die Knechte standen ganz ruhig auf und ließen ihn allein am Tische sitzen, worüber er sich sehr ärgerte.

Eines Abends saß ein fremder Bauer allein in der Stube und trank einen Schoppen Wein. Da kam der Schlurcher die Bodentreppe herunter in das Zimmer, steckte sich am Ofen seine Pfeife an und setzte sich so recht behaglich dem Fremden gegenüber an den Tisch. Der Fremde wußte nun nicht recht, was er sich aus dem sonderbaren Gast machen sollte.

Der alte Pächter aber, der in der Kammer neben dem Zimmer im Bette lag und von dort aus Schlurchers Unverschämtheit bemerkte, rief mit drohendem Tone: „Ah! Du glaubst, es säh dich niemand, weil du dich so breit machst, alter Kerl! Aber marsch hinaus, sonst komm' ich dir!" Da erschrak der arme Schlurcher und klapperte schleunigst die Bodentreppe wieder hinauf.

Glenz, Heimatsagen Nr. 7

as weiße Mäuschen von Erbach

Ein junger Mensch in Hirschhorn wurde fast jede Nacht vom Alp heimgesucht. Seine Mutter konnte das zuletzt nicht mehr mit ansehen und suchte Rat dagegen, den sie auch bald fand. Sie verabredete sich mit ihrem Sohn, er solle ihr ein Zeichen geben, wenn er des Alps Ankunft gewahre. Als er abends im Bette lag, breitete sie ein weißes Tuch über ihn und hielt sich in dessen Nähe auf. Es dauerte nicht lange, so schlüpfte der Alp durch das Schlüsselloch herein. Der Sohn gab ein Zeichen und war im selben Augenblick auch schon seiner unmächtig, fing an zu seufzen und zu wimmern. Da sprang die Mutter hinzu, schlug rasch die vier Zipfel des weißen Tuches zusammen und legte es in eine Schublade der Kommode; den Schlüssel ließ sie aber stecken. Zugleich atmete ihr Sohn auf, als ob eine zentnerschwere Last von seiner Brust genommen sei. Daraus sahen sie, daß es ihnen geglückt war, den Alp zu fangen.

In derselben Stunde aber starb in Erbach plötzlich ein Mädchen, ohne daß man wußte, was für eine Krankheit es gehabt haben könnte. Es war gekleidet und auf die Bahre gelegt und sollte begraben werden.

Da traf's sich, daß der Bursche in Hirschhorn, der schon zwei Nächte vom Alp freigeblieben war, am dritten Tag zufällig den Schlüssel von der Schublade abzog, worin das Tuch lag. Sogleich schlüpfte ein weißes Mäuschen aus dem Schlüsselloch und lief zur Tür hinaus.

Zur selben Stunde wollte man den Sarg des Mädchens in Erbach schließen, da fuhr ein weißes Mäuschen zur Tür herein und schlüpfte in den Mund der Toten, die alsbald die Augen weit öffnete und nicht wenig erstaunt war, sich im Sarge zu befinden.

Glenz, Heimatsagen Nr. 10

er Schlapper in Erbach

In einem sehr alten Hause zu Erbach soll früher ein Hausgeist sich aufgehalten haben. Man nannte ihn nur „Schlapper"; denn er schlappte geräuschvoll die Treppen auf und ab und klapperte an den Türklinken. Niemals aber hat er sich einmal in menschlicher Gestalt gezeigt. Wohl haben die Hausbewohner nachts oft einen fürchterlichen Lärm in der Küche gehört, als ob alles durcheinander geworfen würde; morgens aber traf man alles wieder in bester Ordnung an. Nur in der Gestalt eines schwarzen Katers glaubten sie ihn schon gesehen zu haben, als er Waschschüsseln aussoff.

In demselben Hause wohnte nun auch ein junger Arzt, der noch einen Freund bei sich hatte. Der Arzt wachte einmal darüber auf, als ihn dieser bei seinem Namen rief. „Was willst du denn eigentlich?" sprach der Arzt zu seinem Freund. „Ei," sagte der, „bist du noch nicht bald fertig mit Anziehen?" „Was denkst du denn," gab ihm darauf der Arzt vorwurfsvoll zur Antwort, „ich bin ja noch gar nicht aus dem Bette gekommen!"

Da erzählte ihm sein Freund, daß schon seit einer halben Stunde eine Gestalt im Zimmer auf und ab gegangen sei, so daß er nichts anders geglaubt hätte, daß er - der Arzt - zu einem Kranken bestellt worden sei und sich nun im Auf- und Abgehen anziehe. Er habe ihm deshalb einmal zugerufen; als er aber darüber aufwachte, wäre die Gestalt augenblicklich verschwunden gewesen.

Glenz, Heimatsagen Nr. 11

Der Bärenstein bei Erbach

In alter Zeit, als noch Wölfe, Bären und andere wilde Tiere hier zu Land hausten, ward einmal ein Wanderer an der alten Straße von Erbach nach Freienstein von einem Bären zerfleischt und getötet. Zum Gedächtnis dieser Begebenheit ist noch heute der Bärenstein zu erblicken.

Bader, Hessische Sagen in Hessische Volksbücher S.11

Wie ein Abwesender in Erbach zitiert wurde

Einst lebte ein Graf von Erbach, der einen gar klugen Kanzleidirektor hatte. Derselbe vermaß sich eines Tages gegen seinen Herrn, daß er Tote und Lebendige zu zitieren (kommen lassen) verstehe.

Als ihn der Graf aufforderte, ihm eine Probe seiner Kunst abzulegen, sagte er, einen Toten wollte er nicht kommen lassen, weil das zu schrecklich sei. Doch wenn er einen weit entfernten Freund oder Bekannten habe, den er einmal zu sehen wünsche, so wolle er ihn bald zur Stelle geschafft haben.

Der Graf ließ alle Türen und Ausgänge des Schlosses besetzen, mit dem strengen Befehl, niemand einzulassen. Dann teilte er seinem Kanzleidirektor mit, daß er seinen ehemaligen Jäger zu sehen wünsche, einen gar treuen, redlichen Menschen, der ihm lange und gut gedient habe und jetzt zweihundert Stunden von hier in Lothringen wohne.

Hierauf bat der Kanzleidirektor den Grafen, sich in den Kreis zu stellen, den er mit Kohle auf dem Fußboden gezogen hatte und fing dann an, sein Wesen zu treiben. Plötzlich ging die Tür auf, und der Jäger kam herein - nicht mit langsam abgemessenen, geisterhaften Schritten, sondern rasch, munter und lebhaft, wie es von jeher seine Art gewesen.

Er machte dem Grafen die gebührende Reverenz (Empfehlung) und sagte, daß er sich gar freue, seinen ehemaligen Herrn einmal wiederzusehen. Aber gerade diese anscheinend so natürliche Art der Erscheinung erfaßte den Grafen mit eisigem Grauen; er erwiderte nichts und ward totenbleich. Schnell fing der Kanzleidirektor wieder seine Künste an. Der Jäger empfahl sich gehorsamst und machte die Tür mit viel Geräusch hinter sich zu.

Am selben Tag aber noch schrieb der Graf nach Lothringen an seinen ehemaligen Jäger und fragte ihn, wie es ihm in der letzten Zeit gegangen sei.

Sehr erfreut darüber, daß sein alter Herr seiner sich noch in Gnaden erinnere, erwiderte er, daß es ihm in der letzten Zeit in jeder Beziehung recht gut gegangen sei, nur an dem und dem Tag, zu der und der Stunde habe ihn mitten im Wald plötzlich eine so unerklärlich starke Schlafsucht befallen, daß er am Fuße eines Baumes umgesunken sei und allda ein Stunde lang bewußtlos gelegen habe.

(Wenn man nun weiß, daß der Jäger zehn Minuten lang bei dem Grafen war, so kann man hiernach leicht ausrechnen, wieviel Zeit ein zitierter Geist braucht, um einen Weg von zweihundert Stunden zweimal zurückzulegen.)

Der Kanzleidirektor durfte aber von dieser Zeit an das Schloß des Grafen nie wieder betreten.

Glenz, Heimatsagen Nr.9

er Geist des alten Grafen

Der Graf Eberhard von Erbach-Erbach saß in seinen letzten Lebensjahren an einem Abend auf dem Anstand im Eulbacher Forst. Da bemerkte sein Leibjäger einen Mann, der versuchte, mit einer Axt im gräflichen Wald einen Baum zu fällen. Er meldete das dem Grafen, worauf dieser allein auf den Holzfrevler zuschritt, und ihn fragte, was er hier mache. Der Holzdieb erschrack sehr, als er den Grafen vor sich stehen sah und stammelte: „Erlaucht, ich wollte mir nur etwas Brennholz holen, verzeihen sie mir, und lassen sie mich nicht bestrafen, ich bin ein armer Mann."

Der Graf kannte aber den Holzfrevler, er wußte, daß dieser den Branntwein gerne trank und nicht gern arbeitete. Der Graf amüsierte sich sehr und sagte zu dem Holzfrevler: „Hansjörg, Hansjörg, wenn du mir in die Hand versprichst, daß du niemals wieder in meinem Wald einen Frevel begehen willst, nicht mehr so viel Branntwein trinken willst und deine Frau nicht mehr schlägst, so will ich dich nicht bestrafen lassen, den Baum, den du angehauen hast, schenke ich dir." Da antwortete der Holzfrevler: „Erlaucht, ich verspreche es, ich schwöre es."

Wenige Jahre danach starb der Graf. Wie das im Leben so geht, der Hansjörg fiel bald wieder auf seine alten Sünden zurück, er betrank sich, schlug sein Weib und ging auch wieder in den gräflichen Wald zum Holzfrevel. So war er wieder einmal im Wald, um einen Baum umzulegen, da hörte er plötzlich ein Geräusch, und als er sich umblickte, wer stand da? Der alte Graf in leibhaftiger Gestalt mit zorniger Miene und sagte: „Was muß ich sehen, so hast du dein Versprechen und deinen Schwur gehalten, du Meineidiger, heute gehst du mir nicht straffrei aus." Dabei legte der

Graf das Gewehr an. Entsetzt ergriff der Hansjörg die Flucht und soll von dieser Zeit ab ein besserer Mensch geworden sein.
Hess, Spuk Nr.31

as Tempelhaus in Erbach

Das jetzige gräfliche Krankenhaus in Erbach ist ein uraltes Gebäude und trägt den Namen „Tempelhaus". Man hat es mit den Tempelherrn in Zusammenhang bringen wollen. Allein darüber haben wir noch weniger Kunde, als sie die älteste sprachliche Sage oder die Sagensprache bietet. Man weist hin auf die sogenannten Rustika oder gewaltigen, behauenen Steine am Tempelhaus und dem Schloßturm. Diese künden allerdings sehr hohes Alter aus der sogenannten geschichtlichen Zeit. Aber Aufschluß über Geschehenes bieten sie nicht. Lauschen wir daher der alten Sage. Sie wird uns kaum irreführen.

Für Götter wie für Gotthelden errichteten unsere altheidnischen Vorfahren bleibende Wohnungen. Aus den feierlichen Steinkreisen, den gehegten Räumen auf Bergen, Wiesen und Auen, gingen Höfe oder Tempel hervor. Die ältesten Ausdrücke dafür sowohl in unserer als auch in der Sprache der Griechen gehen von dem Begriff des heiligen Hains aus und erst von da an unmerklich in die Vorstellung einer aus Steinen erbauten Stätte über. Unter einem Hofe oder einem Tempel verstand man einen auf Wiesen oder Auen besonders gehegten Raum. Ja, es scheint der Name „Hof" in unserer Sprache der älteste Ausdruck für einen solchen göttlichen Aufenthalt zu sein. Dabei hängt die Vorstellung eines Gartens (Lustgartens, wie unser Odenwälder Volk sich heute noch ausdrückt) und seiner Baumgänge noch mit dem tief eingeprägten Waldleben zusammen.

Jene drei Brüder Ering, Erich und Eling, die wir im Brudergrund wieder vereinigt fanden, erschienen ihrem sich mehrenden und mächtiger entfaltenden Volksstamm als Gotthelden. Sie selbst hatten an der Stelle, wo das sogenannte Tempelhaus steht, sich einen gemeinsamen Hof gegründet. Damit war nach dem Glauben der alten, heidnischen Vorfahren sofort schon ein Tempel verbunden. Denn nur ein solcher gewährte in seinem Umkreis eine Freistätte oder Asyl, einen geheiligten Ort, wohin der angeklagte oder unangeklagte Verbrecher oder der verfolgte Feind vor der Verfolgung des Gerichts oder der Fehde seines Gegner flüchten und sich fristen konnte, wenn er seine Waffen niederlegte. Schutz und Rettung gewährten schon solche Vorhöfe und Gärten, aber noch viel mehr die darin wohnenden und waltenden Fürsten und Könige. Ihrer Gegenwart und Nähe entströmte göttliche Milde. Diese gewährte auch freies Geleit in die Heimat.

So wurde denn und blieb jene Tempelhofstatt der drei Brüder ein friedlicher Grund und Boden, eine Feistatt, Friedstatt oder Freiheit, und darin dürfte der Ursprung des Tempelhauses gesucht werden, das noch oder wieder in seiner gegenwärtigen Bestimmung Pflege und Rettung denen bietet, die als arme Kranke dahin ihre Zuflucht nehmen. So werden wir auch begreiflich finden, warum in christlichen Zeiten, die Mönche und später die Nonnen in Steinbach aus jenen drei Brüderorten ihr Teil zum Unterhalt geschenkt erhielten. Waren die Klöster doch die umgewandelten Zufluchtsstätten der Elenden und die stillen Vertreter der höheren Freiheit in verwilderten Zeiten.

Müller, Sagen und Märchen S.138

ring, Erich und Eling

Den neueren Geschichtsforschern kommt es auffallend vor, daß „unbedeutende Orte", wie sie sagen, in der Umgegend der jetzigen Stadt Erbach urkundlich viel früher erscheinen als die Stadt selbst. Wer den Mimling in seiner urältesten Sprache versteht, findet das nicht nur begreiflich, sondern ganz natürlich. Schon die Geschichte von Haisterbach und Schönnen ließ durch ihren Ausgang keinen Zweifel, daß der ursprüngliche Stammsitz der Herrn zu Erbach etwas höher hinauf zu suchen ist, als die jetzt noch stehenden ältesten Steinzeuge dartun. Wirklich besitzen wir drei älteste Sprachzeugen in der Schreibweise der drei um Erbach liegende Orte, der Dörfer Eringesbuch oder Yringesbach, Erichesbuch oder Ertbuch und Elingesbach oder Ellingsbach, wovon die beiden ersten der Zelle Michelstadt, das letzte dem Kloster Steinbach gehörte, soweit eben nicht edle Güter, adlige Stamm- und Herrengüter im Besitz waren. In jenen Ortsnamen sind Ering oder Yring, Erich und Eling uralte Personennamen, von denen die beiden ersten in die älteste Götter- und Heldensage hinaufragen. In Elling steckt sogar ein heidnischer Tempeldiener. Doch davon wollen wir hier nur reden und berichten, was die Sage verlauten läßt.

Vor alten Zeiten herrschte in den Landen, die heutzutage Thüringen genannt werden, ein mächtiger König aus dem ursprünglichen Geschlecht der Wuoti. Der wurde von einem von Norden her eindringenden Sachsenkönig geschlagen und entkam mit Mühe und Not, begleitet von nur wenigen Getreuen, und verbarg sich in Waldschluchten, die nur ihm und den Seinen bekannt waren. Eine große Freude wurde ihm zuteil, als einige Zeit hernach drei seiner Gefolgsleute zu ihm stießen und ihm seine drei kleinen, mutterlosen Knaben Yring, Erich und Eling brachten. Lange Jahre hindurch lebte dieser

Rest des vordem mächtigen Königshofs in tiefer Waldeinsamkeit und Verborgenheit. Die Leute ernährten sich vom Fleisch der Bären, die sie erlegten, und von den Beeren des Waldes, die da reichlich wuchsen. Daher kam es, daß der königliche Vater den Namen Basin erhielt, was so viel besagen will wie „einer, der sich von Bären und Beeren nährt".

Als die drei Söhne herangewachsen waren, baten sie ihren Vater, er möchte sie in die weite Welt ziehen lassen, um sich dort irgendwie und wo immer ein Stück Erde zu erkämpfen. Der Vater willigte ein.

Da zogen denn die drei, nur von wenigen Genossen begleitet, von den Waldbergen hinab nach den Gauen des Mainstroms und gelangten in der Gegend, wo jetzt Würzburg liegt, zu etlichen Häuptlingen aus dem Stamm der Alemannen. Hier konnte aber ihres Bleibens nicht sein, denn alle diese Gebiete hatten sehr viele solcher Häuptlinge und ihrer Gefolgsleute schon eingenommen. „Hier ist für euch kein Platz mehr," hieß es, „wohin wollt ihr denn ziehen?"

Der jüngste der königlichen Brüder Eling antwortete: „Wir wollen durch Wuotans großen Wald ziehen jenseits dieses Flusses, bis wir zu einem anderen, noch größeren Fluß kommen. Den wollen wir auch überschreiten und fortziehen, bis wir an dem großen Meer stehen. Dort wird uns eine neue Heimat werden."

Freilich hörten sie nun, wie zwischen beiden Flüssen und bis hin zum großen Meer allüberall feste Lager und Wälle des großmächtigen Römervolks wären. Diese könnten sie weder übersteigen noch durchbrechen.

Doch die drei Königsbrüder zogen ihre Schwerter und wiesen auf den scharfen Dorn, die scharfe Spitze hin, die durch alles breche. Ihren Stoßwaffen werde kein Feind widerstehen. Also begehrten sie nur ungehinderten Durchlaß und freies Geleit bis zu der Alemannen Grenze.

Unweit des heutigen Miltenberg bogen sie in des Odenwaldes Berge ab. Sie stiegen hinan, bis sie einer befestigten Linie des Römerwalls nahe kamen. Da merkten sie die großen Schwierigkeiten eines

Durchbruchs. Sie verbargen sich daher wieder in benachbarten, tiefen Waldschluchten und lebten wie in den Thüringer Wäldern, harrend einer günstigen Gelegenheit zum Durchbruch.

Noch jetzt werden in der Schlucht westlich von Boxbrunn große Steinklüfte gezeigt, in denen sich nach heutiger Volksmeinung einst Räuber aufgehalten haben, die von das aus das Erbacher Land überfallen und beunruhigt hätten. Nach alter Kunde Wirklichkeit verbargen sich dort jene drei Königsbrüder, um den günstigen Augenblick zu erspähen, die römischen Grenzwachen zu überfallen und niederzumachen.

Eines Tages war Eling auf Spähschaft ausgezogen, und es war ihm gelungen, in der Nähe des heutigen Eulbach an einer unbewachten Stelle über den Höhenkamm nach der jenseitigen Talseite hinabzustreifen.

Die Brüder warteten vergeblich auf seine Rückkehr. Tag um Tag verging, er kehrte nicht wieder. So meinten sie schon, er sei dem Feind in die Hände gefallen und erschlagen worden.

Auf ihren Streifzügen hatten sie entdeckt, daß die größere Befestigung unweit des heutigen Würzberg an der Höhenstraße lag. Daher beobachteten sie genau den Ab- und Zugang der Krieger. Eines Tages beobachteten sie einen sehr schnellen Abzug und vermerkten, daß nur wenige Krieger zur Bewachung zurückgeblieben sind. Also verabredeten sie mit ihren wenigen Getreuen für die nächste Nacht einen Überfall. Diese Nacht war günstig. Glücklich überstiegen sie die Wälle des Kastells und machten die Wachen und alle schlafenden Krieger mit ihren Stoßwaffen nieder. Am Morgen streiften sie weiter auf der Höhe, und überall fielen die schwachen Besatzungen durch ihr Schwert. Die Wälle zerstörten sie.

Dann machten sie sich daran, in der Nähe sich nach passenden Niederlassungen umzuschauen. Beide Brüder Yring und Erich zogen mit den Ihrigen getrennte Wege. Bald hatten sie geeignete Plätze gefunden, Yring oder Ering den Ort, wo heute das Dörfchen Ernsbach liegt, das vordem durch Jahrhunderte Yringesbuch, das heißt Wald des Yring hieß. Seine Hofstatt stand etwa da, wo jetzt der höchst gelegene Bauernhof steht, von dem man weitaus nach allen Seiten ins Mümlingtal hinabschaut. Erich wählte die Stelle, wo Erbach liegt, das dann Erichesbuch, das ist Wald des Erichs, genannt wurde.

Kaum hatten sie notdürftig ihre Hofstätten abgegrenzt und gefriedigt, als sie daran dachten, weiter ins Tal hinabzustreifen, um womöglich Spuren ihres Bruders Eling zu entdecken.

Auf einem dieser Streifzüge geschah es, daß Yring und Erich von verschiedenen Seiten her jenseits der Mümling in einem Talgrund zusammentrafen, wo der Bach von Roßbach, einst Rossebuch genannt, zur Mümling abrinnt, und sich dort mit den Gefolgsleuten lagerten.

Da kamen von der Höhe herab Tritte näher und näher. Mit einem Male ritt aus dem Waldesdunkel ihr längst verloren geglaubter Bruder Eling hervor und begrüßte mit Freudenruf die Brüder. Noch heute heißt jener Grund der Brudergrund. Eling hatte sich längst eine Hofstatt gegründet, dort, wo jetzt Elsbach liegt.

Erst die Nachkommen der drei Brüder zogen weiter nach Westen. Sie gründeten an der Bergstraße eine Niederlassung, die zum Andenken an ihren königlichen Ahnen Basinesheim genannt wurde. Das ist das heutige Bensheim.

Müller, Sagen und Märchen S.133

revel am Heiligsten

In Günterfürst im Odenwald saßen vor einigen Jahren Burschen und Mädchen in der Spinnstube beisammen.

Es waren unter ihnen viele, die von Gott und allem, was heilig ist, nichts wissen wollten. Da rief einer der Burschen; „Wißt ihr was, wir wollen Abendmahl halten!" Die anderen aber schrien ihm gleich Beifall zu.

Sofort zog er eine Wurst aus dem Sack, schnitt sie in Scheiben und legte sie auf einen Teller, während ein anderer ein Glas voll Branntwein aus der nächsten Schenke holte.

Der erste band sich nun ein schwarzes Tuch um und sprach oder las aus einer Bibel die heiligsten Worte der Einsetzung vor. Als er aber darauf ein Schnitzchen der Wurst nahm und es spottweise den Burschen reichte, und der andere ihnen das Schnapsglas reichen wollte, da gab es einen Schlag wie vom Donner, und eine Feuerflamme fuhr durch die ganze Stube, so daß alle erschraken und schreiend in die Ecken und unter die Stühle und Bänke sich verkrochen und anfingen, laut und jammernd zu beten.

Da erlosch das Feuer nach und nach, und zuletzt wurde es ganz dunkel in der Kammer; denn die Lichter waren alle ausgegangen.

In einem anderen Dorf, das in der Nähe lag, wollten Burschen und Mädchen ebenfalls in einer Spinnstube eine Taufe abhalten; sie nahmen dazu eine Katze. Als aber ein Bursche das Wasser über den Kopf des Tieres goß und die Worte dazu sprach: „Ich taufe dich" usw., da klopfte es dreimal mächtig an Tür und Fenster. Ein Mädchen eilte in Schrecken hinaus, stürzte aber an der Haustüre tot nieder.

Glenz, Heimatsagen Nr.8

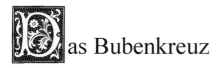as Bubenkreuz

In der Nähe der Hohl zwischen Erlenbach und Bullau steht das Bubenkreuz, das auch „Bubenkitzel" genannt wird. Es soll seinen Namen von drei Buben haben, die hier Rast machten. Wie Buben so sind, fingen zwei an, den dritten zu kitzeln. Das taten sie so ausgiebig und ruhten nicht eher, bis er tot niederfiel. Der eine kam bei der Kitzelei so ins Lachen und konnte nicht aufhören, so daß er schließlich ebenfalls umfiel. Als der dritte die beiden so unbeweglich liegen sah, ward er gar traurig und weinte sich zu Tode.
Hess, Spuk Nr. 100

er Dautenkopf

Damals, als der Drache noch den Fafenstein hütete, wohnte in der Bullau, was so viel heißt wie Vetternau, ein alter Gutsherr mit Namen Ricker, der letzte seines Geschlechts. Seine Vorfahren, die nicht draußen im Krieg umgekommen waren, lagen bereits begraben in der Nähe seiner Hofstatt in dem uralten Fichtenwalde, der den sogenannten Dautenkopf, das ist Totenkopf, bedeckte.

Der alte Ricker, der viele Menschen um sich herum nicht wohl leiden mochte und gern für sich war, hatte nur den alten Knecht Komm bald und die alte Magd Gehschnell bei sich. Die beiden besorgten alles, was er brauchte, gut und ganz nach seinen Wünschen. Nur eines hatte er an den zweien auszusetzen. Der alte, treue Kommbald horchte zwar genau auf jeden Auftrag, seines Herrn und eilte auch so schnell, wie seine alten Beine es erlaubten, ihn auszuführen. Unterwegs kamen ihm dann manchmal allerlei Gedanken, wie und ob er denn alles recht machen würde, und darüber vertrödelte er viel Zeit und kam, weil er bei jedem wichtig erscheinenden Gedanken eine kleine Weile zum Überlegen stehen blieb, nur langsam voran und zurück, woher denn sein Name Kommbald rühren mochte. Die alte Gehschnell litt an einem ähnlichen Gebrechen, nur daß dieses weniger mit ihren überflüssigen und unnötigen Pünktlichkeits-Kleinigkeitsgedanken zusammenhing, als mit ihrer angeborenen Schwatzsucht, die sie bei dem gänzlichen Mangel an Verkehr mit ihresgleichen dadurch zu befriedigen pflegte, daß sie mit sich selber lautes Zwiegespräch hielt und dabei stehen blieb, als daß ihr wohl von den alten Herrn nur zu oft ihr bedeutsamer Name Gehschnell ins Gedächtnis zurückgerufen werden mußte.

Da geschah es nun, daß der alte Herr Ricker eines Tages auf dem Dautenkopf gewesen war, oder nach jetziger Sprechweise die Gräber seiner Liebsten besucht hatte, bei diesem Besuch aber seinen altererbten Familienstab hatte liegen lassen. Also schickte er seinen Knecht Kommbald dahin, um ihn zu holen. Der ging auf der Stelle und eilte, was er nur konnte, um das heilige Familienstück in seines Herrn Hände zurückzubringen. Aber - wer nicht wiederkam, war Knecht Kommbald.

„Kommbald ist wahrlich gut nach dem Dautenkopf zu schicken," sprach der alte Ricker so vor sich hin, und rief dann laut der Gehschnell: „Sieh doch zu, wo der Konrad bleibt." Und die Alte machte sich auf den Weg, so schnell wie die schlotternden Knie dazu ja sagten, war aber kaum ein Stücks Weges nach dem Fichtenwald gegangen, als sie schon im lautesten Zwiegespräch mit sich selber begriffen war und plötzlich stehen blieb, indem sie mit beiden

Armen herumfuchtelte. Wer etwa nahe dazu gekommen wäre, hätte den Reimspruch hören können

> *Kämen gar hungrige Tiere daher,*
> *wie etwa ein Wolf oder ein Bär,*
> *oder gar die beiden selber*
> *und fräßen uns auf mit einander:*
> *wer sollte dann den alten Herrn pflegen?*

Dann trollte sie wieder weiter und schneller, als wollte sie das Versäumte nachholen und merkte nicht, daß sie vom Wege abseits ins Gehölz kam, darin sie sich bald nicht mehr zurechtfand. Da aber Gehschnell auch nicht wieder kam, wurde der alte Herr auf seinem Sitze unruhig. „Ich glaube gar, die Gehschnell hilft dem Holzmeier die Schuhe schmieren, mit denen er mich abholen will," brummte er vor sich hin. Dann stieg er auf, ging in den Stall und sattelte selber sein Roß und ritt hinaus nach dem Dautenkopf.

Kaum war er hinweggeritten, als der alte Knecht und bald darauf die alte Magd wieder in dem Hofe ankamen und ihren Herrn nicht fanden. Da erzählten sie nun, nachdem Kommbald den Stab auf des alten Herrn Hochsitz gelegt hatte, wie es ihnen unterwegs ergangen ist. Es verstrich die Zeit so rasch, daß sie gar nicht merkten, daß der Abend hereinbrach und ihr Herr noch immer nicht da war. Endlich kam die Zeit seines Abendessens, und Gehschnell machte sich in die Küche, Kommbald in den Stall. Doch das Leibpferd seines Herrn fehlte. Da erschrak Kommbald und teilte seinen Schrecken der Gehschnell mit. Sie warteten den Abend, sie warteten die Nacht hindurch vergeblich auf des Herrn Rückkehr.

Als der erste Morgenstrahl über die östlichen Höhen kam, waren die beiden Alten schon wieder auf dem Weg nach dem Dautenkopf. Kommbald hatte keine unnützen Gedanken mehr, und Gehschnell hielt kein Zwiegespräch. Es ahnte und schwante beiden nichts Gutes. Sie gelangten schweigend in den dunklen Gräberhain. Da drinnen war's schwarz und stumm, kein Vöglein sang, nur eine Eule verfolgte eine Wildtaube. Nirgends war eine Spur von ihrem Herrn. So stiegen sie den Dautenkopf hinab nach dem Dautenbrunnen. Und siehe, da lag auf seinem toten Pferde kalt und leblos der alte Ricker. Da klagten die beiden Dienstleute laut ihr Weh um ihn und trugen seine Leiche hinauf und machten ein tiefes Grab und legten sie hinein und wälzten einen Fels darauf.

Der alte Kommbald aber sagte der alten Gehschnell: „Unser guter alter Herr hat dem Tode selber gesattelt." Gehschnell aber antwortete: „Und unser guter Herr meinte, du wärest gut nach dem Dautenkopf schicken." Darauf gingen beide wieder miteinander nach Hause und zwar so langsam und ein jeder ganz in seiner alten Weise, daß die alte Sage am Ende gewiß recht hat, wenn sie für die beiden Alten noch das allerlängste Leben in Aussicht stellt.

Auf wen die Hofstatt übergegangen ist, läßt sich nicht mehr ermitteln. Nur die „Richgeressneita" als uralter Grenzweg erinnert noch an den letzen Insassen der alten Vetternau.

Müller, Sagen und Märchen S.72

as nächtliche Stöhnen an der Pestscheune in Eulbach

Die Pest, die im Jahr 1637 in Eulbach ausbrach, raffte die letzten dort lebenden Einwohner bis auf einen Mann völlig dahin. Wegen der gefährlichen Ansteckungsgefahr und der unruhigen Zeiten konnten die Toten nicht kirchlich beerdigt werden. Der letzte Bauer trug deshalb seine verstorbenen Angehörigen in die Scheune eines erschlagenen Bauern, legte sie in eine Reihe nebeneinander und bedeckte sie mit frischem Birkengrün. Als letzter von seinen Angehörigen um Mitternacht der 14jährige Sohn starb und der Bauer wußte, daß er jetzt noch das einzig lebende Wesen von Eulbach war, kam das Grauen über ihn, und er floh in die nahen Berge. Am nächsten Morgen kam er zurück und trug seinen verstorbenen Sohn zu den anderen Pestleichen in die Scheune. Ende 1637 wurden von plündernden Soldaten auch noch die letzten Gebäude von Eulbach niedergebrannt, nur die Scheune mit den Pestleichen blieb erhalten. Sie erhielt später den Namen „Die Pestscheune" und war das einzige Gebäude in Eulbach, welches den 3ojährigen Krieg überstand. Leute, die nach dem Krieg an dieser Pestscheune vorbeikamen, hörten dort öfters in nächtlicher Stunde ein so lautes Wimmern und Stöhnen, daß ihnen die Haare zu Berge standen und sie sich beeilten, daß sie schnell weiterkamen.

Hess, Spuk Nr. 35

ie wilden Leute bei Ebersberg

In der Katzenklinge bei Ebersberg war früher die Wilde-Männchen-Höhle. Meine Großmutter hat erzählt, daß dort früher Weibsleute gewesen seien. Die sind in die Spinnstuben gekommen. Auf einmal sind sie ausgestorben.

Hardes, Der Odenwald 1960/1 S.11

er Kalteberg

Wenn man von Ebersberg zu der Bullauer Höhe hinaufsteigt, liegt links der Kalteberg. Sein Name soll folgenden Ursprung haben.

Aus fernen Gauen von jenseits des Mainstroms kamen einst ein kriegerischer Mann und seine wilde Frau. Sie waren wegen Untreue gegen den König aus Ämtern und Lehen, ja zuletzt aus ihrem Besitz vertrieben worden, und brachten nichts mit als einen Knecht und eine Magd, von denen man sagte, sie seien beide Kriegsgefangene und aus edlem Blut. Denn das wollten die Leute trotz ihres kurz geschorenen Haares und ihrer kurzen, eng anliegenden Kleidung ihnen angesehen haben. Der Kriegsmann und sein Weib waren nicht wenig erstaunt, bei ihrer Ankunft in dieser Gegend die Namen „Eberskopf" und „Ebersberg" zu hören, und sofort erklärten sie sich zu den Herrn von Ebersberg und verkündeten, sie würden all die Leute kalt machen, wenn sie ihnen nicht sofort aus ihrer Mark ein Stück als Eigentum gäben Die wenigen der hier anwesenden Hubner bewilligten in ihrer ersten Angst ihnen den

Berg, der als kalter Berg daran erinnert, wie es ihnen ein übers andere Mal bei jener Drohung, kalt gemacht zu werden, kalt über den Rücken lief.

Weiter wird berichtet, der wilde Herr habe sich wirklich dort angesiedelt, wovon noch großmächtige Steinhaufen zeugen sollen, und von hier aus seine wütenden Ausfälle in die Umgegend gemacht haben. Lange Zeit pflegte man deshalb zu sagen: „Es fängt wieder an, kalt zu werden," um auszudrücken, daß das würgende Todesverderben nahe. Wie das Volk weithin vom kalten Mann plauderte, so auch von der kalten Frau. Beide hielten nämlich ihr Gesinde Knecht und Magd über die Maßen hart. Weil es noch keine Wassermühlen im Tal der Mümling gab, mußten sie mit dem Leib den Mühlstein drehen und mit der Hand mahlen, und sie gönnten ihnen nicht länger Ruhe und Schlaf als die Krähe im nahen Wald schwieg oder ein Lied sang. Dazu mußten die beiden das Wasser aus einem Brunnen im unteren Tal holen. Weil nun gar oft ihre stillen, heimlichen Tränen hinein fielen, soll das Wasser hiervon einen besonderen Beigeschmack erhalten haben. Da wurden sie denn zuletzt von dem Kaltweh oder Fieber befallen und siechten elendiglich dahin. Daher geht die Rede bis auf diesen Tag von dem Gesinde, das in allzu hartem und schwerem Dienst erkrankt: „Er hat sich den Fluß auf dem kalten Berg geholt."

Endlich, so kündet die Sage, sei das gerechte Gericht über diese wilde Herrschaft gekommen. Sie sei „kalt gelegt worden", heißt es. In einer Nacht sei nämlich ein furchtbares Wetter, ein grausiger Wirbelwind, von Osten her über den Sitz auf den kalten Berg gekommen, wodurch er gänzlich zerstört worden sein soll. Als sich die Leute einige Tage später hinaufwagten, fanden sie nur die beiden kalten und verzerrten Leiber des würgenden Kriegers und seiner wilden, grausamen Frau, die, weil niemand sie begraben wollte, den Raubtieren und Aasvögeln zur Beute wurde.

Vom kalten, schneidenden Wind, besonders wenn er in Wirbeln von den Bergen ins Tal fällt, hört man noch manchmal das Wort:

„Der Ber vom kalten Berg wetzt sein Gewehr."
Müller, Sagen und Märchen S.125

us der Ebersberger Gemarkung

Vom Ebersberger Kopf her soll nach dem kalten Berg hin schon öfter ein Eber mit güldenen Borsten gesehen worden sein, deren Glanz die dunkle Nacht zum Tage mache, und so schnell wie das schnellste Pferd laufe. So oft er gesehen wird, soll es ein sehr fruchtbares Jahr bedeuten. Das Volk sagt dann: „Der Ber ist durchs Feld gegangen." Merkwürdigerweise werden in der Gemarkung nicht selten Wildschweine angetroffen. Aus benachbartem Wildpark ausgebrochen, nehmen sie hier gern ihren Aufenthalt. Die gleiche Sage vom Umgehen des Ebers findet sich in Eberbach in der Reichelsheimer Zent, nur daß er dort die Grenzen berennt, also mehr als Grenzhüter erscheint. Übrigens sind beide Orte, jenes Ebersberg und dieses Eberbach, alte Grenzscheiden.

Weiter wird erzählt, daß hier in alter Zeit „Eberzeichen" oder „Goldschweine" gefunden worden seien. Es werden das wohl jene Zier und jenes Zeichen gewesen sein, welches die kriegenden Männer zum Schirm im Kampf und zum Schrecken des Feindes und die zu Hause waltenden Frauen zu Putz und Trutz getragen haben. Sie hatten die Gestalt eines Ebers.

Auch soll die gelbe, strahlenblütige, hier häufig gefundene, dicht am Boden wachsende Eberwurz vom Eberskopf ihren Namen ha ben. Weil nämlich einst in der Gemarkung viele Eber hausten, hieb der Eberzahn manchmal schwere Wunden, die so lange unheilbar waren, wie man nicht das rechte Heilkraut dafür wußte.

Nun wäre ein alter Herr, Eberhard von Erbach, gewesen, dem kein Eberzahn hätte etwas anhaben können. Deshalb hätte er auch diesen Namen bekommen. Eberhard habe auf seinem Totenbett den Seinigen gesagt, sie sollten auf dem Ebersberger Kopf bei Sonnenaufgang einen Pfeil vom Ibenbogen mit der Seidensenne abschießen, wenn sie von den Wunden des Eberzahns geheilt werden wollten. Auf welches Kraut der Pfeil niederfiele und darin stecken bliebe, das sei das rechte gegen des Ebers Wunde. Das hätten sie denn nach seinem Tod auch getan. Die Pfeilspitze sei in der Eberwurz stecken geblieben.

Müller, Sagen und Märchen S.127

aisterbach und Schönnen

Ebersberg angrenzend auf dem Höhenzug links der Mümling liegt Haisterbach, unten im Tal weiter abwärts rechts und links Schönnen. Die älteste Schreibweise für Haisterbach ist Heisterbuch, für Schönnen Schonowe und Schona, wie denn das Volk nur Schenne spricht. Heisterbuch heißt so viel wie Buchen- oder Fackelwald auf der Höhe; Schönnen, Schonova, Schona, Schönau ist die weithin ins Tal leuchtende Aue. Beide Orte machen ihren Namen alle Ehre. Noch jetzt ist die Haisterbacher Höhe zum Teil mit schönem Buchenwald bestanden, und es wird wohl bis zum Aufkommen des Petroleums auch manche Buche zum sogenannten Fackelholz daraus gefällt und verwendet worden sein. Die Lage von Schönnen ist wirklich ein leuchtender Punkt im Tal. Wie beide Orte zueinander gehören, das kündet die älteste Sage, der wir lauschen wollen.

Zwei Geschwister, Trutwin und Mene, waren im Heisterhain am Sitz des geschwisterlichen Götterpaares Fro und Freyas Priester und Priesterin. Wald und Bäume, Tiere und Steine bildeten hier nämlich zugleich Tempel und Heiligtum. Es war eine gehegte, friedfertige, hehre Waldstätte, wo bei angezündeten Buchenfackeln heiliger Dienst gehalten wurde, zu dem in gleicher Weise der eigentliche Gottesdienst und das Volksgericht gehörten. Auf der Schönau wurden die geheiligten Tiere, weiße, glänzende Rosse und heilige Kühe, öffentlich unterhalten, aber außerdem einzelne dieser Tiere von besonderen Dienern und Verehrern Fros und Freyas ernährt. Dazu gehörte auch das Rossebuch, das unweit von Erbach gelegene Roßbach. Die Zucht reiner, geweihter Rosse und Kühe gehörte zu den heiligen Gebräuchen, namentlich zu Opfern, Weissagungen und für den Umzug der Götterwagen. Insonderheit aus dem Gewieher der weißen Pferde wurde geweissagt. Ihre Mähnen wurden sorgsam gepflegt, genährt, geschmückt. Man flocht Gold, Silber und Bänder in die Locken, es wurden selbst einzelne Haare aus der Mähne heiliger Pferde aufbewahrt. Doch nicht allein darin bestand der priesterlichen Geschwister Geschäft. Denn an den hohen Tagen kamen die Jäger zum Heisterhain, das gefällte Wild auf ihren starken Schultern, der Hirte mit Pferden, Rindern und Widdern aus seiner Herde, alle mit Kränzen von Laub und Blumen umwunden. Unter Reigen brachten sie ihre Opfer dar, am heiligen Sitz, wo die Bilder und Zeichen verhüllt standen und hingen. Sie zu berühren war allein den Priestern gestattet, welche der Götter Nähe und Gegenwart in Kraft der Weisheit Mimirs zu erkennen vermochten.

Dann verrichteten Trutwin und Mene feierliche Gebete, zerlegten das bereits getötete Wild, schlachteten die lebendigen Opfertiere, standen dem Loosen mit Zweigen vor für das Volk, weis sagten gute und böse Zeichen aus der Pferde Gewieher und Sprüngen, weihten die Heerführer, segneten die Ehen, nahmen die Eide ab und sangen altberühmte Lieder.

Und wenn von der Mark ein Heerzug ausging, so nahmen die Geschwister aus dem heiligen Hain die Bilder und Zeichen und geleiteten damit ehrfurchtsvoll und züchtig die Mannen ins Feld, damit sie in der Gottheit Gegenwart Kriege führten zu Schutz und Schirm, zu Fried und Freud der Einwohner und der Grenzen. Auf einem von geweihten Kühen gezogenen Wagen wurden unter ihrer Handleite die Bilder und Zeichen durch die Gauen von und zu der Stätte des herrschenden Herrn und der mitwaltenden Herrin gebracht. All ihr Dienst sollte sittlichen und segnen. Sie trugen deshalb niemals Waffen, noch bestiegen sie je ein Pferd. Nur das lastbare Tier und sein Füllen durften sie besteigen.

Sippe und Nachbarschaft, dies natürliche Band unter freien Leuten, und ihre Furcht, gegenseitiger Schutz und Friede, wahres Recht und Gericht, wie sie Gau und Marken durchwalteten, dazu Fruchtbarkeit und Gedeihen in Wald und Weide, in Viehzucht und Ackerbau, alles dies war gebunden an Trutwins und Menes treuen Dienst im Heisterhain und auf der Schönau.

Da nistete sich an der Stelle, wo jetzt Lauerbach (Lurbach) liegt, ein Mann voll boshaften Rats, Tücke, Lüge und Gier ein, der danach strebte, die friedvolle Schranke des oberen Tales zu durchbrechen. Er hieß nur der finstere Lur nach seinem unheimlichen und schmutzigen Wesen.

Ihm gelang es, eine Anzahl von niedrig gesinnten Leuten zu verführen und zu betören, daß sie edle und vollfreie Leute würden, wenn sie ihm helfen wollten, das im Heisterhain verhüllte Schwert zu stehlen und den stattlichen Hengst mit der leuchtenden Mähne von Schönau dazu. Wirklich wurde unter seiner Führung das Heiligtum überfallen, die darin gerade dienenden Geschwister erschlagen und das Schwert geraubt, nicht jedoch der Hengst, der entfliehen konnte. Von Stund an war aller Segen von der Stätte gewi chen. Lur und seine bösen Gesellen machten die freien Leute zu leibeigenen Knechten, so weit ihnen die Flucht nicht gelang. Aber die Strafe ereilte die tückischen Bösewichter doch.

Droben auf der Haisterbacher Höhe, wo jetzt der Hof liegt, schlugen Lur und seine Rotte ihren Sitz auf und herrschten hart und grausam über die unterworfenen Leute bis hin zum Lurbach. Diese seufzten sehr und sehnten sich nach Befreiern.

Unter ihnen hatte sich die Kunde gehalten, wenn ein helles Bergwasser sich in der Erde verlieren und wieder hervortreten würde, so werde eine bessere Zeit für sie anbrechen. Auch erzählten sie einander, wenn diese Zeit nahen sollte, so käme der Hengst mit der leuchtenden Mähne zuvor zurück. Daher ließen sie auf ihren Feldern immer etwas Hafer liegen.

Und siehe, nach langen Jahren, da die Enkel schon anfangen wollten, die alte Mär in Zweifel zu ziehen, sahen etliche Leute auf dem Hellberg einen herrlichen Hengst mit silberner Mähne nahe an ihnen vorüber in die Schönau hinabspringen. Als sie zu ihren Hütten kamen, wurden sie mit der Kunde überrascht, Männer aus dem Plumgau hätten erzählt, der vom Erichsrück herabfließende Bach sei unter der Erde verschwunden. Er tobe gewaltig unter den Feldern, als ob das Wasser einen Ausweg suche. Da wurde die Hoffnung der armen Leute wieder lebendig.

In der nächsten Nacht weckte ein furchtbares Getöse die Leute, das sie oben auf der Gunderfirst (Streitkamm) vernahmen. Es war Schlachtgetöse. Als der Morgen kam ritt auf dem Hengst mit der leuchtenden Mähne ein stattlicher Herr von der Gunderfirst nach Heisterbuch, begleitet von seinem über und über mit Blut bedeckten Gefolge. Es war der edle Held Ering von Eringesbuch, an seinem goldenen Eberzeichen dem Volk kenntlich. Siegesschreie erschallten: „Lur und seine Leute sind alle erschlagen!" Das Volk eilte zur alten, heiligen Stätte, um zu danken. Mitten im Dankfest kam ein Bote aus dem Tal und rief: „Herr, die Erdbach ist am Stock durchgebrochen und Frau Irmele hat den ersten Sohn ge-

boren.!" Und alles Volk rief: „Es lebe der junge Erbach!"
Müller, Sagen und Märchen S.129

as Lindenkreuz bei Haisterbach

Es war einmal ein Holzfäller. Dem haben seine zwei Buben Linsensuppe zum Mittagessen gebracht. Unterwegs haben sie sich solange gekitzelt, bis beide tot waren. Hierauf ist ein steinernes Kreuz gemacht worden. Die zwei Arme sollen die zwei Buben darstellen. Der Arm, der zuerst abbricht, der Bube war zuerst schuld.
Hardes, Der Odenwald 1960/4 S.116

Hesseneck

Der Axthirsch

Vor Zeiten lebte in den Waldungen am Schildenberg in der Nähe von Kailbach ein sehr starker Hirsch. Er trug ein großes, mächtiges Geweih. Doch wieviel Enden es hatte, das wußte, so lange er lebte, keiner richtig. Der Hirsch war nämlich ein ganz böser Geselle. Sowie er einen Menschen im Wald sah, lief er nicht etwa davon, sondern er griff ihn sofort an. Jeder suchte so schnell wie möglich sein Heil in der Flucht, denn es wäre bestimmt nicht angenehm gewesen, mit diesem großen Hirschen etwas zu tun zu haben.

Eines Tages nun arbeiteten unterhalb vom Straßenbrünnle zwei Holzfäller aus Kailbach. Sie waren so in ihre Arbeit vertieft, daß sie den Bösewicht gar nicht kommen sahen. Plötzlich stand der gefürchtete Hirsch direkt vor ihnen. Er hatte seinen Kopf bereits gesenkt und mußte jeden Augenblick auf die Männer zustürzen. Ein Ausreißen war einfach nicht mehr möglich.

Sie standen wie gelähmt, da griff der Unhold auch schon an. Beherzt faßte einer der beiden, der sich wieder vom Schreck erholt hatte, nach der großen Axt und schlug sie mit aller Kraft dem Hirschen mitten ins Geweih. Durch den gewaltigen Schlag getroffen, taumelte der Hirsch zurück und ergriff die Flucht. Die Axt aber war so tief in den Schädel eingedrungen, daß sie stecken blieb.

Der Hirsch verstarb an dieser Verletzung nicht. Von diesem Tag an lief er mit der Axt im Geweih herum. Kaum ein Mensch bekam ihn noch zu Gesicht. Er war scheu geworden, so daß man ihn über viele Monate überhaupt nicht mehr zu sehen bekam. Nach einigen Jahren erst konnte ein Förster das Tier erlegen. Die Axt war verrostet, aber sie saß noch fest im Schädel. Den Stiel hatte der Hirsch sicher an einem Baum abgebrochen, denn davon stak nur noch ein ganz kleiner Stumpf im Eisen.

Lange Zeit hat der Förster das Geweih aufgehoben, dann aber kam

es in ein Jagdmuseum. Wo es heute ist? Vielleicht siehst du es einmal irgendwo, dann schreibe uns, bitte, eine Karte.
Zabel, Der Axthirsch S.9

ie Seitzer Buche

Wer von Kailbach kommend auf der Straße nach Amorbach die Höhe erklommen hat und an die Stelle kommt, wo die Straßen nach Hesselbach, Schlossau und Kirchzell abgehen, der findet dort nicht nur einen schönen Ausblick über die Täler des Odenwaldes, sondern auch einen von dicken Buchen umgebenen Parkplatz. Die Wegkreuzung heißt schon seit vielen Jahren die „Seitzer Buch". Wie ist es zu diesem Namen gekommen?

Vor vielen Jahren lebte einmal ein Förster namens Seitz im Ittertal. Er stand noch in Diensten des Abtes von Amorbach, dem damals dieses Gebiet gehörte. Er war ein strenger und gefürchteter Mann, der einen harten Kampf gegen die vielen Wilderer der damaligen Zeit führte. Mit aller Kraft schritt er gegen die Wilddieberei ein, um sein Revier von dem Gesindel zu säubern, das die armen Tiere oft auf sehr grausame Weise zu Tode brachte.

Mehrfach war es ihm gelungen, Wilderer zu stellen und sie den Gesetzeshütern auszuliefern. Stets rief er sie mit dem Gewehr im Anschlag an und forderte sie auf, sich zu ergeben. Wenn aber Widerstand geleistet wurde, dann zögerte er nicht, sein Gewehr sprechen zu lassen. Dazu war er ein ausgezeichneter Schütze, der selten sein Ziel verfehlte.

Die Wilderer sahen sich in ihrer „Existenz" durch diesen pflichtbewußten Förster bedroht, und sie schlossen sich zusammen, um dem wackeren Jäger den Kampf anzusagen. Es kam nun laufend zu Schießereien in nächtlicher Stunde. Dabei zeigte sich immer mehr, daß der Schäfer Seitz nicht nur seine Waffe, sondern auch seinen Kopf vortrefflich einzusetzen wußte.

Neun Wilddiebe mußten ihr Leben lassen, weil sie sich beim Anruf des Försters nicht stellen wollten. So kam es, daß sich die Wilderer aus den umliegenden Dörfern alle einmal im Walde an

einer abgelegenen Stelle trafen, um einen gemeinsamen Plan auszuarbeiten, mit dessen Hilfe nun der Förster besiegt werden sollte.

Unweit der Kreuzung auf der Höhe versteckten sich die Wilddiebe im Unterholz und lauerten dem Förster auf. Nichtsahnend, doch immer wachsam, kam dieser des Weges daher. Plötzlich sah er eine Gestalt vor sich über den Weg huschen. Er hob sein Gewehr und schrie: „Steh, sonst schieße ich!" Augenblicklich blieb der Wilderer stehen und ließ seine Waffe fallen.

Förster Seitz näherte sich ihm mit angeschlagenem Gewehr, um ihn zu fesseln. Als er nur noch wenige Schritte von ihm entfernt war und seine ganze Aufmerksamkeit auf den Wilderer lenkte, stürzten plötzlich von allen Seiten Wilderer aus der Hecke, die alle ihre Gewehre auf Seitz gerichtet hielten. Dieser Überzahl war der Förster nicht gewachsen. Er mußte sich ergeben. Die finsteren Gestalten fesselten ihn und schleppten ihn zur Wegkreuzung. Dort banden sie ihn mit Stricken an eine dicke Buche. Ein halbes Dut zend Schüsse und viele Stockhiebe machten dann dem Leben des Försters ein Ende. Die Wilderer hatten mit ihrem großen Gegner kein Erbarmen.

Am nächsten Tag fand man den toten Förster gefesselt am Baum hängen. Ein Zettel war über seinem Kopf befestigt, auf diesem stand: „So geht es jedem!" Von den Mördern hat man nie einen erwischt. Sie gaben ihr Geheimnis bis in den Tod nicht preis. Die Buche aber, an der man den armen Förster fand, trug von da an seinen Namen. Sie ist heute längst verschwunden. Doch der Name des tapferen Försters lebt weiter, denn die ganze Kreuzung trägt ihn jetzt. Sicher wird sie ihn auch noch für lange Zeiten tragen, denn im Meßtischblatt ist dieser Name sogar amtlich eingetragen.

Zabel, Der Axthirsch S.12

om Richterhaus im Eduardstal

Ganz am Ende des langgezogenen Eduardstals in der Nähe von Kailbach, noch hinter dem kleinen See, findet man heute noch versteckt zwischen Büschen und Tannen eine Hausruine. Man nennt diese Ruine „Das Richterhaus." Es muß - das zeigen die dicken Grundmauern und die herrlichen, noch erhaltenen Fensterstöck - einmal ein stattliches Haus gewesen sein. Man fragt sich unwillkürlich, warum es der Besitzer oder seine Bewohner verlassen haben. Dazu erzählt man sich folgende Geschichte:

Die letzten Bewohner des Hauses sollen eine Familie Richter gewesen sein. Der Mann war Förster und angestellt bei dem Fürsten zu Leiningen. Eines Tages fuhr er mit einem Pferdewagen von der Drehplatzbrücke kommend in das Eduardstal. Sicher hatte er nicht richtig aufgepaßt oder war gar eingeschlafen auf dem Kutschbock, denn plötzlich fuhr er mit dem Wagen einen am Wege stehenden Bildstock um. Nun kann das ja schließlich jedem passieren und ist noch keine Sünde.

Richter sah sich den Schaden an, schwang dann seine Peitsche und trieb die Pferde an. Er ließ den umgeworfenen und zerbrochenen Bildstock einfach liegen. Vergnügt fuhr er nach Hause, als ob nichts geschehen sei.

Doch die Strafe des Gerechten ließ nicht lange auf sich warten. Als seine Frau noch am selben Tage etwas aus dem Keller holen wollte, kam sie schreiend die Treppe hoch gerannt. Sie hatte im Keller eine große Anzahl häßlicher Schlangen gesehen und rief ihren Mann. Der ging in den Keller, leuchtete mit seiner Laterne und sah viele Schlangen sich auf dem Boden des Kellers schlängeln. Er ergriff einen Prügel und schlug kurzerhand ein halbes Dutzend tot. Doch damit war die Sache nicht erledigt. Am nächsten Tag waren wieder neue und noch mehr Schlangen im Keller. Sie krochen jetzt schon die Kellertreppe herauf. Richter konnte tun, was er wollte, von Nacht zu Nacht wurden es mehr Schlangen, und sie nahmen bald das ganze Haus in Besitz.

Seine Frau und seine Kinder fürchteten sich so sehr, daß sie nicht mehr im Haus bleiben wollten. Sie gingen zu den Großeltern nach Schlossau. Er selbst bekam nun auch langsam das Gruseln.

Da wandte er sich an einen Pfarrer und erzählte ihm die Geschichte mit den Schlangen. Dieser fragte ihn, ob er in letzter Zeit eine große Schuld auf sich geladen hätte. Doch Richter konnte sich an nichts erinnern. Der Pfarrer hatte auf dem Weg zum Richterhaus den umgefahrenen Bildstock gesehen und konnte sich denken, wer der Täter sei. Er sagte es auch Richter auf den Kopf zu. Reuig bekannte dieser seine Schuld und versprach, den Bildstock wieder aufzurichten.

Richter war jedoch sehr geizig. Er ließ den zerbrochenen Stein nicht durch Eisen schienen und stellte ihn auch nur provisorisch auf. Daraufhin verschwanden tatsächlich die Schlangen für einige Tage aus dem Haus. Als aber ein Sturm den nur wacklig aufgestellten Bildstock wieder umwarf, kamen die Schlangen zurück und besetzten das ganze Anwesen.

In seiner Not bat der Förster um seine Versetzung bei der Verwaltung und bekam sie auch bewilligt. Niemand wollte in das Schlangenhaus von Richter ziehen. Seit dieser Zeit stand das Haus leer. Die Schlangen haben darin regiert. Die Pracht verging, das Haus zerfiel. Ob heute unter den Trümmern des Hauses noch Schlangen wohnen, weiß ich nicht. Vielleicht suchst Du das Haus einmal auf, und bei dieser Gelegenheit kannst Du gleich den Bildstock suchen. Er ist noch immer nicht wieder aufgestellt und liegt im Wiesental, etwa in der Hälfte des Weges zwischen Drehplatzbrücke und Eduardstal, nahe am Bach.

Zabel, Der Axthirsch S.17

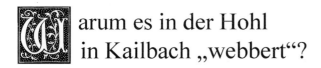arum es in der Hohl in Kailbach „webbert"?

An einem regnerischen Oktoberabend kehrte im Gasthaus „Zum Hirschen" in Kailbach ein preußischer Soldat ein. Man schrieb das Jahr 1813, und überall im Land feierte man die Siege über Napoleon. Der Soldat war in den Kämpfen mit den Franzosen verwundet worden und konnte nun nach seiner Genesung in seine Heimat zurückkehren.

Voller Staunen besahen sich die in der Wirtschaft sitzenden Kailbacher den Preußen. Der mußte allerhand erlebt haben und konnte sicherlich auch viel erzählen.

Der Soldat setzte sich also zu den Bauern an den Tisch und fing an zu erzählen. Noch sehr oft mußte die Wirtin die Gläser füllen, und langsam lösten sich die Zungen, und es wurde eine fröhliche Zecherei. Da geschah es, daß der Preuße in seinem Rausch zu viel ausplauderte. Er erzählte den Kailbachern, daß er im Krieg eine schöne Beute gemacht habe und zeigte ihnen zur Bestätigung seiner Worte auch noch den mitgebrachten Lederbeutel, voll mit Goldstücken.

Die Augen der Umsitzenden wurden immer größer. So viel Geld hatten sie in ganz Kailbach noch nicht gesehen.

Heimlich schlich sich einer der Saufkumpane in die Küche zur Wirtin und erzählte ihr von dem vielen Geld, das sie gesehen hatten. Die Wirtin war ein böses und habgieriges Weib. Sie hörte sich die Geschichte an und sann von diesem Augenblick darüber nach, wie sie dem Preußen das Geld abnehmen könnten. Ein Diebstahl würde da freilich wenig helfen. Der Soldat würde sicher bald wissen, wo er sein Geld zum letztenmal gezeigt hatte. Schnell war ein Plan ausgeheckt.

Sie rief einen nach dem andern vom Stammtisch weg und erläuterte in der Küche jedem ihrem Plan. Alle waren durch den vielen

Wein schon so berauscht, daß sie ihrem Vorhaben zustimmten, das viele Geld an sich zu bringen.

Weiterhin füllten sie dem Soldaten Wein ein, bis er völlig betrunken war. Als er seinen Kopf nach vorn fallen ließ, war das für die Wirtin das Zeichen zum Handeln.

„Packt ihn und haltet ihn fest!" rief sie mit schriller Stimme. Dann eilte sie in die Küche und holte vom Herd eine eiserne Pfanne mit siedendem Fett. Gewaltsam öffneten sie dann dem völlig betrunkenen Soldaten den Mund und gossen das kochende Fett hinein. Von jähem Schmerz getroffen, bäumte er sich auf und wollte schreien, doch vergebens, seine Stimmbänder waren von dem kochenden Fett bereits völlig verbrannt. Voller Qual wälzte er sich am Boden, verlor schließlich die Besinnung und starb an den furchtbaren Verbrennungen, die er erlitten hatte.

Nun stürzten sich die Kumpane über ihn her und entrissen ihm den Lederbeutel mit den Goldstücken. Schnell teilte die Wirtin die Beute und achtete darauf, daß sie nicht zu kurz kam. Doch das Glück währte nicht lange. Wenige Minuten nach der Tat schlug den Räubern das Gewissen. Sie wußten nicht, wohin mit dem Leich nam. Sie hatten Angst, daß man die Tat entdecken könnte. Rasch entkleideten sie den Soldaten, damit man ihn, wenn man ihn schon einmal finden sollte, nicht an der Kleidung erkennen konnte. Dann schleiften sie ihn zur mitternächtlichen Stunde in die Hohl in Kailbach und vergruben ihn an einer dunklen Ecke. Die Uniformstücke mit dem Säbel vergruben sie an einem anderen Ort in der Hohl.

Doch es sollte keine Ruhe geben. Immer wieder wurde ihr Gewissen geplagt. Seit dieser Zeit ging nämlich der tote Soldat als Geist in der Hohl um. Er konnte keine Ruhe finden in seinem unchristlichen Grab und „webberte" immer wieder in den Vollmondnächten. Niemand weiß, wer die Täter damals waren. Die Wirtin ist längst verstorben. Sie soll sich selbst mit kochendem Wasser bei der Hausarbeit so verbrüht haben, daß sie an den Verbrennungen starb.

Einer der Mörder muß aber doch einmal einen Pfarrer gefragt haben, was man gegen das „Webbern" des Geistes machen könne. Er soll gesagt haben, daß man einen Geist nur bei seinem Namen rufen brauche und ihn dann Gott anvertrauen solle. Dies würde genügen, um ihn schließlich Ruhe finden lassen.

Aber leider wußte keiner, wie der Soldat geheißen hat, und so konnte ihn auch keiner mit seinem Namen rufen. Er „webbert" weiter und weiter und hat bisher keine Ruhe gefunden.

Wenn Du ihn einmal hörst, dann rufe ruhig alle Namen, die Dir einfallen. Vielleicht ist der richtige dabei. Der arme Kerl hat dann seine Ruhe.

Als vor Jahren an der zweiten Wasserleitung für Kailbach jenseits gebaut wurde, fand man beim Ausheben der Gräben für die Rohre am Ausgang der Hohl vermoderte Uniformstücke mit preußischen Uniformknöpfen, und dabei lag ein verrosteter preußischer Säbel. Sollte am Ende die ganze Geschichte doch ein bißchen wahr sein?

Zabel, Der Axthirsch S.28

ie wilden Leute im Rindengrund

Zwischen Kailbach und Friedrichsdorf gibt es ein wunderschönes Tal, das man heute noch den „Rindengrund" nennt. In diesem Tal wurden früher die Eichenbestände gerodet, die Rinde abgeschält und verkauft, um Gerblohe herzustellen. Mitten im Tal befindet sich ein großer Fels mit einer Höhlung, in der ein Mensch bequem Platz finden kann.

Vor langer Zeit lebte dort ein wilde Frau mit ihren noch wilderen Söhnen. Sie trug immer ein langes, weißes und zerzaustes Kleid und hatte zottelige, lange, schwarze Haare. Sie ernährte sich nur von Früchten und Wurzeln des Waldes. Oft hat sie die Waldarbeiter erschreckt, so daß sie schleunigst nach Hause liefen.

Bis nach Kailbach und Hesselbach hinein hat sie ihr Unwesen mit ihren Söhnen getrieben. Sie war eine Verwandte der wilden Leute, die in Hebstahl im sogenannten „Wilden-Leute-Haus" gewohnt haben. Sie und das gesamte Gesindel trieben sich im Wald herum und hatten viele Untaten vollbracht. Alle Menschen fürchteten sich vor ihnen.

Eines Tages nun ritt ein Reiter durch den Rindengrund und kam auch an ihrem Felsenhaus vorbeigeritten. Das störte die wilde Frau sehr, und sie setzte ihm nach, bewarf das Pferd, johlte und versuchte mit allen Mitteln, den Reiter zum Absteigen zu bewegen.

Der Graf von Erbach hatte der wilden Frau und ihren Söhnen angedroht, daß er sie ergreifen und hängen lassen würde, wenn sie noch einmal ein Gewalttat begehen würden. So griffen die wilde Frau und ihre Söhne zu einem anderen Mittel, um doch noch zu ihrer Beute zu kommen. Sie umarmten alle den Reiter, herzten und küßten ihn und kitzelten ihn so lange, bis er vor lauter Lachen starb.

Weithin war sein lautes und schrilles Lachen zu hören gewesen, und viele Leute in Hebstahl hatten es gehört. Als man am nächsten Tag den toten Reiter fand und an ihm keinerlei Verletzungen feststellen konnte, wußte man zwar, daß die wilde Frau mit ihren Söhnen sicherlich diese Untat begangen hatte, aber man hütete sich auch, etwas gegen sie auszusagen. Im Gegenteil, viele Hebstahler bestätigten den Gesetzeshütern, daß sie noch kurz vor Einbruch der Dunkelheit den Reiter sehr laut haben lachen hören.

Der tote Reiter aber fand lange keine Ruhe. In Vollmondnächten konnte man ihn jederzeit schauerlich im Rindengrund lachen hören.

Zabel, Der Axthirsch S.42

er Eselspfad nach Hebstahl

In alten Zeiten gab es nur in Hebstahl eine Mühle. So waren alle Bauern des Ittertals gezwungen, ihr Korn in der Hebstahler Mühle mahlen zu lassen. Das war ein weiter und oft auch beschwerlicher Weg. Nur an schönen Sommertagen konnte man mit einem Wagen den Weg befahren. Er führte im Wiesental entlang der heutigen Bahnlinie, dann durch das Tal an den sieben Buchen vorbei und schließlich über die Berge nach Hebstahl. Besonders im Tal war er im Winter und Frühjahr überhaupt nicht zu benutzen, weil er zu schlammig und ausgefahren war.

Es kam jedoch immer wieder vor, daß im Sommer die Zeit für eine Fahrt zur Mühle den Bauersleuten fehlte. So wurde der Gang immer wieder verschoben, bis schließlich die Mehlvorräte vollends verbraucht waren. Dann wurde schnell der Esel aus dem Stall geholt, mit zwei oder drei Säcken beladen und nach Hebstahl getrieben. Dabei blieb man nicht immer auf der ausgefahrenen, unwegsamen Straße, sondern benutze kleine Pfade, die den Weg erheblich abkürzten. Einer dieser Pfade führte von der Windlochbrücke über die Aurora nach Hebstahl. Man nennt ihn noch heute den Eselspfad.

Ein Bauer hatte einst einen sehr störrischen Esel. Er mußte ihn immer und immer wieder antreiben, damit er endlich ein paar Schritte weiter lief. Endlich packte den Bauern die Wut, und er schlug mit seinem Knüppel so auf den Esel ein, daß er umfiel und tot liegenblieb. Da blieb dem armen Bäuerlein nicht anderes übrig, als die Säcke selbst in die Mühle zu schaffen. Auch den Heimweg mußte er selbst erledigen.

Der Esel aber rächte sich. In den folgenden Jahren spukte es immer wieder auf den Eselspfaden herum. Er belästigte die Bauern, und viele fürchteten sich deshalb, den Weg zu gehen. Beson

ders in der Dunkelheit, wenn er als weißer Esel zu sehen war, hatten die Bauern große Angst.

Ein Schneider ging eines Tages auf dem Eselspfad nach Hebstahl, als er kurz hinter dem Windloch auf den weißen, toten Esel traf. Der Esel stellte sich quer über den Weg und wollte den Schneider nicht durchlassen. Dieser war kein furchtsamer Mensch und wollte den Esel packen, da traf ihn ein fürchterlicher Schlag auf die Schulter, daß er umfiel und bewußtlos wurde.

Als man ihn später fand, war ihm ein großer Buckel gewachsen. Von dieser Zeit an hieß der arme Schneider „Buckelschneider". Die Bauern aber trauten sich nicht mehr allein über den Eselspfad nach Hebstahl. Sie waren froh, als sich endlich ein Müller in Kailbach im Ittertal niederließ.

Zabel, Der Axthirsch S.38

er feurige Mann in Kailbach

Georg Miltenberger, im sogenannten Hoppelrain bei Kailbach Amts Freienstein wohnhaft, erzählte: „In der ersten Adventssonntagsnacht zwischen elf und zwölf Uhr, nicht weit von meinem Hause, sah ich einen ganz in Feuer brennenden Mann. An seinem Leibe konnte man alle Rippen zählen. Er hielt seine Straße von einem Markstein zum andern, bis er nach Mitternacht plötzlich verschwand. Viele Menschen sind durch ihn in Furcht und Schrekken geraten, weil er durch Maul und Nase Feuer ausspie und in einer fliehenden Schnelligkeit hin und her flog, die Kreuz und Quer.
Grimm, Deutsche Sagen S.278

chöllenbacher Eisenhammer

„Wenn der große Hammer geht
und der kleine Hammer steht,
dann hat sich mein Schätzchen
im Bett rumgedreht."

Dieses Liedchen sangen die Hammerschmiede in Schöllenbach. Das Hammerwerk am Fuße des Hammerberges verarbeitete Roteinsenstein zu Wagenreifen, Achsen für Ackerwagen und andere Eisengeräte für die Landwirtschaft. Das Werk gehörte einem Herrn Kunz, der aber nicht sehr reich war, und so hatte diese kleine

Fabrik immer große finanzielle Sorgen. Viele Schöllen-bacher arbeiteten in dem Eisenhammer. Es ging alles, so gut es konnte, und jeder war eigentlich ganz zufrieden, wenn auch die Bäume nicht in den Himmel wuchsen.

Das sollte sich eines Tages ändern. Plötzlich war der Besitzer zu Geld gekommen. Seine Frau trug nur noch die feinsten Kleider, und auch er geizte nicht, wenn es darum ging, sich ein schönes Leben zu machen. Die Arbeiter waren sprachlos, woher das viele Geld plötzlich kam, denn der Umsatz hatte sich wirklich nicht verändert.

Wie das nun so geht, der eine hört dies, der andere hört das, doch bald wußte es das ganze Dorf: „Der Kunz steht mit dem Teufel im Bund." Er hatte, so hieß es, sein ungeborenes Kind dem Teufel vermacht. Dieser hatte ihm dafür ein Faß Roteisenstein in pures Gold verwandelt. So lange kein Mensch dieses Faß zu sehen bekäme, so lange würde es niemals leer. Doch wenn je ein Fremder es zu Gesicht bekommen sollte, dann nähme es ab und fülle sich nie mehr. So lautete jedenfalls die Geschichte, die man sich im ganzen Ittertal erzählte.

Immer mehr Arbeiter fürchteten sich vor ihrem Chef. Natürlich sagte ihm keiner etwas. Doch einer nach dem anderen ging ihn um seine Kündigung an. Bald stand der Hammerwerker ohne Leute da und hielt Ausschau nach Wanderburschen, die bei ihm arbeiten sollten und versprach ihnen einen guten Lohn.

So kam es, daß allerlei Gesindel in das Hammerwerk einzog und viele brave Bürger sich abends nicht mehr am Eisenhammer vorbei trauten. Unter dem Gesindel waren auch zwei Kerle, die sich weder von einem Menschen, noch vor einem Teufel fürchteten. Eines Tages hörten auch sie von der Geschichte vom Goldfaß. Das war so recht etwas für sie! Von nun an konnten sie nicht mehr richtig schlafen. Sie wollten unbedingt wissen, ob es mit dem Faß seine Richtigkeit habe.

Als nun eines Tages der Besitzer mit seiner Frau auf eine Reise ging, um neue Eisenvorräte zu besorgen, da glaubten sie ihre Zeit gekommen. Nachts drangen sie in das Wohnhaus ein und durchsuchten alle Räume. Aber erst im Keller hatten sie Erfolg. Dort stand in der Tat ein Eisenfaß, und als sie den Deckel hoben, sahen sie lauteres Gold glänzen. Schnell stopften sie eine große Werkzeugtasche voller Goldstücke. Da hörten sie den Nachtwächter vorüber gehen und bekamen doch Angst. So verließen sie still und heimlich das Haus. In ihre Unterkunft konnten sie nicht mehr, weil sie die schwere Tasche mitschleppten, und so stahlen sie sich durch das Wiesental. Auf der anderen Seite hielten sie erst einmal hinter einem großen Busche inne und setzten sich auf einen großen Stein, der dort liegt.

Aber sie trauten sich gegenseitig selbst nicht, und so beschlossen sie, erst einmal die Beute zu teilen. Heimlich hatte sich der

Träger der Tasche schon einige Goldstücke in seine Hosentasche gesteckt. Doch der andere hatte dies bemerkt. Als sie nun die Tasche ausgeleert hatten, meinte dieser, der Kumpan solle auch seine Hosentaschen leeren. Ein Wort gab das andere. Der Streit wurde heftiger, und da ergriff einer der Gesellen einen Hammer. Er hatte zuunterst in der schweren Ledertasche gelegen. Der andere Kumpan langte nach einer großen Eisenstange, und so schlugen sie aufeinander ein.

Sie brüllten so laut, daß die Leute im Hammerwerk alle erwachten. Sie hörten sie schreien und stöhnen - und plötzlich war Ruhe. Mit Fackeln ging man noch in derselben Nacht über das Tal, um zu sehen, was sich dort getan hatte. Man fand die beiden Handwerksgesellen tot auf dem Stein liegen. Sie hatten sich gegenseitig erschlagen.

Das Geld des Hammerwerkers aber nahm von dieser Zeit an ab. Er selbst führte seitdem einen untadeligen Lebenswandel, so daß auch bald wieder die Schöllenbacher zum Hammerwerk kamen und die wilden Gesellen abzogen. Die alte Ruhe im Hammerwerk kehrte wieder ein. Wenn Du einmal den Wiesenweg im Tal entlang wanderst, dann denke an die Unholde, denen das Gold kein Glück brachte. Den Stein kannst Du am Hammer und der Zange erkennen, die dort zum Gedenken an die Geschichte eingemeißelt wurden.

Zabel, Der Axthirsch S.22

er Schöllenbacher Bäcker und das Gewitter

Vor vielen Jahren lebte in Schöllenbach ein Kuchenbäcker, dessen Waren weit über die Grenzen seines Heimatdorfes bekannt waren. Er verkaufte überall seine Kuchen und Brezeln und war ein reicher Mann geworden.

Eines Tages ging er nun mit einem vollen Korb Backwaren von Schöllenbach über Hesselbach nach Schlossau, um dort seine Kundschaft zu besuchen. Als er auf die Höhe kam und nicht mehr weit von der Wegkreuzung Seitzer-Buche war, kam ein fürchterliches Gewitter gezogen.

Schlag auf Schlag fuhren die Blitze mit mächtigem Donner auf die Erde herab, und dem armen Bäcker wurde angst und bange. Verzweifelt suchte er nach einem Unterschlupf, um sich und seine Kuchen vor dem Unwetter zu schützen.

Da sah er plötzlich eine dicke Buche stehen, die er noch nie vorher gesehen hatte. Ihr Stamm war hohl und hatte auf der dem Wege zugewandten Seite ein großes Loch. In seiner Not dachte der Bäcker nicht lange über diese Merkwürdigkeit nach, sondern schlüpfte schnell in den Stamm der Buche, um sich vor dem Regen zu schützen. Kaum aber stand er im Trockenen, als sich plötzlich der Stamm schloß. Nun war der Bäcker mitsamt seinen Kuchen eingeschlossen. Er schrie und pochte, aber niemand konnte ihn hören.

Das Gewitter war auch bald vorüber, und die Nacht brach herein. Der arme Bäcker aber stand im Baum und war ganz verzweifelt. Da begann er in seiner großen Not zu beten. Die Tränen liefen ihm dabei über die Wangen, und er gelobte, wenn er noch einmal lebend aus diesem Stamm herauskäme, dann würde er der Jungfrau Maria zu Ehren einen schönen Bildstock aufrichten lassen.

Kaum hatte er dieses Gelübde getan, als sich auch schon der Stamm öffnete. Schnell sprang der Bäcker auf den Weg, fiel dort auf die Knie und dankte Gott für die Rettung.

Es war tiefe Nach geworden, als er mit vollem Korb wieder in Schöllenbach ankam. Seine Frau dachte schon, er hätte die Zeit im Wirtshaus verbracht und schimpfte noch mit ihm. Doch der Bäcker sagte kein Wort. Er hatte Angst, daß die Menschen ihn verspotten würden, wenn er die Geschichte erzählt. Doch seinen Schwur vergaß er nicht. Er gab einem Bildhauer einen Bildstock in Auftrag und ließ ihn an der Stelle aufstellen, wo die dicke Buche gestanden hatte, die natürlich wieder verschwunden war. Leider ist der Bildstock heute nicht mehr zu sehen. Er war zerbrochen und ist in das Museum nach Amorbach abtransportiert worden. Dort soll er aber noch heute existieren.

Zabel, Der Axthirsch S.34

arienstille

(Zur uralten Taufquelle unter dem Kirchlein zu Schöllenbach.)

Hoch droben auf dem Berg stehen viele alte Buchen und Fichten. Sie halten sich mit ihren Armen fest und lieb umschlungen und hüten und pflegen unter ihrem Schatten ihre jungen Kinder, und ihre Blätter und Nadeln zittern im Windessäuseln Gebetlein, sie möchten ihnen zu Lust und Freude groß werden. Jahraus, jahrein, Tag und Nacht erzählen die Alten den Jungen in eitel rauschenden Liedern uralte Geschichten von ihren Voreltern. Niemand aber hört diese Wundergeschichten, denn allein die Vöglein. Die Vöglein aber erzählen sie ihren Jungen in stillen Nächten, und die Jungen, wenn sie flügge werden, plaudern sie aus an jung und alt der Menschenkinder, die mit frischem, frohem Kindersinne durch Berg und Wald ziehen oder auch mit Dank und Lob sich drinnen niedersetzen.

Nun liegt oben auf jenem Berge, den wir meinen, inmitten vieler alter und junger Buchen und Fichten ein moosbewachsener Stein, gerade groß genug, daß zwei Menschenkinder darauf Platz haben. Weil er aussieht wie andere bunte Sandsteine auch, beachtet ihn niemand mehr. Vor Zeiten war er größer und hatte auch seinen eigenen Namen. Jüngst nämlich, als gerade die Morgensonne eines schönen, warmen Frühlingstags das Grün der Bäume um das Plätzchen vergoldete, hat ein Goldhähnchen einem müden Wanderer, der sich still auf dem Stein niedergelassen hatte, folgende Geschichte erzählt:

Vor vielen hundert Jahren war hier alles dickster Wald. Unten in den Tälern wohnten nur wilde Heiden, die keinen Gott und Hei land hatten. Zu ihnen zählte auch ein Heidenmädchen von acht Jahren. Die Eltern waren hart und grausam gegen das Kind. Es bekam von ihnen viele Schläge, aber wenig Brot zu essen. Weil es ganz krause, braune Haare hatte, hieß es nur das „Kräuschen." Ei, dachte das Kind bei sich, hier unten im Tal ist nicht gut sein, droben auf den hohen Berg mag's besser sein als daheim. So will ich mich heimlich fortmachen und dort hinaufsteigen und mir ein Plätzchen suchen, wo ich weder Schläge noch Schelte kriege und will mir Waldbeeren suchen und den Vögeln zuhören und die Waldblumen brechen, bis ich tot bin. Dort habe ich Ruhe und kann stillvergnügt leben.

Gedacht, getan. Kräuschen machte sich aus der Hütte, als gerade die Eltern und die Brüder und die ältere Schwester nicht da waren, und eilte unbemerkt dem Walde zu nach dem hohen Berge. Aber da war weder Weg noch Steg hinauf. Also schlich und schlüpfte es durch Dick und Dünn der Bäume und wilden Sträucher den Berg hinan, oftmals auf Händen und Füßen. War es dann allzu matt und müde, so legte es sich hin und schlief. Aber kaum war es eingeschlafen, so flog ein Vöglein über seinem krausgelockten Köpfchen von den Ästen herab, setzte sich ihm treulich auf die Hand und pickte so lange, bis das Kind aufwachte. Als es ganz wach war, sang ihm das Vöglein zu:

Kräuschen, halt dich ja nicht auf,
weit ist es den Berg hinauf,
bist noch lange nicht am Ziel,
da dein Herzchen ruhen will.

Schnell folgte Kräuschen dem Ruf des Vögleins und kletterte weiter. Aber zuletzt konnte es seine matten Glieder nicht mehr weiter schleppen, fiel vor Ermüdung nieder und schlief wieder ein. Aber rasch war auch wieder das Vöglein da und sang:

Kräuschen halt dich ja nicht auf,
weit ist es den Berg hinauf,
bist noch lange nicht an dem Ziel,
da dein Herzchen ruhen will.
Schau, es kommt mit großer Macht
schon daher die schwarze Nacht.
Mache dich auf emsiglich
Kräuschen, Kräuschen, spute dich.

Da dächte es aber Kräuschen, als höre es seinen Vater hinter sich her wettern und schelten. Da eilte es schnell weiter. Aber immer noch nicht wollte des Berges Gipfel kommen. Seine kleine Finger und Füße waren ihm von den vielen Dornen im Walde ganz wund und blutig geworden, und die Müdigkeit war so stark, daß es meinte, auf der Stelle sterben zu müssen. Da fing es gar bitterlich an zu weinen und zu klagen:

Komm her zu mir lieb Vögelein
bring mich zum stillen Plätzchen ein,
wenn nicht, so bring mich wieder heim
will auch hinfort recht folgsam sein.

Und siehe, das Waldvöglein kam herzu, flog vor ihm her von Ast zu Ast, von Zweig zu Zweig, und da es schon dunkel wurde, sang es in einem fort, damit Jungkräuschen den rechten Weg finde. Mit einem Male setzte sich das Vöglein und sang:

Kräuchen, bleib jetzt stille stehn,
sollst nun bald dein Plätzchen sehn!

Da ging der Mond zwischen den hohen, dunklen Bäumen auf, und Kräuschen sah, wie sein Vöglein auf einem großen Stein saß, welcher ganz mit Moos überzogen war. Es sang ihm aber zu:

*Kräuschen, setzte dich dahin,
hier ist's ganz nach deinem Sinn.
Hier auf diesem grünen Stein
mag dein Herzchen stille sein.*

Darauf flog das Vöglein hinweg, hinein in den dicksten Wald. Allein, mutterseelenallein stand Kräuschen da. Es hatte weder Hunger noch Durst, sondern nur Schlaf. Da legte es sich nieder auf den Stein, und flugs war es eingeschlafen.

Als die Morgensonne durch die Gipfel der Bäume blickte, weckte sie Kräuschen auf. Es schaute sich um und hatte großen Hunger. Siehe, da lag neben ihm auf dem Stein ein kleines, weißes Brot, desgleichen es nie drunten im Tal gesehen hatte. Kräuschen nahm es und aß. Aber es war bald aufgezehrt. Es verlangte nach mehr und suchte, aber es fand weiter nichts. Den Tag über ging Kräuschen oben im Wald umher, aber nie sehr weit von seinem Stein, weil es Angst hatte, ihn zu verlieren und am Ende nicht mehr zu finden. Es suchte und fand allerlei gute rote und schwarze Beeren, als da sind Erdbeeren, Heidelbeeren, Himbeeren und Brombeeren. Es lebte und schlief da oben und aß da oben, es wußte selbst nicht, wie viele Tage. Auch sah es da oben viele Blumen, die es zu Hause niemals gesehen hatte, pflückte sie fleißig und machte daraus Sträuße und Kränze. Jeden Tag am Morgen und Abend legte das Mädchen auf den Stein ein Sträußlein und ein Kränzlein für das gute Vöglein nieder und etliche Waldbeeren dazu. Wenn es dann Abend wurde, kam das Vöglein jedesmal und sang das Abendliedchen:

*Schlafe, schlafe Kräuschen,
der Wald ist dein Häuschen,
Mond und Sterne sind dein Licht.
Bist du still, dir nichts gebricht.*

Sofort schlief Kräuschen ein. Dann nahm das Vöglein in seinem Schnabel Waldbeeren und Kränze und Sträuße mit hinweg. Und an jedem Morgen, der am Himmel kam, fand das Kind ein kleines, weißes Brot, und an jedem Tage Beerlein und Blümlein im Walde um seinen Stein, und hörte am Abend aus der munteren Kehle des Vögleins sein Wiegenlied, bis endlich der Winter stürmend daherbrauste. Da fing es auf einmal an zu frieren und weinte bitterlich. An Vater und Mutter und Brüder und an die Schwester hatte es gar nicht mehr gedacht. Jetzt fielen sie ihm wieder ein, und mit ihnen kam ihm der Gedanke, daß es doch eigentlich gar nicht hätte fortlaufen dürfen. Und es weinte nun heftiger. Aber dann sagte es auch wieder:

Schön, gar schön ist's wohl dahier.
Wären nur Vater und Mutter bei mir,
Brüder und Schwester auch beim Stein,
würde dann ganz stille sein.

Und je kürzer und kälter die Tage wurden, desto lauter wurde sein Weinen und Sehnen.

Und siehe, an einem Morgen, als Frau Holle zum ersten Mal ihr Bettlein machte und die ersten, dicken Schneeflocken fielen, wachte es auf und fand kein weißes Brötlein mehr. Es holte sich seine letzten Beeren, welche es die Tage zuvor gesammelt hatte, und aß sie. Dann aber wurde es ihm ganz wehe ums Herz, und es seufzte und jammerte, und es war ihm, als müßte es vor Hunger und Heimweh sterben. Als es wohl so eine oder mehrere Stunden geweint hatte und mit gesenktem Köpfchen, die Hände im Schoß, gar betrübt dasaß auf seinem Steine, siehe, da taten sich mit einem Male die Äste und Zweige der Bäume um den Stein herum auseinander. Das hellglänzende, freundliche Angesicht eines Mannes im langen, weißen Kleide lachte Kräuschen ins tränenfeuchte Auge. Zwar erschrak es anfangs und fürchtete sich, aber der Mann redete es freundlich und liebreich an: "Kräuschen, Kräuschen, mich schickt zu dir des Menschen Sohn, der vom Himmel gekommen ist, wo die Sonne, der Mond und die Sterne noch viel tausendmal schöner leuchten und der nichts lieber tut, als Kinder herzen, wenn man sie zu ihm bringt. Und er herzt sie so lange und tröstet sie, bis sie gar nicht mehr weinen und schreien, sondern ganz still und für immer fröhlich werden. Der Kinderfreund hat mich zu dir geschickt, daß ich dich holen soll." "Wie heißt er denn?" fragte Kräuschen. "Er heißt Jesus." "Und wo wohnt er?" "Er ist nicht lange, nachdem du unten im Tal weggelaufen, dorthin gekommen und wohnt am Itterborn." "Ist der Mann auch schon zu meinem Vater und meiner Mutter und meinen Brüdern und meiner Schwester gekommen?" "Ei freilich, und er hat sie schon alle in seine Arme genommen und geherzt, so daß sie ganz stille sind, auch nicht mehr schlagen und schelten und armen Kindern gerne Brot und Nahrung geben."

"Aber sage mir doch eines, du guter, lieber Mann, wer hat denn dir gesagt, daß Kräuschen hier oben auf dem Stein sitzt und weint?" "Ein Vöglein kam zu meiner kleinen Klause oben auf dem Stutz im Walde und erzählte mirs, indem es sang:

Klausner, mach dich auf den Weg,
folg' mir nach durch das Geheg.
Droben auf dem Steine
sitzt ein Kind alleine.
Ferne von den Seinen
Tut's nach innen weinen.
Komm und trage Kräuschen
wieder ins rechte Häuschen."

"Hab Dank, lieb Vögelein," rief Kräuschen, "und du, lieber

Mann, nimm mich mit hinab." Er nahm das Kind auf seine nervigen Arme, und unter heiligen Klängen und Sängen schritt er sicher und schnell den Waldweg hinab dem Itterborn zu. An diesem Brunnen standen schon Vater und Mutter, Brüder, Schwester und andere Verwandte und Bekannte und jauchzten und weinten zugleich vor Freuden bei Kräuschen Anblick. Der Mann aber winkte sie stille und fragte Kräuschen, ob es dem Himmelskönig und Kinderfreund leben und sterben und immerdar folgen und dienen wolle. Da klatschte es vor Freude in die Hände und nickte mit dem kraushaarigen Köpfchen, und der Vater und die Mutter und die Brüder und die Schwester sagten auch alle „Ja" dazu. Alsbald zog der Mann, der ein Priester Gottes war, dem Kind den alten, schmutzigen und arg zerfetzten Kittel aus und fragte seine Schwester: „Wie soll das Kindlein hinfort heißen?" „Sie soll Maria heißen." Da tauchte der Priester das Kindlein dreimal in die Wasserquelle und betete. Und als er es wieder herausnahm, war es ganz rein und strahlte im Angesicht. Dann nahm der Mann Gottes ein reines, weißes Kleid von Linnen und zog es ihm an. Es wurde ein großes Freudenfest.

Nach Verlauf weniger Tage , es war ein schöner Dezembertag, ging der kleine, junge Täuflein Maria zum Priester Gottes und bat ihn: „Geh doch, bitte, mit mir und meinen Eltern und Geschwistern hinauf auf den hohen Berg zu den alten und jungen Bäumen und zeige ihnen die Stelle, wo du mich gefunden hast." Und sie zogen miteinander hinauf und fanden den moosbewachsenen Stein und setzten sich darauf und waren alle froh und still. Denn es waltete ein geheimnisvoller Friede um dieses Plätzlein. Als sie aufbrechen wollten, fing trotz des Wintertages ein Vöglein an zu schlagen. Sie sahen über sich, und Maria und der Priester erkannten ihr Vöglein. Da fragte der Mann Gottes Kräuschen: „Wie soll wohl dies Plätzlein hinfort heißen?" „Marienstille" war die Antwort des seligen Kindes. Das Vöglein aber hörte diesen Namen und sagte ihn den andern Vögeln, und die Vögel den Bäumen, und Bäume und

Vögel haben es dem Wanderer erzählt. Und alle, die es gehört haben, gingen fröhlich und still nach Hause.

Müller, Sagen und Märchen S.61

Höchst

as steinerne Kreuz bei Höchst

Links an dem von Höchst nach Annelsbach führenden Weg steht ein steinernes Kreuz. An dieser Stelle ist zur Zeit, in der die Gegend wenig bevölkert war, wahrscheinlich nach den Pestjahren des Dreißigjährigen Krieges, wo ganze Dörfer, z.B. Pfirschbach, Etzengesäß, Hetschbach, ausgestorben waren, ein Mann von Hummetroth auf seinem Kirchgange nach Höchst unter die Mörder gefallen.

Der Mörder schleifte sein Opfer über den Acker und versteckte es unter einer Hecke. Der Ort des Verbrechens, der über den Acker genommene Weg, wie auch die Hecke, sind heute noch mit dem Fluch des Himmels belastet; denn alles, was da wächst, ist klein und gelblich weiß. Da aber zur Zeit der Untat keine Menschen in der Nähe waren, so rief der Überfallene die Vögel unter dem Himmel zu Zeugen und Rächern an.

Sooft nun der Mörder an diese Stelle kam, flog ihm eine Amsel ins Gesicht und bearbeitete es mit ihrem Schnabel. Das fiel der Frau des Mannes auf. Sie drang deshalb in ihn und suchte das Geheimnis zu erfahren.

Endlich ließ er sich von ihr überreden und gestand sein Verbrechen. Die Frau veranlaßte daraufhin, daß er auf dem Breuberg gefangengesetzt wurde. Was aber mit dem Verbrecher weiter geschah, weiß man nicht mehr.

Glenz, Heimatsagen Nr.37

in Bahrgericht im Odenwald

Es war zwischen der Zeit der Beendigung des 30jährigen Krieges und dem Jahr 1678, da wurde nicht weit von Höchst im Odenwald die Leiche eines ermordeten Mannes gefunden. Die Leiche wies drei tiefe Messerstiche auf, die den Tod verursachten. Drei Tage später wurde ein Kerl verhaftet, der im schweren Verdacht stand, der Mörder zu sein. Er leugnete die Tat hartnäckig. Nach dem damaligen Recht trat in diesem Falle das Bahrgericht in Tätigkeit. Der Ermordete wurde auf einer Bahre an den Ort des Verbrechens gebracht. Der, der Tat verdächtigte Mann wurde herbeigeholt und mußte an den auf der Bahre liegenden Mann herantreten und dessen Wundmale berühren. Fingen diese bei der Berührung erneut an zu bluten, so war er schuldig, bluteten sie dagegen nicht, so war er unschuldig. Da bei diesem Ermordeten die Wunden bluteten bei der Berührung, so wurde der des Mordes Verdächtigte sofort als schuldig erklärt und an Ort und Stelle mit einer Birkenwied aufgehängt.

Hess, Spuk Nr. 99

ie Haselhecke am Riedberg

Wer von Höchst nach Nauses wandert, kommt am Riedberg vorbei. An dessen Fuß ist eine „die Haselhecke" genannte Stelle. Da ist's nicht geheuer. Unheimliche Geister gehen des Nachts dort um, und es ist keinem zu raten, den Ort in der Dunkelheit zu betreten.
Glenz, Heimatsagen Nr.38

 oher Höchst seinen Namen hat

In jenen fernen und frischen Zeiten und Tagen, da der Völker Stürmen und Wogen hemmende und dämmende Grenzwälle überfluteten, kamen drei edelfreie Häuptlinge mit ihrem Gefolge in Friede und Freundschaft von der Omistatt das Bergtal herauf. An der Stelle, die heute noch Königskopf heißt, hielten sie an und schauten frisch und froh ins Tal hinab, welches Mimininga durchfließt, der muntere Mimling, Wald und Wildnis schönend mit saftigem Wiesengrün. Der Gau heimelte sie an. Sie beschlossen, hinab zu ziehen, aber ein jeder der drei, heimlich still und allein, sollte für sich, seine Magen und Mannen den höchsten Ort im Tale suchen, von dem aus in leuchtendem Lichte der schönste Blick ins Land fiele. Wer ihn gefunden, sollte sofort mit dem Wurf des Speeres Gebiet, Grund und Boden weihen, Haus und Heim darauf zu grün den, und sodann den anderen durch hellen Heldenruf berichten. Gemeinsam wollten sie zuletzt Tempel und Gericht setzen und machen.

In hohen Sprüngen setzten die Häuptlinge und ihr Gesinde über den wehrenden Heckenhag und ritten die Hecksbach (Hetschbach) hinab. Dann aber trennten sie sich nach drei Seiten.

Gerhoh, der erste der Helden, ritt mit den Seinen geradeaus gegen Mittag und machte zuerst Halt auf einer Vorhöhe unweit über der Mümling. Die Stelle deuchte ihm gut zu Friede, Freiheit und Recht. Hoch schwang er den Speer, weit warf er ihn nach des Rechtes Form, Weise und Gestalt, und mächtig schallte des Edlen Stimme durch das Tal: „Hier bin ich der Höchste!"

Der zweite der Helden erreichte mehr südwestlich eine Berghöhe, strahlend im hellsten Glanze. Da gedachte er seines Namens Berthoug, das ist Glanzhügel, und erwählte sich diese Stätte zu Friede, Bann und Schirm. Zu seinen Füßen lachte das Tal zu Wonne und Weide. „Hier bin ich der Höchste!" so rollte donnergleich sein Ruf den Bergen entlang.

Ruodhart, der dritte Held, gelangte mit seinem Gefolge auf eine südöstliche Höhe. So fern weit und breit sein Auge reichte, schien ihm der Ort bequem, tauglich und nütze, Gericht, Herrlichkeit und Freiheit zu schauen, zu schirmen und zu schützen. Von der neu gemessenen und geweihten Stelle aus ertönte mächtig das Wort: „Hier bin ich der Höchste!"

Also hatte jeder der drei Helden „sein Höchstes", wie jetzt die Rede geht, oder wie es in ihrer Zunge hieß: ihr Eigen, ihr gemessenes Landstück in Flur und Wald des Tals. Drei Höchste fanden sich auf kleinem Gebiete zusammen, anscheinend niedrig und gering, wenn man jedes einzeln für sich nimmt, aber stark, hochgebietend in ihrer Stellung zu ihren Gefolgsleuten und durch das Band des Hochgemutes und des Heldensinns unter einander.

Schon am nächsten Morgen, noch ehe die Sonne über die Waldberge blickte, ritten die drei von ihrer Stätte ab dem Tal zu und trafen da zusammen, wo jetzt die Landstraßen sich nach drei Richtungen trennen. Hier machten sie ihren Bund durch Opfer und bestimmten die Stätte zum Gericht im Dunkel eines Hains, in dessen Mitte drei uralte Linden standen. Sie steckten die Stäbe der friedigenden Hasel im Ringe und zogen die heiligen Bänder darum. Weil nun drei Höchste Tempel und Mal oberhalb der Mümling besaßen, wurde der Ort Höchst genannt, aber zugleich in Höchst, Obern-Höchst und Groß-Höchst unterschieden.

So lange ein jeder der drei wirklich bei „seinem Höchsten" blieb, war Friede und Freiheit, Recht und Gericht, Gerechtigkeit und Herrlichkeit, und gediehen Eigen und Erbe, Land und Leute, Haus und Hof, Wasser und Weide in diesem Gau. Denn es erfüllte die drei Höchsten und ihre Magen und Mannen der Geist Allvater Odins, von dem die göttliche Kunde meldete: „Einstmals saßen drei zusammen, jeder von ihnen mit sonderem Blick, mit sonderer Miene und sonderem Wort, und jeder von ihnen war Odin der Eine. Sie saßen hoch und höher und höchst, und „Hoch" hieß der da unten saß, „Ebenso hoch", der inmitten saß und „Dritter" hieß der, der am höchsten saß."

Als die drei später, ihres Ursprungs vergessend, unter einander in Streit gerieten, und jeder einzelne für sich allein der Höchste in Höchst sein und die beiden anderen überwältigen wollte, dämpfte ein vierter Edler, Wortwin, den Haß und Hader, indem er die drei auf des Wortes „Höchst" eigentliche Bedeutung zurückführte. Dennoch hielten sie es für ratsam, nützlich und nötig, im Frieden auseinander zu ziehen: Gerhoh zog nach Heimstat (Hainstadt), Ruodhart nach Reginbach (Raibach), Berthoug aber blieb in Höchst.

Auf der Stätte des alten Tempel- und Gerichtshains erhob sich später Kloster und Kirche. Auf einem freien Platz vor der Kirche wurde das Recht der Hubener gehegt. Das peinliche Hals- und Malefiz-Gericht fand jenseits auf dem Galgenberge statt.

Als die späteren Nachkommen sich wieder ihres Ursprungs erinnerten, gedachten sie auch des Ortes mit der Tat. Ein Gerhoh zu

Hainstadt gab der Abtei Fulda, von welchem Höchst ein Filialkloster war, seine Güter zu Hainstadt mit der darauf wohnenden Familie zu eigen. Die Sprossen Berghougs waren geraume Zeit des Klosters Vögte. Später noch begab sich ein Freier mit Namen Wortwin in den Schutz des Fulder Abtes, mit der Bedingung, nur an einem der drei Gerichtsorte der Abtei vor Gericht stehen zu wollen. Diese Orte aber waren Peterweil, Umstadt und Höchst.
Müller, Sagen und Märchen S.7

öchst und Dusenbach

Nach der Zeit, da in Höchst jeder der drei Höchsten der Höchste sein wollte, trug ein König aus dem fernen Westen sein siegreiches Schwert in diese Gegend. Da er nun hörte, daß viele Edelfreie in wilden, waldigen Talschluchten ihm die Huldigung verweigerten, sandte er aus seinem Hoste oder Heergefolge Mannen aus, die sich in Höchst, damals auch Hohste genannt, einlegten und von hier aus ihre Streifzüge wider jene Unbotmäßigen unternehmen sollten. Aber diese, aller Wege und Stege kundig, hatten aus ihrem Verstecke, das sie Dus nannten, zu mehreren Malen die Gegner in Höchst überfallen und ihnen beträchtliche Verluste beigebracht. Ihr Losungswort war das Wort Dus, was so viel wie Lauer, heimliches Wesen, bedeutete.

Als sich nun des Königs Dienstmannen in Höchst wieder verstärkt hatten, stellten sie nach allen Seiten hin diesseits und jenseits des Tales Wachen aus. Diesen gaben sie als Losungswort merkwürdigerweise ebenfalls das Wort Dus, was in ihrer heimtlichen Mundart so viel wie Schutz oder Wache bedeutete.

Eines Abends kamen die Flüchtlinge aus ihrem Versteck heraus und nahe an einem unweit Höchst rechts zur Mümling führenden Bächlein zusammen und riefen einander ihre Losung zu: „Dus, Dus!" Ganz in der Nähe in Feldern und Gesträuchern lagerten aber die königlichen Mannen. Als diese die Losung hörten, antworteten sie mit ihrem „Dus, Dus" und liefen zu ihren Feinden über in dunkler Nacht, und zogen mit ihnen heim gen Höchst und halfen mit, ihre eigenen Leute zu schlagen und gefangen zu nehmen. Bei Tagesanbruch erst erkannten sie, daß sie sehr duselig gewesen waren. Daher bekam der schon an sich sehr duse oder stille Bach den Namen Dusenbach.

Müller, Sagen und Märchen S.10

ie gezöpften Pferde in Pfirschbach

In Pfirschbach bei Höchst kam es oft vor, daß den Pferden Zöpfe gedreht waren. Als der Knecht morgens einmal in den Stall kam, standen die Pferde im Schweiß gebadet an ihrer Krippe. Sie waren „geritten", und die Mähnenhaare waren in kleine Zöpfe geflochten. Da sah er an einem anderen Tage, wie ein ihm unbekanntes „Boazhinkel" (eine besondere Hühnerrasse) den Stall verließ. Er warf mit dem Besen nach ihm und traf es auch an das Bein.

Am nächsten Tage sah er, wie eine Frau im Dorfe herumlief und hinkte. Das war die Hexe, die sich offenbar in ein Huhn verwandeln konnte und die Pferde gezöpft hatte.

Glenz, Heimatsagen Nr.39

Lützelbach

om Drachenhof zu Rimhorn

Auf dem Bergrücken, wo jetzt Rimhorn liegt, war in alten Zeiten nur wilder Wald und in seiner Mitte ein weiter, wüster Sumpf. Darin hatte der steinalte, reifkalte Riese Heime ein Halsband von lauterstem Gold, ein köstlich Geschmeide, verborgen. Er hatte es auf einer Wiese unten im Mümlingtal der Jungfrau Udalhilt geraubt, sie selbst war ihm noch glücklich entronnen. Doch weinte sie seit dem Verlust Tag und Nacht. Alle wider den Reifriesen ausgesandten Mannen kehrten nicht mehr zurück. Welche seiner Steinkeule nicht erlagen, die verschlang ein giftiger Drache, der die Hut über das in dem Sumpfe vergrabene Halsband hatte.

Auch richteten die beiden garstigen und geizigen, neidischen und wilden Ungeheuer rings in der Gegend noch großes Verderben an. Oft blies der Riese kalten, tötenden Reif aus seinem „Hrimhorn" hinab ins Tal auf Blumen und Blüten, auf Gras und Grün. Da verwelkte und verschmachtete alles im Sonnenstrahl des Tages. Widder und Schafe, die von solchem Grase und den Kräutern fraßen, starben und fielen in Menge. Der Drache aber, wenn er bei Nacht und Nebel zum Wasser flog, richtete mit dem Schlage seiner Fittiche und Flügel wilden Wind und wüstes Wetter an, und traf mit seinem Schwanze im nahen Plumgau so stark die Erde an einer Stelle, daß der dabei liegende Ort Bibinkheim versank. Auch baute der Riese oben auf der Höhe eine Straße, um mit seinem Raube schneller weiter zu kommen, und fing an, ein Steinhaus zu errichten, denn er hoffte, Udalhilt noch in seiner Gewalt zu kriegen. Sie sollte dann darin ihr Haus und Heim haben.

Als er eines Tages wieder mächtige Steinblöcke dahin schleppte, schrien plötzlich drei rechtsher fliegende, großen Krähen, stark und kräftig, ganz nahe über seinem dicken Kopfe. Da ließ er die Steine mitten im Walde fallen und liegen, denn er hielt sie für

Unglückssteine. Seitdem war dem Ungeheuer nicht mehr ganz geheuer. Um so mißtrauischer und mürrischer umschlich er fortan täglich seinen Wald. Denn niemand, nicht einmal arme Witwen und Waisen, durften hineinkommen, auch nur ein Bündel Reisholz zu lesen oder ein Tüchlein Laub zu rechen.

Schon schickten sich die geschreckten Umwohner des Gaues an, ihn zu verlassen. Da traten zwei Ritter mit Udalhilts Vater zusammen und ratschlagten, wie sie der beiden unheimlichen Gesellen möchten frei, ledig und los werden. Sie gingen also selbdritt zu des Donnergottes Opferstätte und gelobten diesem Feinde der Riesen und Drachen in Wald und Flur neun schwarzwollige Widder, neun weiße Ziegen und neun buntfarbige Hähne, falls er Hilfe schaffe. Und siehe, auf dem Wege nach Hause, als sie sich schon getrennt hatten, begegnete einem jeden von ihnen eine kriegsgegürtete Jungfrau. Die dem Vater Udalhilts sich zugesellte, reichte diesem einen bunten Mantel und eine Rose. Der zweite empfing aus seiner Jungfrau Händen einen schimmernden Helm samt einer Rose, und der dritte von seiner kühnen Begleiterin ein silbernes Horn und eine Rose. Noch ehe sich die Helden bedanken konnten, waren die Jungfrauen verschwunden. Sie erkannten aber in den Zeichen siegkräftige Gift und Gabe.

In der Morgenfrühe des nächsten Tages trafen sich die drei Männer am bezeichneten Ort, wohl gerüstet zu schwerem Streit. Jeder sah an dem anderen die besondere Gabe als Auszeichnung. Dazu erzählten alle von dem munteren und mutigen Wiehern ihrer Rosse, einem guten Vorzeichen. Als sie nun durch die Kornfluren ritten, hörten alle drei die geheimnisvollen Stimmen der drei Kornmuren, die kündeten Sieg. Vor dem Wald an der Wegscheide unter der alten Eiche heulten drei Wölfe und liefen vor ihnen her ein gut Stück in den Wald. Von der linken Hand her kamen drei Krähen, die setzten sich jedem Helden abwechselnd auf Kopf und Achsel. Die drei Rosen fingen beim Eintritt in des Waldes Dunkel wunderbar zu leuchten an. So günstig war der Angang.

Glücklich angelangt auf des Berges Rücken, war für ihr spähendes Auge nichts von den Ungeheuern zu entdecken. Mit einem Male regte und bewegte es sich vor ihnen im Sumpfboden. Der Wurm schüttelte sich, die Pferde bäumten sich hoch auf und schnaubten. Dicker und dichter hob sich der Knäuel empor. Blasser und bleicher Gischt dampfte auf. Ein schrecklicher Schlag erfolgte, die Bäume bebten, der Boden wankte. Rasch griffen die Helden den geflügelten Wurm an, aber ihre Rosse versanken bis zum Leib im Moor. Im schnellen Absprung von den Rossen erreichten sie eine Erhöhung. Furchtbare Feuer- und Flammenmassen schleuderte das Untier auf sie, doch schützten sie die leuchtenden Rosen. Wuchtige Speerwürfe wider den Drachen blieben wirkungslos. Aber auch alle Bisse des Wurms waren Fehlbisse. Das machten Mantel, Helm und Horn. Doch konnten die Kämpfer nicht in des Panzertiers Weichen kommen. Da, wie von ungefähr, überschlug es sich im grimmigen Zufahren. Gleich zuckenden Blitzen fuhren die Speere in seinen Bauch, und die scharfen Schwerter schnitten hinein in harten, häufigen Hieben. Schon waren der Schlange Flügel gefallen, aber noch sprühte sie flammende Feuersglut und dicken, giftigen Dampfqualm aus. Zuletzt erlag sie den Schlägen der Keulen, zu denen die Streiter griffen. Rasch bespritzten sich die Männer mit des Drachen Blut zu Schutz und Segen wider den Riesen, dessen plumpe Schritte sie von fernher hörten.

Sie arbeiteten sich zu ihren Rossen und dann diese aus der Tiefe heraus. Dann ging es wider den Riesen. „Nur mit dem Schwertknauf!" flüsterten hinter ihnen die Stimmen der Jungfrauen. Der herantappende Riese schleuderte grimmig Stein auf Stein, allein sie verfehlten ihr Ziel. Jetzt stellte er sich mit der Steinkeule in den Weg und schwang sie in weiten Kreisen, aber geschickt wichen Roß und Reiter aus. Schon kamen diese näher, die ersten Schwertknaufschläge fielen. Der Riese sprang zurück, die Helden nach, der Riese weiter zurück. Da stolperte er rücklings über die Felsen, die er jüngst beim Krähenschrei hatte fallen lassen, und ward sogleich in seiner Unbeholfenheit mit den Knäufen der Heldenschwerter erschlagen, denn der bunte Mantel, der Helm und das Horn hatten ihn ganz wirr geblendet. Sie ließen ihn zum Wolfsfraß liegen. Seine Knochen starren noch heute als Steinrippen vielfach am Berge hervor.

Bei der Rückkehr zum Sumpf fanden sie im Lichte der drei Rosen des Kampfes Gewinn, das Halsband Manegold unter dem Hügel. Darauf schnitten sie des Drachen Herz aus und verzehrten es, daher sie der Tiere Sprache kundig wurden. An der Siegesstätte wurde allmählich gut urbar Land, und der also gewandelte Grund und Boden in eine Hofstatt umgeschaffen, welche den Namen „Drachenhof" durch Jahrhunderte führte. Er gehörte zuerst den Herren von Rimhorn (Reifhorn), deren einer Manegold, ein anderer Diedrich und dessen Gemahlin Udalhilt hieß. Später war der Hof im Besitz der Starkerade von Breuberg, aus denen einer dem zeitigen Priester seine bunten Kleider vermachte, vielleicht im Andenken an den bunten Ahnenmantel. Die Herrn von Breuberg selbst hatten hier fast nur das Recht auf einen Hund zur Schweinehatz.

Müller, Sagen und Märchen S.20

Zum Henkmantel

Zur Mark des Dorfes Breidenburnen (Breitenbrunn) gehört auch das Hofgut „Zum Henkmantel." Das Dorfgericht fand unter der alten Linde zu Breitenbrunn statt, die noch heute vor der Kirche steht. Aber was es mit dem Henkmantel für eine Bewandtnis im dortigen Hubengericht hatte, kündigt nun folgende, wohl berechtigte Sage:

In den Volksgerichten und zur Teilnahme an den öffentlichen Angelegenheiten der Gemeinde, das ist der Rechtsgenossen, konnten nur die Freien gezogen werden. Außer der Volksversammlung und dem Gericht gehörten zu jenen Angelegenheiten noch die Verfolgung von Missetätern und Verbrechern, sowie der Kriegszug, falls der Ort selbst oder der Gau Fehde oder Feindschaft hatten. Nun bestand für den Ort Breitenbrunn im letzteren Fall ein besonderes Recht. War Fehde oder Feindschaft angekündigt, so mußte der Gerichtsherr des Dorfes, welcher Herr Reiz von Lützelbach war, augenblicklich seinen Mantel, das Zeichen des Schutzes, vor seinen Hof henken, welchen er unweit des Ortes in derselben Mark hatte, damit allen Genossen anzuzeigen, er wolle und werde das Dorf beschirmen und helfen behalten und bewahren vor Schaden und Schande.

Sobald vor dem Hof auf einem Speer der Mantel des Herrn hing, alsdann geschah in größter Eile das Aufgebot zur gemeinen Nachfolge durch Geschrei und Heerhorn und Schildanschlagen. Doch war bestimmt, daß sie dem Herrn nicht weiter oder ferner nachzuziehen hätten, denn daß sie desselben Tages, wo sie auszogen, in ihre Häuser und Heimat wieder ohngefährlich kommen möchten. Also wurde in demselbigen Ort ohne große und lange Beschwerung allzeit gute und schnelle Abwehr geleistet.

Da geschah es aber einstmals, daß auf dem Hof „Zum Henkmantel" keiner der Freien zu Hause war, sondern sie waren gen Lützelbach und Seckenmuren (Seckmauern) oder zum Werde an den Main (Wörth) geritten, und da wurde von denen zu Fürstengrund Fehde angesagt. Nun war niemand auf dem Hof außer dem einzigen Beisitzer, der im Lande nur Feuer und Rauch hatte, aber keine Hube noch Waffen, die er ohnedem nicht tragen durfte, falls ihn nicht der Herr selbst bewaffnete. Doch nahm der gute Henne im Hof die Fehdeansage an und besann sich nicht lange, sondern eilte in des Herrn Hof hinein und holte aus dem Kasten den ihm wohlbekannten Mantel heraus und hängte ihn auf den in der Erde am bestimmten Platz steckenden Speer. Dann suchte Henne nach dem Lärmhorn, konnte es aber nicht finden. Da fielen ihm zwei alte Eisenstangen ein, die in einem Winkel standen. Die holte er und haute sie aufeinander, so stark und so laut es gehen und klingen wollte. Und sein Lärm wurde bis nach Breitenbrunn gehört. Weil es aber ein ungewohnter Schall war, wußten die Breitenbrunner nicht sogleich, was er zu bedeuten habe. Doch liefen etliche auf die Höhe und schauten nach dem Herrnhofe. Richtig, dort henkte der Mantel vor dem Hof. Was Waffen zu tragen hatte, sammelte sich unter der Linde, aber es kam kein Heer, und die eigenen Leute auch nicht. Also ritten der Schultheiß und etliche Schöffen zu dem Hof. Da stand Henne noch bei dem Mantel und schlug die Eisen. „Henne, was ist? Was machst du da?" schrie ihn der Schultheiß an, „ich glaube gar, du narrst und foppest freie Leute." Da erzählte Henne, was geschehen, und daß der Herr und die Seinigen schon vor Tagen weggeritten. „In zwei Stunden sind die Fürstengrunder da," setzte er hinzu, „denn bei denen geht die Sonne schneller als bei uns, wenn's ans Raufen und Schlagen gehen soll." „Henne", rief der Schultheiß Linhart, „du mußt uns führen." „Wenn's sein muß, ist mirs schon recht, nur daß ich meine zwei Eisen brauchen darf." „Das kann ich dir schon zulassen und will's vor dem Herrn verantworten," meinte der Schultheiß. So zog Henne getrost mit gen Breitenbrunn und hatte nichts als seine zwei Eisenstangen. Als es aber am Nachmittag wirklich zum Raufen kam, haute er ganz vorne an und so wacker los auf die gut bewaffneten feindlichen Nachbarn, daß die Breitenbrunner doppelten Mut kriegten und jene aus dem Felde schlugen. Am Abend waren sie wieder daheim.

Als Herr Reiz zu Lützelbach am Abend heimkam und die Sache hörte, konnte der des Lachens kein Ende finden über den drolligen, mutigen Henne, ließ ihn gleich holen und sagte: „Hör, Henne, du sollst schon von heute abend an 'Eisenhauer' heißen, morgen aber durch die Hände meiner Freien gehen und Speer und Schwert empfangen." Dies geschah. Die Eisenstangen wurden noch lange in dem Hof aufbewahrt. Einem der Nachkommen jenes Eisenhauer, der auch wie sein Ahne Henne hieß und eine eheliche Hausfrau hatte, die Anna hieß, verlieh Graf Wilhelm von Wertheim das Hofgut „Zum Henkmantel" als Erblehen.

Müller, Sagen und Märchen S.24

Michelstadt

Der Plumgau

„Michelunstat im Plumgau!" So meldet älteste Urkunde. Wer aber weiß noch etwas vom Plumgau? Und doch ist eine alte Sage von des Gaues Namensursprung vorhanden.

Einst war ein edler Held in den Bergwäldern rings um diese Michelunstat jagen gegangen und auf einen ungeheuren Wildeber gestoßen. Ihn verfolgte er Berg auf Berg ab, ohne daß ihn seiner Lanze Spitze erreichen konnte. Sehr ermattet sah der hohe Jäger endlich von der Verfolgung ab und lagerte sich unter einer der uralten Eichen, wie sie damals in Menge auf unsern Bergen und in ihren Gründen standen, jetzt aber nur noch ganz vereinzelt zu finden sind. Er schlief ein. Ihm träumte, der wilde Eber sei hinabgebrochen ins Tal der Mümling und verwüste weit und breit den Grund um Michelunstat, wo seine Hofstatt gebaut war, zum Schrecken der Seinigen, deren keiner dem wütenden Tier Einhalt gebieten konnte. Laut hörte er seinen Namen zur Hilfe rufen. Darüber erwachte er, fühlte sich aber so an allen Gliedern gelähmt, daß er weder aufzustehen, noch nach seiner Lanze zu greifen vermochte. Lange währte es, bis er sich erholt hatte. Aber jetzt brach mit der sinkenden Nacht ein wildes Wetter los, und Regenfluten umtobten ihn. Kaum konnte er sich aufrecht halten. Doch drang er in Richtung heimwärts vor, wie ihm dünkte. Aber in der Rossert verirrte er sich und konnte keinen Ausweg finden, weshalb ein Stück Wald dort bis auf diesen Tag die Err heißt. Endlich gelangte er heraus. Der Sturm hatte sich gelegt, aber unten im Tal rauschten die übergetretenen Fluten der Mümling. Mit Hilfe seiner Lanze und seines kräftigen Armes durchdrang er sie und kam nach unsäglichen Mühen in seiner Hofstatt an.

Hier hörte er nur neue Trauerkunde oder vielmehr Bestätigungen seines Traums. Drei seiner Getreuen hatten des Wildebers ge waltige Hauer zu Tode getroffen, er selbst war entkommen. Mit dem Anbruch des Tages sah des edlen Herrn Auge, daß des Ebers Verwüstung im schönen Wiesengrunde gegen die des wilden Wassers nichts besagen wollte. Kaum hatte es sich verlaufen, als der Eber wieder aus den Mulden hervorbrach und in dem schlammigen Wiesengrund wühlte, als wolle er den Helden verhöhnen und herausfordern. Der ließ nicht lange auf sich warten. Bald begann aufs neue die wilde Jagd. Zuerst ging sie talwärts bis in die Gegend, wo die Hetzbach in die Mümling fällt. Da wandte sich der Eber und ging auf den Helden los, der ihm ganz nahe auf die Haut gerückt war. Aber noch ehe die Lanze das wütende Tier treffen konnte, hatte es den Jäger mit einem seiner Hauer gestreift, doch ohne ihn gefährlich zu verwunden.

Wieder schoß der Eber das Tal hinab, der Jäger hinterdrein. Erst an der Ebersdelle oder dem jetzigen Ebertsgraben, der von der Momarter Höhe herabzieht und die Königer von der Zeller Gemarkung trennt, ging die Jagd siegreich zu Ende. Dort fiel der Eber, durchbohrt von dem Speer des Helden. Daher bilden die Endpunkte der alten Grafschaft im Mümlingtal Ebersberg im Süden und Ebersdelle im Norden. Von der Stelle bei Ebersberg, wo der Eber den Helden verwundet hatte, rannen Blutstropfen durch den ganzen Wiesengrund nieder in den aufgewühlten Schlamm. Wohin von dem Heldenblut fiel, sprossen im Sonnenschein des Tages die lieblichsten Blumen auf, bald wieder umsäumt von dem kräftigen Grün. Davon empfingen der Wiesengrund und später die Gegend den Namen Plumgau. Hier hatten und fanden unsere Vorfahren ihre Wonne und Weide, ihre Weidetrift und ihren Blumbesuch so ziemlich unausgesetzt das ganze Jahr hindurch.

Müller, Sagen und Märchen S.140

ginhart und Imma

Eginhart, Karls des Großen Erzkaplan und Schreiber, der in dem königlichen Hof (nach einigen zu Aachen, nach anderen zu Ingelheim) löblich diente, wurde von allen Leuten wert gehalten, aber von Imma, des Kaisers Tochter, heftig geliebt. Sie war dem griechischen König als Braut verlobt, und je mehr Zeit verstrich, desto mehr wuchs die heimlich Liebe zwischen Eginhart und Imma. Beide hielt die Furcht zurück, daß der König ihre Leidenschaft entdecken und erzürnen möchte. Endlich aber mochte der Jüngling sich nicht länger bergen, faßte sich, weil er den Ohren der Jungfrau nichts durch einen fremden Boten offenbaren wollte, ein Herz und ging bei stiller Nacht zu ihrer Wohnung. Er klopfte leise an der Kammertür, als wäre er auf des Königs Geheiß her gesandt, und wurde eingelassen. Da gestanden sie sich ihre Liebe und genossen der ersehnten Umarmung. Als inzwischen der Jüngling bei Tagesanbruch zurückkehren wollte, woher er gekommen war, sah er, daß ein dicker Schnee über Nacht gefallen war, und scheute sich, über die Schwelle zu treten, weil ihn die Spuren von Mannsfüßen bald verraten würden. In dieser Angst und Not überlegten die Liebenden, was zu tun wäre, und die Jungfrau dachte sich eine kühne Tat aus: Sie wollte den Eginhart auf sich nehmen und ihn, ehe es licht wurde, bis nahe zu seiner Herberge tragen, daselbst absetzen und vorsichtig in ihren eigenen Fußspuren wieder zurückkehren.

Diese Nacht hatte gerade durch Gottes Schickung der Kaiser keinen Schlaf, erhob sich bei der frühen Morgendämmerung und schaute von weitem in den Hof seiner Burg. Da erblickte er seine Tochter unter ihrer schweren Last vorüberschwanken und nach abgelegter Bürde schnell zurückspringen. Genau sah der Kaiser zu und fühlte Bewunderung und Schmerz zu gleicher Zeit, doch hielt er Stillschweigen. Eginhart aber, welcher sich wohl bewußt war, diese Tat würde in die Länge nicht verborgen bleiben, ratschlagte mit sich, trat vor seinen Herrn, kniete nieder und bat um Abschied, weil ihm doch sein treuer Dienst nicht vergolten werde. Der König schwieg lange und verhehlte sein Gemüt; endlich versprach er, dem Jüngling baldigen Bescheid zu sagen. Unterdessen setzte er ein Gericht an, berief seine ersten und vertrautesten Räte und offenbarte ihnen, daß das königliche Ansehen durch den Liebeshandel seiner Tochter Imma mit seinem Schreiber verletzt worden sei. Und während alle staunten über die Nachricht des neuen und großen Vergehens, sagte er ihnen weiter, wie sich alles zugetragen und er es mit seinen eigenen Augen angesehen hätte, und er jetzt ihren Rat und ihr Urteil heische. Die meisten aber, weise und darum mild von Gesinnung, waren der Meinung, daß der König selbst in dieser Sache entscheiden solle.

Karl, nachdem er alle Seiten wohl geprüft und den Finger der Vorsehung wohl erkannt hatte, beschoß, Gnade für Recht ergehen zu lassen und die Liebenden miteinander zu verehelichen. Alle lobten mit Freude des Königs Sanftmut, der den Schreiber vor sich forderte und also anredete: „Schon lange hätte ich deine Dienste besser vergolten, wenn du mir dein Mißvergnügen früher entdeckt hättest. Jetzo will ich dir meine Tochter Imma, die dich hoch gegürtet willig getragen hat, zur ehelichen Frau geben." Sogleich befahl er, nach der Tochter zu senden, welche mit errötendem Gesicht in des Hofes Gegenwart ihrem Geliebten angetraut wurde. Auch gab er ihr reiche Mitgift an Grundstücken, Gold und Silber. Und nach des Kaiser Absterben schenkte ihnen Ludwig der Fromme durch eine besondere Urkunde in dem Maingau Michlinstadt und Mühlenheim, welches jetzo Seligenstadt heißt. In der Kirche zu Seligenstadt liegen beide Liebende nach ihrem Tod begraben. Die mündliche Sage erhält dort ihr Andenken und selbst dem naheliegenden Wald soll ihr zufolge Imma, als sie ihn einmal „O du Wald" anredete, den Namen „Odenwald" verliehen haben.

Auch Seligenstadt soll einer Sage nach daher den Namen haben: Karl habe Imma erst verstoßen und auf der Jagd verirrt, wieder an diesem Ort gefunden, nämlich als sie ihm in seiner Fischerhütte sein Lieblingsgericht vorgesetzt, erkannte er die Tochter daran und rief: „Selig sei die Stadt, wo ich Imma wiederfand!"

Bader, Hessische Sagen S.21

Das Opfer der Mümling

Eines Abends gingen ein paar Burschen nicht weit von Michelstadt am Wasser der Mümling her. Da rief eine Stimme unter der Brücke: „Die Stund' ist da, und der Mann noch nicht!" Zu gleicher Zeit kam von dem Berge ein Mann herabgelaufen und wollte ins Wasser hineinspringen. Die Burschen hielten ihn fest und redeten ihm zu, er gab aber keine Antwort. Sie nahmen ihn mit ins Wirtshaus und wollten ihm Wein zu trinken geben, aber da ließ er seinen Kopf auf den Tisch fallen und war auf der Stelle tot.

Glenz, Heimatsagen Nr.13

ie schwarze Katze

Es war Ende des 18. Jahrhunderts. In später Nacht fuhr ein Bauer mit seinem Ochsengespann auf der Straße Michelstadt-Eulbach heimwärts. Es war stockdunkel, und die Ochsen liefen mit ihrer Last langsam und unsicher. Der Bauer zündete eine Fackel an und lief neben den Ochsen her, um überhaupt den Weg sehen zu können. Da gewahrte er auf einmal im Fackelschein, wie eine große, schwarze Katze mit feurigen Augen mitten auf der Straße ihm entgegen gelaufen kam, direkt auf ihn zu. Sie machte keinen Versuch, ihm auszuweichen, aber kurz vor den Ochsen sprang sie auf die Seite und fauchte wütend. Sofort blieb auch der Wagen stillstehen, die Ochsen brachten ihn nicht mehr von der Stelle, die Räder waren auf den Achsen festgeklemmt.

Alle Bemühungen des Bauern, den Wagen wieder in Gang zu bringen, blieben erfolglos. So blieb ihm nichts weiter übrig, als die Ochsen auszuspannen und mit diesen ohne Wagen heimzugehen. Daheim erzählte er sein Mißgeschick, und da sagten ihm erfahrene Leute, die schwarze Katze sei eine Hexe gewesen, und diese habe ihm den Wagen verhext. Es wurde eine alte Frau zu Rate gezogen, die schon mehrere Male verhexte Wagen wieder gangbar gemacht hatte. Diese ging mit dem Bauern zurück an die Stelle, wo der Wagen stehen blieb, sagte in den drei höchsten Namen ihr Sprüchlein, warnte den Bauern, wenn wieder einmal eine schwarze Katze ihm nachts begegne, soll er schnell aus dem Wege gehen. Jetzt konnte der Bauer wieder ohne Zwischenfälle seinen Wagen heimfahren.
Hess, Spuk Nr.11

Der Stein Ebert

Er war der Zauberer von Michelstadt und war bei den Odenwälder Bauern bekannt unter dem Namen der Stein Ebert. Er konnte sehr gut brauchen gegen Viehkrankheiten und mit seinen Zaubersprüchen die Schlangen aus den Häusern und Ställen vertreiben. Er konnte diese auch bannen, so daß sie, sobald er sein Zaubersprüchlein sagte, nicht mehr vom Platz konnten. Um diese Zeit, als der Stein-Ebert lebte, gab es in sehr vielen Bauernhäusern und Ställen Schlangen, die in den Kellern der dort aufbewahrten Milch sehr gefährlich waren.

So soll der Stein-Ebert mit seinen Zaubersprüchen in sehr vielen Dörfern des Odenwaldes die Schlangen aus Kellern und Ställen vertrieben haben. Wie es so geht, so hat auch einmal der Stein-Ebert mit seiner Zauberei einen schweren Ehestreit verursacht, der ihm zum Verhängnis wurde. Er wurde eingezogen und ist kurze Zeit später in Michelstadt auf dem Galgenberg gehängt worden. Der Volksmund erzählt, daß, während er gerade aufgehängt war und sich verzweifelt bäumte, plötzlich eine meterlange Schlange unter dem Galgen hervorkroch, sich schnell wedelnd durch die Zuschauermange bewegte und im Gebüsch verschwand.

Hess, Spuk Nr.86

om Kloster Steinbach

Kaum ein Kilometer von dem alten „Michlinstadt" entfernt, in der Nähe des Gräflich Erbachischen Schlosses Fürstenau, ist die alte „Einhardskirche", die unter dem Namen „Kloster Steinbach" vielfach bekannt ist, zu suchen.

In stiller Einsamkeit erhebt sich dort auf grünem Wiesenplan und von einem Obsthain umgeben die altehrwürdige, karolingische Kirchenruine.

Einhard, als Geschichtsschreiber Kaiser Karls des Großen bekannt, hatte schon zu dessen Lebzeiten den sehnlichsten Wunsch, fern von allem Weltgetriebe in stiller Einsamkeit nur seinem Seelenheil zu leben.

Dieser Wunsch ging erst in Erfüllung, als Einhard und Imma im Jahr 815 von Ludwig dem Frommen mit ansehnlichen Herrschaftsgütern zu Michelstadt im Odenwald (urkundlich: „Michlinstadt im Odonawald") beschenkt wurden und daselbst ihren Wohnsitz nahmen.

Einhard und Imma gaben der Schenkung erst eine religiöse Weihe durch die Errichtung eins künstlerisch ausgestatteten Gotteshauses, das 821 vollendet war.

Der Verfall der Einhardsbasilika wurde 1968 gestopppt, nachdem das Gebäude in den Besitz des Landes Hessen übergegangen war. Der Innenraum wurde in einen würdigen Zustand versetzt. Heute ist die Einhardsbasilika eine Attraktion für den Fremdenverkehr. Die Volksphantasie aber hat diese altehrwürdige Stätte mit einem bunten Kranz von Sagen umgeben.

Glenz, Heimatsagen Nr.14

a) Die weiße Frau

Ein Mann, der spät abends an der alten Klostermauer vorbeiging, sah dort eine Nonne in weißen Gewändern; sie war nach seiner Beschreibung so wunderschön, daß kein Maler etwas Schöneres hätte malen können.

Dieselbe Nonne kam auch zu einer Frau, die in der Nähe des Klosters wohnte. Das Gesicht der Nonne schien dieses Mal aber grau und verwittert zu sein und sah etwa so aus, als ob es mit einem Spinngewebe überzogen wäre.

Die Nonne bat nun die Frau gar flehentlich, sie solle ihr doch zu ihrer Erlösung verhelfen. Die Frau versprach, ihr diesen Gefallen zu tun, wenn sie erst wisse, wie das geschehen könne. Da sprach die Nonne: „Komme die Nacht zwischen elf und zwölf in den Pfaffengang, da will ich dir's sagen." Das war der Frau aber gar zu schauerlich, und sie sagte deshalb: „Ich will gerne kommen, aber ihr müßt mir erlauben, daß ich noch jemand mitbringe." Da seufzte die Nonne und erwiderte: „Das erlaube ich dir wohl, aber es darf nur ein Kind sein, sonst ist alles umsonst." Mit diesen Worten verschwand sie.

Die Frau hielt auch ihr Versprechen und kam zur bestimmten Stunde, aber in Begleitung einer Nachbarsfrau.

Als beide auf den Hof des Klosters kamen, stand die Nonne schon in der Tür des Pfaffengangs. Da sagte die Frau zur Nachbarin leise: „Bleib du hier stehen, ich will allein zur Nonne gehen." Doch da jammerte diese schon laut auf: „Du hast ja kein Kind, sondern eine Frau mitgebracht, und jetzt kann ich auf lange Zeit nicht mehr erlöst werden!" Zugleich aber war sie verschwunden.

Vor ein paar Jahren sah ein Bursche die Nonne auch. Sie trug einen Schlüsselbund in der Hand und wollte es ihm gerade darreichen. Doch er fürchtete sich, die Schlüssel anzunehmen und lief, was er nur laufen konnte, schnell nach Hause.

Auch einem Mädchen aus Weitengesäß erschien die Nonne dreimal um Mitternacht. Sie versprach ihm ewige Glückseligkeit, wenn es mit ihr ins Kloster gehen wolle. (Dabei klagte die Nonne sehr darüber, daß sie jetzt schon seit 500 Jahren zwischen Himmel und Erde schweben müsse.) Das Mädchen aber schlug ihre Bitte rundweg dreimal ab, worauf sie wehmütig klagend wieder verschwand.
Glenz, Heimatsagen Nr. 14a

b) Die geisterhaften Gestalten

Viele wollen auch schon drei geisterhafte Gestalten gesehen haben, die aus der Kirche oder aus dem anstoßenden Gebäude, das der Pfaffengang genannt wird, kamen, durch den umliegenden Baumgarten schwebten und schließlich wieder verschwanden.
Glenz, Heimatsagen Nr. 14b

c) Der köstliche Weingeruch

Vorn an dem Pfaffengang nach Fürstenau zu ist ein langer Strich Gras, der im Winter keinen Schnee duldet. Als einmal ein Mann aus Steinbach sich im Sommer zwischen elf und zwölf Uhr mittags dort hinlegte, um zu schlafen, spürte er einen feinen, köstlichen Geruch wie von gutem Wein und duftenden Kräutern.

Glenz, Heimatsagen Nr. 14c

d) Die glückverheißenden Raupen

Vor dem Tore der Klosterkirche hat einmal ein anderer Mann gegraben und stieß auf einen Hafen; als er ihn aber öffnete, war er voll junger Raupen. Er sah ihnen eine Weile zu, wie sie durcheinander krochen, und ging dann wieder nach Hause, wo er seiner Mutter von dem Fund erzählte. Diese aber sprach: „Geh' rasch wieder hin und hole sie, es ist ein Schatz und unser aller Glück." Da eilte er, was er konnte, aber als er an den Ort kam, da war von dem Hafen und den Raupen keine Spur mehr zu sehen.

Glenz, Heimatsagen Nr. 14d

e) Lärm und Gesang im Kloster

Viele wollen zur nächtlichen Stunde schon einen fürchterlichen Lärm im Kloster vernommen haben. Es hörte sich so an, als ob alles durcheinander geworfen würde, obwohl man morgens alles wieder auf seinem Platze fand. Auch einen feinen, lieblichen Gesang, der aus dem Kloster kam, behaupten Vorübergehende, schon nachts dort gehört zu haben.

Glenz, Heimatsagen Nr. 14e

chloß Fürstenau

Es kamen einst drei weissagende Schwestern in das Mümlingtal und erwählten sich zu ihrem Lieblingsaufenthalt den schönen Wiesengrund zwischen Michelstadt und dem jetzigen unteren Hammer. Oft saßen sie nahe dem späteren Steinbacher Klostergarten und schauten ins Tal und in die Berge und ihre Wälder, eben an der Stelle, wo Vergangenheit, Gegenwart und Zukunft in geheimnisvollster Weise für die Menschen dieses Gaues zusammentrafen. Nahe dabei weideten am Berghang die Schafe, daher sein Name Küsselberg.

Drüben lag nahe der Mümling ein Hof. Schon hieß diese Au nach ihren weisen Bewohnerinnen und ihrem bestimmenden und richtenden Einfluß die Vyrdernowe oder Rechtsau. In der Gegend wußte man nicht anders, denn daß diese drei Schwestern öfters auch zu bestimmter Abendzeit in den Höfen einkehrten. Daher hielten die Insassen einen besonderen Tisch im Saal bereit, an dem sie unbehelligt Speise fanden und stillschweigend bedient wurden.

Eines Abends erschienen kurz hintereinander in jenem Hof an der Mümling die drei Schwestern und setzten sich zur Mahlzeit am bereit gehaltenen Tisch nieder. Die den Saal zuletzt betreten hatte, gewahrte beim Niedersitzen, daß man ihr kein Messer hingelegt hat, während die beiden anderen nicht müde wurden, ihre schönen Messer zu rühmen.

Zürnend erhob die Vernachlässigte ihre Stimme: „Bin ich etwa die Schlechteste, weil mir kein Messer gegeben wurde?" Die älteste Schwester suchte die Erregte zu beruhigen, indem sie auf die ihnen gebotene unverdrossene und stets liebenswürdige Gastfreundschaft hinwies. Dafür gebühre den Bewohnern des Hofes ein schönes Geschenk. Und sogleich setzte sie hinzu: „Ich gewähre dem

einen Glied dieses Hauses die Kunst des dichtenden Gesangs."
„Und ich bestimme dem andern die Gunst des Reichtums," rief die andere Schwester. Nur die dritte weigerte sich beharrlich, ein Geschenk zu bewilligen. Aber die zweite bestand fest und steif darauf, daß es geschehen müsse. „So soll denn der dritte Geselle," rief die dritte, „von mir nichts haben, der erste aber ein kahles Haupt und der andere unheilvolle Reise. Also werden sie wohl meiner Vernachlässigung und ihrer Vergeßlichkeit gedenken."

Darauf entfernte sie sich in mondheller Nacht auf ihren liebsten Sammelpunkt, die Wiese Fürstenau. Hoch am Himmel standen die drei nebeneinander gereihten Sterne, welche den Gürtel des Orion bilden, in seltenem Glanz und leuchteten nieder auf Wiese und Wasser. Als die drei älteren Schwestern der jüngsten wegen des harten von ihr verhängten Geschicks Vorwürfe machten, setzte sie tröstend hinzu: „Auf dem Hof werden doch drei Türme sich erheben zu Schutz und Schirm, und die drei hellen Sterne im Wappen seiner Insassen hell leuchten. Aber zu Grabe sollen sie kommen in Dadsidu.

An der Stelle des uralten Totenhügels entstand in der Tat später die von Einhard erbaute Klosterkirche Steinbach mit ihrer Krypta, in welcher die Edlen zu ihrer Grabesruhe kamen, die ihre Lebenszeit im Schloß Fürstenau zugebracht hatten.

Müller, Sagen und Märchen S.142

er Krischer im Bezirk der Spreng

Johann Peter Kriechbaum, Schultheiß der Ober-Kainsbacher Zent, erzählte am 12. März 1753, in Bezirk der Spreng halte sich ein Gespenst auf, das sich durch verschiedene Tierstimmen bemerkbar machen könne. Bald schreie es wie ein Reh, bald wie ein Fuchs oder Hirsch, bald belle es wie ein Hund oder grunze wie ein Schwein. Auch verschiedene andere Tierstimmen könne es noch auffallend nachahmen. Das Gespenst werde darum nur „Krischer" genannt. Schon viele Leute habe es in die Irre geleitet, und darum getraue sich niemand mehr, besonders die Hirten nicht, sich über Nacht in den Sprengwiesen aufzuhalten.

Als er neulich in der Nacht selber auf seinen Wiesen in der Spreng war, um zu wässern, habe er ein Schwein in dem Wäldchen auf der Langenbrombacher Seite so laut schreien hören, als ob ihm ein Messer im Halse stäke.

Das Gespenst gehe bis in den Hollerwald, wo es die vor 16 Jahren noch dort beschäftigten Kohlenbrenner oft geängstigt habe. In Gestalt eines Esels sei ihnen das Gespenst allemal erschienen.

Ein Gleiches versicherte der verstorbene Johann Peter Weber, der oft in der Nacht dort Kohlen geladen hat, um sie auf den Michelstädter Hammer zu fahren.

Heinrich Germann, der alte Zentschultheiß, erzählte, als er einmal die Ochsen in seinen Sprengwiesen gehütet habe, sei ein Fuchs keck auf ihn zugelaufen. Mit der Peitsche habe er natürlich gleich nach ihm geschlagen, worauf er augenblicklich verschwand.

Glenz, Heimatsagen Nr.15

Der hohle Stein in den Ingelheimer Bergen bei Würzberg

Im Waldwiesenberg befindet sich ein merkwürdiges Steingebilde von riesigen Steinblöcken. Dessen Innenraum, vorne offen, ist so groß, daß sich bequem einige Menschen darin aufhalten können. In diesem Raum suchten in früheren Jahren öfters Verbrecher, Zigeuner und anderes Gesindel Unterschlupf. Sie waren dort vor Wind und Wetter einigermaßen geschützt. Sogar der Schinderhannes, als er in den Odenwald geflohen war, soll sich im hohlen Stein 14 Tage lang aufgehalten haben. Vor etwa 100 Jahren wurden beim hohlen Stein menschliche Knochenreste gefunden. Es wurde damals angenommen, daß dort ein Verbrechen begangen wurde, oder irgendeine Person, die sich dort verbogen hielt, an dieser Stelle gestorben ist. Auch an dem hohlen Stein soll es nicht geheuer sein, so sagten in früheren Jahren die in der Umgegend wohnenden Leute.

Hess, Spuk Nr.38

as verhexte Kind

Einstmals wurde in einem Odenwalddorf ein kleines Mädchen krank, es magerte zusehends ab. Die verzweifelte Mutter wußte nicht mehr, was sie anfangen sollte. Zum Arzt gehen, war in den abgelegenen Dörfern des Odenwaldes noch unbekannt. Die Mutter fragte verschiedene Frauen um Rat, aber keine konnte helfen. Da, in der größten Not, kam eine ältere Frau zu der Mutter und erbat sich, dem Kind zu helfen. Zuerst fragte sie, ob nicht kurz vor der Erkrankung des Kindes eine Frau in ihrem Hause gewesen sei, die einen weißen Gegenstand verlangt habe. Ja, meinte die Mutter, die Frau habe Eier verlangt, und sie habe ihr diese auch gegeben. Darauf antwortete die ältere Frau, diese Frau sei eine Hexe gewesen und habe dem Kind etwas angetan, sie sei schuld an dessen Erkrankung. Sie empfahl der Mutter folgendes Mittel, das gegen die Krankheit gut wirke: Sie müsse das Kind mit dem Kleidchen, welches es anhatte, als es krank wurde, gut einreiben, alsdann das Kleidchen auf den heißen Herd legen und so lange mit einer Sichel darauf hacken, bis sich die Person, welche das Kind verhext hatte, bei ihr melden würde. Die Mutter befolgte den Rat, und nach einer halben Stunde erschien bei ihr die Frau, welche am dem Tag, da das Kind krank wurde, bei ihr einen weißen Gegenstand geholt hatte, und bat, doch nicht mehr mit der Sichel auf das Kleidchen zu hacken, sie könne sonst die Schmerzen nicht mehr aushalten.

Hess, Spuk Nr.17

Die Rache einer Hexe

Zwei Odenwälder Bauernburschen neckten sich einmal an einer älteren Frau im Dorf, der man nachsagte, sie sei eine Hexe und sei fähig, allerlei Kunststücke zu vollbringen. Als die Burschen nicht nachließen, die alte Frau zu ärgern, ward diese zornig und sagte zu den Burschen, wartet nur mal, ich werde euch Beiden schon das Belästigen älterer Leute vertreiben. In der darauffolgenden Nacht in der Geisterstunde verspürten beide, wie sich eine Hand um ihren Hals legte und sie eine viertel Stunde lang so kräftig gewürgt wurden, daß sie glaubten, ersticken zu müssen. Als das Würgen nachließ, hörten sie weiter nichts im Zimmer als ein Rauschen.

Hess, Spuk Nr.41

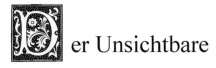er Unsichtbare

Vor vielen Jahren gab es einmal in einem Odenwalddorf einen Mann, der konnte sich unsichtbar machen oder sich in irgendeinen Gegenstand verwandeln. Der Mann war bekannt als Wilderer. So befand er sich auch wieder einmal im Wald, da sah er plötzlich einen Förster kommen. Sofort verwandelte er sich in einen Baumstumpf. Der Förster kam heran, setzte sich auf den verwandelten Baumstumpf, aß sein Brot, holte dann seine Pfeife heraus und klopfte sie an einem Knorren, der an dem Stumpf heraus stand, gehörig aus, dann entfernte er sich wieder. Am nächsten Tag lief der Wilderer im Dorf herum mit einer Nase, die blau angeschwollen war. Der hervorstehende Knorren an dem Baumstumpf war nämlich die Nase des Wilderers, an der der Förster seine Pfeife ausgeklopft hatte.

Hess, Spuk Nr.46

er Schlorker

Ein Bauernehepaar befand sich spät in der Nacht auf dem Heimweg vom Städtchen in ihr weitabgelegenes Odenwalddorf. Es war kaum in den dunklen Wald eingebogen, da hörten sie plötzlich neben sich schwere, schlürfende Schritte, die sich anhörten, als ob ein Mann neben ihnen her gehe. Sie konnten aber nichts sehen, sondern hörten immer nur die Schritte. Blieben sie stehen, so verstummten die Schritte, gingen sie wieder weiter, so hörten sie die Schritte wieder. Es wurde ihnen unheimlich, sie wagten vor Angst kaum noch, ein Wort zu reden. Die Knie zitterten und das Herz klopfte ihnen, weil sie glaubten, die unheimliche Gestalt könne jeden Augenblick über sie herfallen. So schritt der Unsichtbare über eine Stunde neben ihnen her, bis an die Stelle, wo der Wald aufhört, dann hörten sie die Schritte nicht mehr. Diesen nächtlichen, unsichtbaren Begleiter, der schon viele Odenwälder in dunkler Nacht begleitet und in Schrecken versetzt hatte, nannten die Leute den „Schlorker". Es war der Geist eines Mannes, der im Grab keine Ruhe finden konnte.

Hess, Spuk Nr.12

ie gespensterhafte Melkerin

Lange, lange ist es her. Ein Odenwälder Bauer befand sich mit seinem Vieh auf der Weide. In der Nähe des Weideplatzes arbeitete eine Frau aus dem Dorfe, von der man sagte, sie könne hexen. Auf einmal nahm die Frau einen Eimer, den sie bei sich hatte, setzte sich auf einen Stein und machte darüber die Bewegungen, als ob sie melken wollte. Nach kurzer Zeit kam sie herüber zu dem Bauern auf dem Weideplatz, zeigte diesem den Eimer, der zum Erstaunen des Bauern bis zum Rand mit Milch gefüllt war. Als der Bauer am Abend mit seinen Kühen nach Hause kam und seine Frau diese melken wollte, gaben sie keinen Tropfen Milch.
Hess, Spuk Nr. 39

on einer weißen Gestalt verfolgt

Vor langer Zeit ging ein Mann aus Würzberg nach dem benachbarten Dorfe Watterbach, um dort einige Geschäfte zu erledigen. Im dortigen Wirtshaus traf er Bekannte und blieb bei diesen in munterer Unterhaltung sitzen bis gegen Mitternacht. Als er dann auf dem Heimweg hinter der Schrahmühle in den Wald kam, hörte er plötzlich ein sonderbares Rauschen hinter sich. Er blickte zurück und sah eine weiße Gestalt, welche sich ihm schnell näherte. In seiner Angst lief er so schnell er konnte. Doch die weiße Gestalt blieb immer im gleichen Abstand hinter ihm bis an den Kirchenpfad oberhalb der Heinstermühle. Dort vernahm er das gleiche Rauschen wieder, und die weiße Gestalt war verschwunden. In Schweiß gebadet kam er endlich nach Mitternacht zu Hause an und erzählte ihnen sein nächtliches Erlebnis. Der Schreck war dem Mann so tief in die Glieder gefahren, daß er einige Tage krank im Bett lag.
Hess, Die Heimat 1934/3

ie Lissegräit

Sie war ein armes, häßliches Weib und wohnte im Armenhaus in einem Odenwalddorf. Sie konnte sehr gut „brauchen" gegen Geschwüre, Geschwulst, Verletzungen, die Gesichtsrose und andere Erkrankungen. Mit den Gaben, die sie von den Bauern für das Brauchen erhielt, ernährte sie sich. Sie wurde aber auch von den Einheimischen gefürchtet, weil diese glaubten, sie könne außer dem Brauchen auch noch allerlei andere, übernatürliche Kunststücke.

Die Bevölkerung glaubte sogar, sie könne sich unsichtbar machen und sei eine Hexe. Wurde im Dorf ein Kind krank, so war die Lissegräit schuld, weil sie es verhext hatte. Dasselbe war beim Vieh der Fall. Niemand wollte es mit ihr verderben, denn alle wußten, daß ihr Brauchen immer Erfolg hatte. Einmal wurde sie von einem jungen Burschen geärgert. Da sagte sie ihm: „Innerhalb von acht Tagen soll dir deine beste Kuh krepieren." Ihr Fluch ging in Erfüllung. Die beste Kuh des Bauern ward krank und verendete. Seit dieser Zeit wagte niemand mehr, die Lissegräit zu verspotten.
Hess, Spuk Nr. 62

ie Lissegräit und der Lehrer

Nach Würzberg, woselbst die Lissegräit durch ihr „Brauchen" von den Dorfbewohnern hoch geschätzt wurde und manches Stückchen Speck und Brot und manches Ei und dergleichen erhielt, kam ein neuer Lehrer, der sich zur Aufgabe machte, den Leuten klar zu machen, daß das Brauchen weiter nichts als ein Schwindel sei, der verboten werden müsse. Da kam er aber böse an. Die paar Leute im Dorf, die brauchen konnten, waren sehr verärgert, und die Lissegräit wurde teufelswild und nannte den Lehrer einen Ketzer und Aufwiegler. Sie ging im Dorf herum und schrie: „In drei Tagen muß er das Bloserotlafe (Gesichtsrose) bekommen. Dann wird er schon zahm werden, der Ketzer." Und was ihm die Lissegräit wünschte, ist dem Lehrer schon nach einigen Tagen widerfahren. Sein Gesicht schwoll an, und er bekam tatsächlich die Gesichtsrose. Die Dorfbewohner gaben ihm den Rat, sofort die Lissegräit zu holen, die könne für diese Krankheit sehr gut brauchen. Der Lehrer lehnte aber ab, er wolle sich nicht blamieren.

Aber als sein Gesicht so anschwoll, daß er nicht mehr aus den Augen sehen konnte, bekam er Angst und bat seine Nachbarn, ihm sofort die Lissegräit zu holen, daß sie ihm brauche. Die Lissegräit kam auch und sagte zu dem Lehrer, es habe keinen Wert, ihm zu brauchen, weil er doch nicht daran glaube. Dann sei ja auch das Bloserotlafe so weit bei ihm fortgeschritten, daß es sich verhärte und er lebenslang dieses angeschwollene Gesicht behalten werde. Da sagte der Lehrer: „Lissegräit, komm her und brauche, ich glaube." Die Lissegräit beugte sich jetzt über ihn mit ihrem häßlichen Gesicht, blies ihm dauernd ins Gesicht und sagte dabei in des Dreien höchster Name ihre Brauchformel. Der Lehrer sagte dabei zu der Lissegräit, sie solle nur fest blasen, er wür

de glauben. Die Geschwulst ging auch tatsächlich zurück, und nach sechs Tagen war der Lehrer geheilt. Wenn in späteren Jahren die Jugend den Lehrer ärgern wollte, rief sie: „Lissegräit blas nur fest, ich glaube." Darüber ärgerte sich der Lehrer stets wütend.
Hess, Spuk Nr.63

ie Sage vom goldenen Kalb

In verschiedenen Dörfern des hinteren Odenwaldes ging viele Jahrhunderte lang die Sage vom goldenen Kalb, das die Römer im Kastell in Würzberg oder womöglich auch im Kastell in Hesselbach oder irgendwo zwischen beiden Kastellen versteckt haben sollen. An allen möglichen Stellen suchten die Bauern aus den umliegenden Dörfern nach dem goldenen Kalb, besonders in den Jahren von 1700 bis 1850. Der eine grub und suchte nach dem Kalb bei Sonnenaufgang, der andere bei Sonnenuntergang, ein anderer wieder nachts zwischen zwölf und ein Uhr. Ein anderer wieder ließ sich belehren, daß man das Kalb nur in der Zeit zwischen Weihnachten und Neujahr finden könne. Es gab auch Bauern, die ließen sich von den Wahrsagern Vorschläge machen, um welche Zeiten und an welchem Ort man das goldene Kalb finden könne. Immer wieder waren die Gemüter der Bevölkerung sehr erregt, wenn sie etwas vom goldenen Kalb hörten. Bis zum heutigen Tag ist dieses jedoch noch nicht gefunden worden.
Hess, Spuk Nr.110

on der Benzenburg bei Vielbrunn

Am Hainhaus bei Vielbrunn soll einst eine alte Burg gestanden haben. Man nannte sie nur die Benzenburg. Hier muß es ganz besonders unheimlich gewesen sein, denn „benzen" bedeutete früher jammern. Der Benz aber war kein anderer als der leibhaftige Gottseibeiuns, der dort zur Nachtzeit kopflos umherlief und die Leute erschreckte.
Glenz, Heimatsagen Nr.35

om Jannickel mit dem Kreuzstein

Wieder einmal wanderte ich von Bad König über Kimbach nach Vielbrunn. Heute führte mich mein Weg am Bubenkreuz vorbei, das zwischen Kimbach und Vielbrunn liegt. Eine alte Frau ruhte dort am Wegrand ein wenig aus. Wir kamen ins Gespräch über die gute, alte Zeit. Dabei streiften wir auch das Thema Hexerei. Ganz unvermittelt erzählte sie mir folgende Begebenheit:

„Als ich noch eine junge Magd war, gab es bei uns auf dem Berg sehr viel Zwetschen. Die Bauern brachten sie nach König oder Michelstadt und boten sie dort zum Verkauf an. So mußte ich eines Tages auch einen Korb voll mit Zwetschen von Vielbrunn nach König tragen, um sie dort zu verkaufen. Die Sonne war schon untergegangen, und hinter den Bergen stieg langsam der bleiche Mond empor, als ich schließlich den Heimweg antreten konnte. Den leeren Korb trug ich, wie es damals so üblich war, auf dem Kopf. Plötzlich ging vor mir ein alter Mann einher, der einen Kreuzstein auf der Schulter trug und unter der Last zusammenzubrechen drohte. Seine hagere Gestalt war in einen nachtgrauen Mantel gehüllt. Ich glaubte nun, einen Weggenossen zu haben und sprach ihn freundlich an. Doch der alte Mann humpelte am Wegrand entlang immer vor mir her und schwieg. Als ich die ersten Häuser von Vielbrunn erreicht hatte, war der unheimlich Begleiter plötzlich verschwunden.

Schweißgebadet betrat ich bald das Haus meines Bauern. Die Bäuerin saß an ihrem Spinnrad, so wie es die Frauen damals abends immer zu tun pflegten, und spann. Stockend erzählte ich ihr von meiner Begegnung. Nach kurzem, bedenklichem Schweigen holte mir die Bäuerin einen Topf mit herrlich duftendem Malzkaffee aus der Küche und setzte sich zu mir. Als ich den Kaffee getrunken hatte, meinte die Bäuerin: „So Gretchen, hast dich wohl ein bißchen beruhigt. Nun will ich dir mal erzählen, wem du begegnet bist. Das war der alte Jannickel, der meinem Großvater den Kreuzstein um einen Meter versetzt hatte, damit er besser pflügen konnte. Zu Lebzeiten hat er es nicht zugegeben. Doch jetzt hat er im Grab keine Ruhe. Bei Vollmond muß er immer, mit dem Kreuzstein auf dem Buckel, an unserem Acker vorbeigehen, an dem er damals den Grenzstein versetzt hat".

Ja, so war das damals. Ich glaube ja nicht an Hexerei, aber was ich mit meinen eigenen Augen gesehen habe, das ist wahr," meinte die alte Frau. Nun ausgeruht, begab sie sich auf den Heimweg.

Schlicht, Die Heimat 1972/10

ersuch, einen Schatz zu heben

Der Schuhnickel in Vielbrunn war ein rechtes Glückskind. Er war vertraut mit den Geheimnissen des 6. und 7. Buches Moses, und dazu war er auf den weißen Sonntag geboren. Zur mitternächtlichen Stunde erschienen die Schatzgräber an dem ver-heißungsvollen Ort. Der Spiegelgucker hielt die geöffnete Zauberdose dicht vor die Augen, überdeckte sie noch mit der Kappe und deutete, nachdem er genug gesehen, auf die Stelle, wo der Schatz zu finden war.

Ohne Zögern begann nun die mühevolle Schatzgräberei. Karst und Spaten arbeiteten um die Wette. Unermüdlich flog eine Schaufel Erde nach der andern aus der bald tiefgewühlten Grube, bis sie endlich einen ganz mit Geld gefüllten Kessel an einer Kette emporzogen. Da, auf einmal, kam ein kleines, graues Männchen auf einer Backschüssel den Berg heruntergerutscht und rief: „Ist der Reiter schon lang da hinein, gelt, ich hol ihn doch noch ein!" Einer der Schatzgräber beging nun die Unvorsichtigkeit, dem Männchen die Worte zuzurufen: „Du Knirps auf der Strohschüssel wirst auch einen Reiter einholen wollen!" Da - ein Schlag, ein Krach, die Kette war gerissen, und der Kessel versank mit seinem wertvollen Inhalt einige Klafter tief in der Erde.

Glenz, Heimatsagen Nr.36

ansenbuch im Odenwald

Dort, wo heute der Sansenhof steht, nicht weit von Vielbrunn, stand vor dem 30jährigen Krieg ein wohlhabendes Bauerndorf. Der Ort, welcher 1361 zum ersten Mal urkundlich erwähnt wurde, ist im Jahr 1630 völlig zerstört worden. Auf diesem Dorf lastete ein Fluch. Im Jahr 1510 ging über Sansenbuch und einige andere Ortschaften gegen das Maintal zu ein schweres Hagelwetter nieder, welches die Ernte völlig vernichtete. Die Einwohner der schwer geschädigten Orte legten ein Gelübde ab, diesen Tag als Buß- und Bettag zu feiern, nicht zu arbeiten, sondern den Tag im Gebet zu vollbringen und Gott und alle Heiligen zu bitten, nicht noch einmal die Gegend mit einem so furchtbaren Unwetter heimzusuchen. Während die anderen geschädigten Orte dieses Gelübde streng hielten, hatten es die Bewohner von Sansenbuch bald vergessen. Sie arbeiteten wieder an diesem Tag wie an jedem Werktag. Darüber war ein Priester im Maintal so erzürnt, daß er ausrief: „Der Herrgott soll die Sansenbücher für ihre Missetaten schwer bestrafen, untergehen soll das sündige Dorf wie einstmals Sodom und Gomora." Der Fluch ging in Erfüllung. Im Jahr 1630 wurde der Ort niedergebrannt und alle Einwohner, die nicht rechtzeitig flüchten konnten, ermordet.
Hess, Spuk Nr.81

er wallende Brunnen, auch Sweltersbronn genannt

Wer von Vielbrunn aus ins Ohrenbachtal hinab und von hier eine kurze Strecke das sogenannte Walberntal hinaufgeht, der kommt an den „Waldborn", der auf der jetzigen hessisch-bayerischen Grenze liegt. In den ältesten Zeiten war dieser Born ein bedeutsamer Grenzpunkt. In der Grenzbeschreibung des Odenwälder Bannforstes von 1012 heißt er „Wallendenbrunn", und später nennt ihn der Mund eines fast hundertjährigen Mannes namens Henne Strube von Kuntbuch (Kimbach), den man wegen seiner Kenntnis der wertheimischen und eppsteinischen Waldgrenzen bei einem Grenzgang auf einem Karren mitführte, Sweltersbronn, was nur ein anderer Ausdruck ist für Wallendenbrunn. Von dem kündet eine uralte Sage folgendes:

An diesem Brunnen wohnte einst ein guter Wald- und Wassergeist, den die Heidenleute ringsum nur den Brunnicker nannten, und der zugleich über alle nächst auf den Bergrücken und in den Tälern sprudelnden Brunnen Schutzherr oder der Brunnenhold war. Seinen eigentlichen Sitz hatte er am Walbron. Der hatte nämlich das Eigentümliche, anzuzeigen, ob Huld und Heil, Fried und Freude, oder Unheil und Unglück, Kummer und Kosten über Land und Leute kommen werden. Brunnicker saß und schaute an jedem Tag genau um die Mittagsstunde hinein, ob das Wasser wallete oder schwellete, hinauf oder hinab, sinke im Quellen oder steige im Sprudeln. In beiden Fällen kündigte dies Unsegen, Unfriede, Zweiung, Krankheiten, teure Zeit. Nur die volle, gleichmäßige Ruhe, der mittlere Stand des Wassers, zeigte auf Ruhe und Rast. Das kam aber daher:

Als einst Wuotan und Locho, der Wasser- und Feuergott, mit

einander um die höchste Herrschaft stritten, hatte der letztere weichen müssen. Indem Wuotan nach dem Siege auf den Wellen wandelte, ließ noch von dem tiefsten Feuergrunde aus Locho seinen Ärger in wilden Stößen aus, woher das zeitweilige, nachteilige Sinken und Steigen des Wassers auf der Erde rührte.

Brunnicker hielt nun hier die Wache am wallenden Born, spähte in den schwellenden Quell. War das Wasser beim Messen im Gleichmaß, dann fing er an, singend und tanzend durch Wiesen und Wälder hinzuziehen, und die Alten und Jungen, die Gesunden und Kranken, Menschen und Tiere rings aus den Bergen und Tälern einzuladen. Während seines Umzugs saß seine liebe Muhme, Frau Nanna, Wache in der Sonne und kämmte ihre langen, goldgelben Haare. Nur des Morgens und des Abends ging sie die Wiesen auf und ab, und ihres Kleides Saum sah man an jedem Tage noch in dem Grase.

War stilles Wasser um des Jahres Mitte, so kamen Kranke und Wunde herzu und schöpften, ohne ein Wort zu reden, aus dem Born und nahmen das Wasser mit nach Hause und wurden heil. Mancher Alter, dem die Kräfte des Leibes in den Gliedern versagten, sog und zog junge Säfte aus dem Wasser des Walborn. Doch auch nicht wenige kranke Ziegen und Kühe, wurden sie mit dem Wasser versehen, genasen, und junge Tiere aller Art gediehen kräftig durch dieses Naß. Scharen von Jünglingen und Jungfrauen, die Brunnickers Ruf vernommen, sei es um des Jahres Mitte oder zu Anfang des Maien, zogen die Täler herauf und die Berge herab und trugen Aulen oder eulerne Töpfe, wie man sie besonders in Aulen- oder Ulenbuch (Eulbach) fertigte. Dahinein pflückten sie Blumen und Laubwerk vom Schlehenbaum und Sauerdorn, Wachholder und Hahnebuchenstrauch, dazu Frauenschlüssel und Frauenträne und, waren sie an Seen oder Teichen vorbeigekommen, auch die Mummelblume, die gelbe Wasserrose und viele andere. Die legten sie am Sweltersbronn als Opfer hin und füllten lautlos ihre Töpfe mit der Heilwoge und zogen unter Gesang heimwärts und tanzten auf den Wiesen und hüteten dabei sorgfältig ihre Gefäße, zwischen denen sie sich im Reigen durchwanden, daß keines zerbrochen werde, denn darin lag ihr Glück, ihr Schatz.

Da kam eines Tages auch ein junger Held, Godebald von Erlebach. Dem war sein Ahnenschwert im Kampfe wieder die Feinde an den Streitmauern oder Seckenmuren zerbrochen. Er konnte nicht eher die schöne Jungfrau Odelind von Otzberg gewinnen, er hätte denn zuvor sein ganzes Schwert ihrem Vater Boppo gezeigt. Das Wasser im Wallendenborn hatte die Macht, ein zerbrochenes Schwert wieder ganz zu machen. Gerade hielt er das seinige still und schweigend hinein, da erschien Brunnicker zu Stelle. Betroffen über dessen gewaltige Erscheinung, ließ er das Schwert hinein in des Brunnens Tiefe gleiten, und augenblicklich begann das Wasser zu sprudeln und zu steigen. Aber der Wassergeist griff in die wellenden Wogen und brachte das Schwert herauf, doch war es noch zerbrochen wie zuvor. Er reichte es dem tiefbewegten Jüngling. Dieser aber rief: „Also muß ich nicht nur Odelinde meiden, nein, auch der freien Männer Umgang und Versammlung. So muß ich wallen und wandern, schweifen und schwirren im fremden Lande." Brunnicker war verschwunden.

Godebald aber ging hinauf durch die Walber- oder Heidelbeerkräuter nach dem Lochbaum im Sperbertal, der mächtigen Eiche, deren Äste weithin über den Bronntalgraben reichten, und band sein hier stehendes Roß ab, führte es hinunter zum wallenden Born und opferte es Odin mit seinem zerbrochenen Schwerte, das er liegen ließ. Darauf wanderte er fort über die Grenze des Landes.

Kaum war er einige Zeit gegangen, in Lieb und Leid versunken, da trat ihm mitten in der Strude, im dichtesten Gebüsch, ein Mann mit breitkrämpigem Hut und weitem Mantel entgegen. Der sprach: „Weil du dich mir, dem Spender allen Heldenglücks, ganz und gar ergeben und ohne Schwert in die Fremde wallest, so nimm deiner Ahnen Schwert ganz zurück. Alle deine Wege sollen gute, glückliche Heldenwege sein." Damit verschwand die göttliche Gestalt. Godebald sah auf sein Schwert, das an seinem Gürtel hing und wußte, daß ihm aller Helden und Könige Gott, der Wanderer aller Wanderer, Odin selbst begegnet war.

Noch einmal zog es ihn mit Macht zurück zu dem wallenden Born. Und siehe, hier stand sein Roß, schöner und stolzer noch als vor dem Opfer, und wieherte laut ihm entgegen. Aber das Wasser wallete nicht mehr. Er bestieg sein neu geschenktes, edles Tier und ritt nach dem Otzberg, wo Odelind, sein dritter Schatzhort, bald sein Gemahl wurde. Ihr Geschlecht blühte lange im Segen und hatte unter anderen Gütern auch solche in Vielbrunn. Hier und in der Umgegend blieb der Name Brunnicker als Geschlechtsname im Brauche.

Müller, Sagen und Märchen S.27

ran und Gir

Der Wanderer, der heutzutage von der Geiersmühle aus an der Hangenmühle vorbei das Wasser, das jene Mühlen treibt, aufwärts verfolgt, kommt an den Brehmhof. Dieser ist eine neuere Ansiedlung. Hier entspringt jener Bach, der in den ältesten Urkunden „Branbach" genannt wird. Woher er diesen Namen und das Tälchen, das er durchfließt, den Namen „Geierstal" trägt, meldet folgende Sage:

Ein riesenstarker Kriegsmann, Bran geheißen, des wilden und wüsten Kriegslebens müde, wollte den Rest seiner Tage in der Waldeinsamkeit fern von Menschengewühl zubringen. Er suchte und fand die dafür bequeme Stätte in dem dunklen Fichtenwald an einer Quelle, deren Wasser frisch sprudelte, und die noch lange als „Branborn" seinen Namen trug. Hier lebte er ganz ohne Hausgesinde viele, viele Jahre und sah keinen Menschen. Er wohnte in einer Waldhütte, die er mit den großen Waldschmeelen, die da in Menge wuchsen, gedeckt hatte. Seine Gesellschaft aber hatte der alte Bran oder, wie man ihn später auch nannte, Braner, dennoch. Seine Kriegswaffen Schwert und Spieß hingen an der Wand der Hütte, indessen brauchte er sie nur zum Erlegen des Wildes, das er verspeiste. Aber drei lebende Gesellen hatte er auch: einen Hund Haß, eine Katze Hinz und einen Hahn Horch. Mit diesen dreien hauste der Alte zusammen, und sie verstanden einander aufs allerbeste. Nie war hier nur der geringste Streit zwischen den dreien oder auch vieren. Denn daß Menschen hinter und übereinander her sind wie Hund und Katz, oder daß sie daher steigen so hoch und stolz wie der Hahn, oder daß ihnen vor Zorn der Kamm schwillt, dies alles kam in jener einsamen Waldgesellschaft natürlich nicht vor.

Nun geschah es nach vielen, vielen Jahren, daß ein wildfremder Geselle, der Raubes und Mordes halber aus dem Spechteshart flüchten mußte, in dieselbe Gegend kam und jenes Branbach-Tälchen durchschritt und durschschlich, ob er hier nicht einen bequemen Unterschlupf finden könnte. Und er fand ihn unter hoch überhangenden, schwer zu erklimmenden Felsen an der Talseite. Gir, das war des Räubers Name, erkletterte sie flugs und behende und machte sich ganz oben aus Binsen und Schilf ein Nest, das noch lange Zeit im Munde des Volkes als „Girsnest" oder „Geiersnest" bezeichnet wurde. Von hier aus machte er die Gegend weithin unsicher, wovon die Benennung „Räuberbuch" noch lange zeugte. Kein ausgesandter Häscher konnte dieses Nest finden, noch den Geier greifen. Nur die einsame Hütte des Waldbruders Bran im hochgelegenen, dunklen Föhrenwald war dem Räuber noch entgangen.

Eine Abends aber saß der Alte auf der Bank vor seiner Hütte, Freund Horch drinnen auf der Stange, Freund Hinz hinter dem Herd, Freund Haß, der seit Wochen einen lahmen Fuß hatte, kauerte in einer Ecke. Die letzten Strahlen der Sonne glänzten über den höchsten Wipfeln der Föhren im Westen, denn sie ging wieder zu ihrem Schlafgemach. Ein wonnesamer Saitenklang, ein wundersamer Vogelsang tönte an des Alten sinnendes Ohr. Da sprang im mächtigen Satze hinter ihm her Gir und fiel ihn mörderisch an, aber sein Streich ging fehl. Rasch war der Alte in jugendlicher Kraft aufgesprungen und hatte in seiner Hütte den langschaftigen Spieß geholt. Nach ihm eilten seine drei Gesellen heraus.

Wilder Kampf entspann sich. Freund Haß vergaß des lahmen Beines und faßte den Frevler von hinten, Freund Hinz schlug seine Krallen ihm in die Hände und Freund Horch seinen Schnabel von der Schulter aus in seine Augen. Der alte Einsiedler aber stieß den

Speer ihm durch die Brust. Getötet lag der Frevler zu seinen Füßen. Der Geier hatte sein verdientes Ende gefunden und wurde von einem Felsen, dahin ihn Bran geschleppt, in die Tiefe gestürzt, Wölfen und Geiern zum leckeren Mahl.

Kaum aber war dies geschehen und er mit seinen treuen Gesellen wieder in der stillen Hütte, als ihm einfiel, daß er nunmehr unter Menschen, und zwar zunächst vor den Richter gehen müsse, um sich wegen des Totschlags zu verantworten. Das Gericht aber war unter der Zentlinde in Lützelbach.

Noch vor Anbruch des nächsten Tages zog er drei Strohhalme aus seinem Schmeelendach, lockte den Hund Haß aus seiner Ecke, Kater Hinz hinterm Herd hervor und nahm den Hahn Horch von seiner Stange und sprach: „Ihr alten, trauten, treuen Freunde, heute gibt's einen saueren Gang vor den gestrengen Herrn Richter. Erschreckt nicht, denn ihr habt in euerem Leben noch keinen gesehen. Ist nun mein Gewissen gleich keiner frevlen Schuld sich bewußt, so muß ich doch vor dem Richter schwören, daß ich nur den Frevler, der mich nach der Sonne Niedergang und des Himmels Abendklang mörderlich in meiner Siedelei angefallen, getötet habe mit eurer Hilfe. Falls es anders wäre, werdet ihr treue Dreie mich Lügen strafen, so wahr Tor über und unter uns waltet."

Also zogen die Viere von dannen die Höhenwege hin nach dem Ort des Richters, und hier tat Bran, was er mußte. Er schwur mit Mund und Hand nach Ablegung seiner alten Kriegswaffen den Nastahit oder Toteneid. Die drei Gesellen aber standen dabei und hielten feierliche Stille. Da erkannte der Richter die Schuldlosigkeit des alten Bran. Darauf kehrte er mit den lieben Gesellen wieder heim in die Einsamkeit, und sie hausten hier in alter Weise noch geraume Zeit.

Der Branbach rauscht des Alten Namen fort, obgleich die Leute jetzt Brembach sprechen. Das Tal, das er durchfließt, heißt Geierstal, in alter Zeit aber war der Punkt „Geiersnest" sehr wohl bekannt. Zwei Mühlen treibt sein sagenhaftes Wasser, die Hangen- und die Geiersmühle, wie schon erzählt ist, und sind darin natürlich Hund, Hahn und Hinz zu Hause. Denn wer mag in solcher Taleinsamkeit trotz Weib, Kind und Gesinde ohne die drei hausen und heimen?

Müller, Sagen und Märchen S.40

om feurigen Aranvogel - Das Bubenkrutze

In den alten Tagen war das Legen der Mark- oder Grenzzeichen, desgleichen der nach Jahren stattfindende Umbegang der Mark- und Gaugrenzen ein heiliges, feierliches Geschäft. Dabei waren die Vornehmsten, die Richter und die Alten aus den Nachbarmarken und angrenzenden Gauen. Es wurden aber auch Buben hinzu genommen. Wo nun die Grenze wendete und kehrete, setzte man Grenzsteine oder Reine, worauf das Kreuz, das alte Hammerzeichen, eingehauen wurde. Solches geschah auch an den Grenzbäumen, Eichen, Buchen oder Tannen. Wegen des in sie gemachten Einschnitts nannte man sie Lah-, Lach- oder Lochbäume. Waren die Steine gesetzt und gezeichnet, die Bäume mit dem Lach oder Loch versehen, dann nahmen die Ältesten die zugezogenen Buben unversehens an den Ohren und pfetzten sie tüchtig hinein oder steckten ihnen eine Ohrdachtel oder fuhren ihnen husch in die Haare und stauchten sie etwas unsanft auf die Steine; alles, wie leicht zu sehen, zur festen Einprägung der Erinnerung an diesen Vorgang auf Lebenszeit. War diese erste Feier vorüber, so bekamen die Buben allerlei kleine Geschenke, wie zum Beispiel Wecke, besonders in Treppenform, und sogenannte Bubenschenkel, ein Messer oder eine Pelzkappe oder dergleichen. Ein solcher Rein oder Grenzstein unweit des jetzigen Hainhauses nach Vielbrunn zu hieß durch Jahrhunderte hin das Buobenkrutze." Damit verhielt es sich so:

Bei einer solchen gemeinen Reise oder Landleite in uralten Zeiten wurde ein Junge mitgenommen, den nannten sie nur das „Morrerle", weil er ein schiefes Mäulchen hatte. Das Mäulchen war an dem bestimmten Tag im frohen Gedenken an Treppen- und andere Wecke noch viel schiefer denn sonst. Die Grenzleute gingen oder ritten (ganz Alte führte man mit dem Karren) durch den Wald den Kehreweg von Kuntbuch (Kimbach) heraus bis auf den Eckeweg, der von Ulenbuch (Eulbach) herein geht, und kamen an den Schlehenbaum bei Fülbron (Vielbrunn). Bei der knorrigen Eiche wurde Halt gemacht, und Morrerle und seine Gesellen kriegten ihre ersten Pfetze und Maulschellen ab. Da verzog sich das Mäulchen noch etwas weiter nach dem Ohr zu. So kamen sie an eine Stelle unweit des Hainhauses oder der Benzenburg; hier mußten drei neue Steine gesetzt werden. In dem Augenblick, da sie eingelassen wurden, bekamen Morrerle und Kumpanen aufs neue ihre tüchtigen Ohrpfetzen und Ohrdachteln, und sobald das Kreuz oder Krutze fertig war, noch viel tüchtiger. Ja, der alte Henne Strube, auch Krauser genannt, dem noch die früheren Inhaber des Landes gedachten, nahm unser Morrerle und stauchte es nicht allzu sanft auf den Lochstein. Da gingen dem Buben die Augen über. Aber der Alte sagte: „Morrerle, merk dir das, zum Reinen und Steinen reimet Greinen! Merkts ihr Buben alle, was hier geschehen, und gebt allzeit, wenn nötig, getreulich Kunde. Hier stoßen drei Herren Länder zusammen. Rücket mir an keinem Grenzstein, ahret keinen lebendigen Rein ab, noch hinter einem Makstein her!" Und dann gings weiter mitten durch die Benzenburg hindurch den Weg bis an den Hornsbaum. Nun war Freitag nach Sommersonnenwende, und die Luft heiß und schwül. Da geschah es, daß aus dem alten Hornsbaume die alten Insassen, die Hornissen, ausschwärmten, und daß gerade die allerdickste unter den Schwarzgelben es auf des Morrerles schiefen Mund abgesehen hatte. Sie stach ihn in die Oberlippe, und da reimte sich sogleich das Reinen mit Greinen. Der arme Bub greinte fort, ein Stück frischen Rasens auf dem schiefen Mäulchen, vom Hornbaum bis zum Sandwurf und auf die alte Straße zu Vielbrunn vor die alte Eiche und wieder an den Schlehenbaum. Von dem Tage an hieß der Bub „Morrerle Greiner" Ihm wollte an diesem Tag weder Treppenweck noch Bubenschenkel schmecken, denn Mund und Gaumen waren ihm

ganz verschwollen. Der alte Krauser aber sagte ihm: „Morrerle, du hast freitags nach Sommersonnenwende zeitlebens einen guten Gedenktag Vergiß nun des Ohrenzwickens und der Ohrdachteln und auch der Hornisse nicht und bleib ehrlich dein Lebtag, ein lebendig treues Kuntbuch!" Damit ging der Alte fort gen Ornbach.
Müller, Sagen und Märchen S.31

om feurigen Aranvogel - Der Orrein

Etliche zwanzig Jahre waren seit jener Bereifung vergangen. Da saß in Ornbach auf dem Hofe, den man auch den Orrein nannte, Morrerle Greiner, denn er hatte eine Urenkelin des Henne Strube, die den Hof geerbt, zum Weibe. Aber er war sehr geizig und habsüchtig geworden und neidisch auf seinen Nachbarn, den jungen Klaus auf dem Rein, der sein Anlieger war. Der alte Krause lag längst unterm Rasen, aber wie ihn selbst hatte Morrer zugleich dessen Lehren vergessen und an die Erinnerungen bei der Grenzleite aus seiner Jugendzeit kam er gar nicht vor Wühlen und Scharren. Sein Mund war nicht schöner geworden, aber sein Herz leider viel häßlicher. Der Stich der Hornisse hatte ihm nicht weiter geschadet, aber der schwarze Stich des Geizes und der gelbe Stich des Neides hatten den Greiner zu einem ganz bösen Manne gemacht.

Zwischen ihm und seinem Nachbarn, zwischen ihrem Feld und Wald lag ein breiter Grenzstreifen, der in der Mitte, wo Feld und Wald aneinander stießen, einen Marstein hatte, sonst aber für beide Teile geschieden war durch einen lebendigen Rein oder Zaun. Alles, was von Feld und Wald hinabhing zur Ornbach, gehörte dem Greiner, was oberhalb lag, dem jungen Klaus. Nun hätte das böse Morrerle zu seinem Orrein noch gar zu gerne vom Rein des jungen Klaus das daneben liegend, flache Stück Land gehabt. Schon hatte er seinen Teil Grenzrein umgeahrt oder umgeackert, und Jungklaus ihn ans Liegenbleiben des Grenzstreifens erinnert. Aber er wußte Ausflüchte, wie, es stünde auf Klausens Seite so viel von dem Otterkräuterich, dem bösen Irr- und Wirrkraut, daß sein halb Feld damit überzogen wäre von all dem herabgewehten Ottersamen. Auch hänge aus seinem Zaun die Zaunrübe herüber und klettere immer weiter mit ihren breiten Blättern. Wenn da Jungklaus sagte: „Greiner, laßt euch dessen nicht verdrießen, was ihr Otternkräuterich nennt, ist der Reinfarn, der ist gut und wider den Feind und wider Donner und Hagel und auch ein heilsam Kraut. Und daß sein Samen Flügel hat, dafür kann er und ich nichts. Laßt also das Farnkraut auf unserm Rein stehen, so bleibt Friede und geht alles nach Wunsch. Und was die Alraun angeht, die Zaunrübe, so tut ihr der Wurzel großes Unrecht, dann das wißt ihr doch, daß in ihrer Wurzel, in dem weißen, zweibeinigen, behaarten Männchen ein heimlicher Hausgeist sitzt, der unsern Höfen Heil und Glück bringt. Drum tut ihm und uns kein Leid, so bleibt Friede und Wohlstand hüben und drüben."

Morrer Greiner hatte es gehört, aber nichts dazu gesagt. In einer dunklen Nacht, nicht lange hernach, grub er den Marstein in der Mitte aus und vergrub ihn jenseits in der Rysach. Als aber die nächste Sommersonnenwende sehr heiße Tage und ausgedörrtes Erdreich brachte, zündete er den Grenzzaun an, also daß er gänzlich niederbrannte. Beim Einsehen des Platzes wurde von Klaus kein Grenzstein mehr gefunden, und da er jung war und dieses Steines wenig geachtet hatte, konnte der böse Greiner ihm vorschlagen, sie wollten eine neue Grenze machen. Friedenshalber ging Klaus darauf ein. Die Grenzschöffen sollten neu steinen und reinen. Da aber aus beiden Familien keine Alten mehr da waren, die genaue Kundschaft geben konnten, wurde bei der neuen Reinigung dem Greiner ein gut Teil des Reins von Klausen zugewiesen. Von beiden Familien waren Kinder hinzugezogen worden. Da nun Greiners Bube vom Schöffen bei den Ohren gefaßt und gepetzt wurde, verzog er seinen geraden Mund, und er blieb schief stehen, und als man darüber erstaunt redete, kam eine Hornisse hergeflogen und stach ihn darauf. Das ganze verzerrte Gesicht des Buben schwoll sogleich schrecklich an, und es half kein Auflegen von grünem Rasen. Er konnte noch viel weniger als einst sein Vater an dem Tage von den üblichen Wecken genießen, sondern lag daheim in der Kammer und greinete immerzu. Was auch seine Mutter Mechthild, auch kurzweg Metze genannt, von Mitteln anwendete, es half alles nichts. Freitags nach der Sommersonnenwende war

der Morrersbub tot. Nachbar Klaus aber kam herüber in der betrübten Zeit und redete verständige und weise Worte. Die Mutter hörte und verstand sie, doch der alte Morrer Greiner saß stumpf und schweigend in der Ecke auf der Bank, und seine Augen rollten feurig, daß Jungklaus gar angst ward und er davonschlich. „Brauchst nicht mehr von deinem Rein herabzukommen auf den Orrein," rief ihm Morrer nach mit schrecklicher Stimme, „oder—." Aber Klaus war schon fort.
Müller, Sagen und Märchen S.33

om feurigen Aranvogel - Auf der Zuppensole

Das einzige Kind des Morrer Greiner war bereits eine Weile begraben. Seine Mutter aber weinte fort. Der Vater wurde von Tag zu Tag mürrischer und feindseliger wider Weib und Gesinde. Er hatte versucht, auf seiner neuen Grenze wieder einen lebendigen Rein zu ziehen, aber vergeblich. Weder Schlehdorn noch Kreuzdorn, weder Reinfarn noch Alraun noch sonst ein Zaunkraut oder Zaunstrauch wollten mehr auf seiner Seite aufkommen, während Klausens Zaun munter grünte. Die Stelle blieb wie ausgebrannt und stach sehr ab gegen den anliegenden Boden. Von Tag zu Tag nahm sein Gut und sein Habe ab, anfangs unvermerkt, nach und nach aber auch merklich, während Jungklausens Gut nebenan zunahm und wuchs. Da kam der frevle „Aranbächer" und „Zaunbrecher", wie man schon von ihm in der Nachbarschaft murmelte, auf den Gedanken, sein Nachbar Klaus habe den weißen, zweibeinigen, behaarten Schutzgeist, die Alraun, ausgegraben, weshalb auch sein Zaun nicht mehr lebendig werden wolle, und sie in seine Hofstatt gebracht. Darum gehe alle Wohlfahrt und alles Gedeihen von ihm weg und auf Klaus über, der Orrein werde arm, der Rein aber reich.

Also beschoß er, die Ohrenbach durchs Geierstal hinaufzugehen und in Brambuch, wo der böse Bramberend oder Ginsterträger hauste, eine seiner Zauberweiber, die auf dem Zuppensole, das ist dem Zaubermoor, ihr Unwesen trieben, aufzusuchen und von diesem zu erfahren, wie er in den Besitz des Geld und Gut bringenden Geistes, der Alraune, kommen könnte. Und er fand das Weib, wie es gerade aus Pfriemen oder Ginstern auf einem auseinander gewühlten Steinhügel Besen zusammenband. „Weiß schon, was du willst, Morrer, weiß, was du suchst, Greinerle," grinste lachend die alte, struppige Reuschel, „hab's gesehen aus dem Eingeweide des Sperbers und Geiers, willst wohl selber gern ein

Aranvogel werden und an den Feld- und Waldgrenzen hegen und hüten, daß die Männer, die ehrlich zwischen sich teilen und eignen wollen, nicht in unser Reich, nicht auf unsern Zuppensol, unsere Zauberhöhle, kommen sollen." „Was ich immer auch werden mag, Reuschelin, hilf mir nur zur Alraunwurz, daß sie in meine Hofstatt kommt," rief der Morrer hastig.

„Ei nun, so gehe unter den Galgen, der bei der Lützelbacher Linde steht; daran hängt seit heute früh ein Erbdieb. Gerade unter seinen Füßen sieben Zäume tief steckt die Wurzel, die du suchst. Nur trage Sorge, daß du dir deine beiden Ohren mit Wachs der Waldbienen und mit der Wolle eines schwarzen Hundes verstopfest. Kommst du an Ort und Stelle und siehst eine Blume mit breiten, herzförmigen Blättern und grünlich weißen Blüten, so säume nicht lange und grabe zu, aber vergiß nicht, erst dreimal ein Kreuz darüber zu machen. Du hast nicht lange Zeit, denn es geht auf Sommersonnenwende, und nur am Freitag kannst du die Wurzel finden."

Der geizige, gierige Greiner lief auf solche Botschaft hin eilig nach Hause, nahm wilder Bienen Wachs, davon er zu Hause hatte, und von seinem kohlschwarzen Hunde einige Büschel zottiges Haar, und machte sich auf den ziemlich langen Weg, denn es war bereits Donnerstag. Sein Weib rief ihm noch nach, ob er nicht essen wolle, es wäre zu Mittag gekocht, aber er hatte keine Antwort gegeben. Wild verstört sah er aus.

Weil seine Füße die Hast antrieb, den Geld- und Gutgeist zu erlangen, so fand er sich plötzlich oben auf dem Höhenwege müde und matt inmitten des dichten Waldes Nobbenhusen. Zuletzt konnte er nicht mehr weiter und fiel in die Farnkräuter, fand aber keinen Schlaf. Aber irre und wirre gingen alle seine Gedanken. Indem er weiter wollte, kannte er die ihm von frühester Jugend an aus Grenzsteinen und Lochbäumen wohl bekannten Waldstellen, die Wege und Stege nicht mehr. Der Farnsamen war ihm in die Schuhe gekommen, und weil er nicht wußte, daß man sich niedersetzen und die Schuhe umwechseln mußte, so tappte er in der Irre umher, bis der Abend und die Nacht niedersanken. Erst am Freitag gegen Morgen, aber noch ehe die Sonne aufging, begegnete ihm ein fremder Mann, den er um den Weg nach Lützelbach fragte. Der sagte ihm, wenn er vor Sonnenaufgang noch hin wolle, müsse er sich recht eilen und das schmale Pfädchen gehen, das hier hinüber gerade zum Galgen führe. Morrer stürzte weiter, erreichte die Galgenhöhe, sah den Erbdieb hangen und die Raben von ihm wegfliegen. Dann aber zur Erde gebückt suchte er das Kraut und die Blume. Wirklich, da stand sie. Aber er war so verwirrt, daß er Wachs und schwarze Hundshaare in der Tasche behielt, auch ebensowenig an das Kreuzzeichen dachte, das er schon längst als ein widerwärtiges Zeichen aus seinem Gedächtnis verbannt hatte, und grub nun hastig rings um die breitblättrige, grünweiß blühende Pflanze.

Da drang der erste Strahl der Freitagsmorgensonne über die Waldhöhen. Ein entsetzliches Ächzen und Schreien drang aus der aufgegrabenen Erde herauf, und tot ausgestreckt lag im Augenblick der Morrer unter den Füßen des Gehängten. Den furchtbaren Schrei hatte zur selben Zeit seine Frau in Orrein gehört und hatte zu ihrer Magd gesagt: „Jetzt muß ich sterben, mein Mann ist schon tot." Und als die Sonne der Sonnenwende niederging, lag Frau Mechthild kalt auf dem Stroh.

Schrecken und Entsetzen kam über alles Ingesinde, und es lief vom Hof weg hinüber zu Klaus auf dem Rein. Der sagte nichts, sondern winkte allen zu, ganz still zu sitzen. Dann ging er hin und zündete zwei kleine Wachskerzen an und stellte sie auf den viereckigen Tisch. Kaum war das geschehen, so hörten alle draußen den Orrein entlang langgezogene, schrecklich Laute: „Arrr, errr, orrr," und einen knarrenden Flügelschlag. Einer der Knechte des Jungklaus, der das Sitzenbleiben aus Neugier nicht aushalten konnte, ging ans Schiebefenster und guckte hinaus. Da sah er auf dem Orrein obenhin die Grenze entlang einen großen, seltsamen Vogel mit feurigem Schwanze hin und her hüpfen, dann über das Wiesental hinüber laufen, wobei der feurige Schweif immer brei ter wurde, bis er drüben in der Rysach verschwand, immer schreiend „arrr, errr, orrr."

Der verwaiste Hof blieb lange Zeit wüst liegen, und die Baulichkeiten zerfielen, denn niemand wollte hinziehen, niemand ihn eignen oder erben. Manche Leute, welche öfters bei Nacht von Miltenberg herauf nach Vielbrunn wanderten, haben den feurigen Aran- oder Ornvogel auf der Grenze des Orreins und durch die Wiesen laufen gesehen, Sie wollen auch deutlich den Ruf gehört haben. Etliche nennen ihn auch den „Feuermax", der umhüpfen müsse, weil er den Maran- oder Aranstein ausgegraben und den lebenden Grenzzaun verbrannt habe. Der Alte, der die Geschichte vormals erzählt hat, schloß mit den Worten: „Wer Ohren hat zu hören, der höre."

Müller, Sagen und Märchen S.35

Mossautal

ie weiße Frau bei Mossau

Bei Mossau geht schon seit undenklichen Zeiten eine weiße Frau um. Sie harret dort ihres Erlösers, der sie anrufen und abfragen muß, um ihr die langersehnte Ruhe im Grabe zu schenken.

Ein paar Burschen von einem benachbarten Orte kamen eines Abends spät aus einer Mossauer Spinnstube. Da bemerkten sie auf dem Heimweg die weiße Frau, die neben dem Weg in den Wiesen spazieren ging. Einem unter den Burschen kam nun das frevliche Gelüsten, sich mit dem Gespenste einzulassen. Kein Bitten, kein Zureden seiner Kameraden konnte ihn davon abbringen. Trotzig ging er auf die weiße Frau zu und sprach: „Alle guten Geister loben den Herrn!" - „Ich auch," erwiderte die weiße Frau mit hoher, schrillender Stimme. Auf diese Antwort hatte sich der kecke Bursche nun doch nicht vorbereitet. Jetzt stand er da und wußte nichts mehr zu sagen. Da ergriff ihn der Geist und schleifte ihn in der ganzen Wiese umher. Als er ihn endlich liegen ließ, da war der Bursche so übel zugerichtet, daß er nach drei Tagen seinen Geist aufgab.

Glenz, Heimatsagen Nachdruck 1997 Nr.6

er Zigeunerstock bei Hiltersklingen

Im Walde bei Hiltersklingen übernachteten einmal Zigeuner. Eine ganz alte Frau war noch bei ihnen. Nachdem sie gegessen und getrunken hatten, trat einer von der Zigeunergesellschaft heimlich hinter die Alte und schlug ihr mit einem Beile auf den Kopf, so daß sie gleich tot niedersank.

(Das war allgemein Sitte bei den fahrenden Leuten; denn sie sagten, wenn einer einmal so und so alt sei, dann habe er wahrlich lange genug gelebt und falle den Seinen nur zur Last; darum sieht man auch beim fahrenden Volk ganz selten noch alte Leute.)
Glenz, Heimatsagen Nachdruck 1997 Nr.4

er Zigeunerstock bei Hiltersklingen

Zu de Zeit wie de Zijoine noch viel ouzzudräffe woan, hodd sich sädd owwe uff de Häi ebbs Schreggliches zugedroage. Uf ejam Weg iwe Bäig unn Doal sinn se zufellig iwwe die Hoazdelle gerohre. Drow uff de Häi häwwe se ejan Wache hiegeschdellt unn häwwe emol g'rascht. Die Fraa is foatgange bälle zu de Leit, die zwäi Keälle sin net mitgange un häwwe sich uff die faul Haud g'läigt. Wie die oalt Fraa haamkumme is, häwwe si imme noch unnem Baam g'läigt. Do hot die Fraa rischdisch miren gegrische. Dodriwe häwwe se sich geäjert un häwwe Zoan kriggt. Wie die Fraa gsoagt hodd: Do kennde aag säe, wou de eije Äsae kriggt, is de aane schnell hiegelaafe, hoat des Beil g'hollt unn horre sou oajig uff de Kopp gschloage, daß se uff de Bode g'falle is un woa doud. Wie die Fraa immg'falle is, häwwe se gsoat: Dugge dich nere, dann die Welt is de groam! Do de noach häwwe se e Loch gemoacht un häwwe se do enaibegroawe. Unn vun sällre Zeit oan hascht dea Blazz de Zijoineschdogg.
Hardes, Der Odenwald 1960/4 S.117

er Allmenjäger an der Wegscheide

Auf der Wegscheide geht der Allmenjäger um. Kein Mensch weiß, wer er ist und wie er dorthin kam, aber gesehen haben ihn schon viele. Er tut den Leuten gerne einen Schabernack an, doch will er sie damit nur warnen und ihnen gute Ratschläge geben. Ein alter Bauer aus Güttersbach erzählte folgende Geschichte:
„Ich hatte einen guten Freund, der um 1870 nach Amerika auswandern wollte. Damals war unsere nächste Bahnstation Heppenheim oder Weinheim. Ich fuhr ihn am nächsten Tag mit dem Fuhrwerk nach Hiltersklingen und der Wegscheide. Als wir schon nach der anderen Seite hinunterfuhren, dort ungefähr, wo die Straße nach Osten abbiegt, stutzten auf einmal die Pferde. Sie wurden ganz unruhig und zogen bald nach der einen, bald nach der anderen Seite. „Du," sagte da der Hannes, „siehst du nicht etwas Graues da rechts am Gaul vorbeistreifen?" Es war dunkel geworden, und wir konnten nicht mehr genau unterscheiden, was es war. Die Pferde aber zogen plötzlich an und rannten im rasenden Galopp die Straße entlang. Keiner sagte mehr ein Wort bis Heppenheim. Beim Abschied meinte der Hannes: „Hund wars keiner, ich glaube aber, es war der Allmenjäger. Gib acht, ob das kein Unglück bedeutet." Ich tröstete ihn, und wir nahmen Abschied.
Hardes, Der Odenwald 1960/1 S.5

Der Stein des lahmen Schneiders an der Wegscheide

Es wor emol en lohme Schneirer, der hot uff de Alme, set bei Owe-Ouschtern gewohnt. Seller hot vor e Fraa in Hiddeschlinge e Laibche zu mache ghatt. Wies fertig wor, horers dene Leit higetraoje un hot a glei soi Geld defer krikt. Hamzussig is er den Weg gange, wou ma dorch de Zentwaold gäiht un hot an gor nix Schlimmes gedenkt. Do uff amol is aner aus dem Waold kumme mit eme grouße Priggel un hot em dem Schneirer sou uff de Kopp g'haje, bis er ka Glied mäi geräigt hot un toat wor. Wers wor, was me heit noch net.
Hardes, Der Odenwald 1960/4 S.116

Die Riesen bei Hiltersklingen

Von der Streitbuche haben Riesen Steine nach Hiltersklingen geworfen. Andere sagen auch, daß dort zwei aneinander geraten sind.
Hardes, Der Odenwald 1960/1 S.11

ie große Tanne bei Hiltersklingen

Wo jetzt in Hiltersklingen die neue Siedlung ist, steht oberhalb im Wald eine große Tanne. Dort haben sie zur Zeit des Kaisers Napoleon Holz gemacht. Es war auch ein Mann dabei, der Krämer hieß. Der hat beim Holzmachen Order gekriegt einzurücken. Da hat er sein Beil in eine Tanne gehängt und gesagt: „Wenn ich nicht wiederkomme, dann wächst du weiter. Die Tanne steht heute noch und ist ein Prachtstück geworden.
Hardes, Der Odenwald 1960/4 S.119

oher Hüttenthal, Günterfürst und weitere Orte ihren Namen haben

In Hüttenthal stand früher eine Schmelz, in der Erz geschmolzen wurde. Diese Schmelz ist einmal zerstört worden. Nur zwei Leute (andere sagen auch mehr) sind übrig geblieben und haben sich dann Hütten gebaut. Davon soll Hüttenthal seinen Namen haben.

Es war ein Fürst, der hat Günther geheißen. Der hat eine Jagd gehalten. Seine Tochter war auch dabei. Sie sind nach Ebersberg gekommen. Dort waren viele Wildschweine, und nach ihnen hat der Ort den Namen Ebersberg bekommen.

In Haisterbach ist ein kleines Bächele gewesen. Da hat die Tochter des Fürsten gefragt: „Wie heißt der Bach?" Und davon der Name Haisterbach.

Als sie nach Günterfürst gekommen sind, hat dort jemand von den Leuten gefragt: „Wie heißt der Fürst?" Man hat ihm geantwortet: „Günther," und davon heißt dieser Ort Günterfürst.

Zuletzt hat sich die Tochter des Fürsten verirrt, und sie haben sie gesucht. Dabei sind sie nach Vielbrunn gekommen. Dort hat die Tochter gesagt: „Was sind hier viele Brunnen." Seitdem heißt dieser Ort Vielbrunn.

Hardes, Der Odenwald 1960/S.49

er Siegfriedsbrunnen

Als sich der Nibelungenheld Siegfried im Odenwald an einem Brunnen zum Tranke niederbeugte, wurde er vom grimmigen Hagen erschlagen. Als Ort seines Todes wird der Siegfriedsbrunnen von Grasellenbach und der Siegfriedsbrunnen (Lindelbrunnen) von Hüttenthal genannt.

Die Volkssage erzählt von dem Siegfriedsbrunnen, daß sich dort zwei Männer erschlagen haben sollen. Die Hirtenknaben gingen in den Mittagsstunden nicht gern in die Nähe des Brunnens; denn sie sagten Siegfried erscheine dort um diese Zeit; er hätte Hörner auf dem Kopfe wie der leibhaftige Teufel.

Glenz, Heimatsagen Nr.5

ie Sage vom Lindelbrunnen

Ein alter Mann erzählte 1949 in Hüttentahl folgendes:
Ich weiß nichts von Siegfried. Mein Großvater hat es immer so erzählt: „Ein Ritter hat eine Räuberbande gehabt. Den haben sie gefangen nehmen und umbringen wollen. Es war einer wie der Schinnerhannes. Er hat sich aber gebannt mit Fett. Er hat nur eine Stelle auf dem Rücken gehabt, wo kein Fett hingekommen ist, weil er nicht hinlangen konnte. Er hat mit den Knechten Ruhepause am Brunnen gemacht, hat Wasser getrunken, und einer von den Seinen hat ihn umgebracht, wie er Wasser getrunken hat. Er hat viel Macht gehabt.
Hardes, Der Odenwald 1960/1 S.10

ie Gestalt am Lindelbrunnen

Früher hat man sich am Lindelbrunnen gefürcht'. Unten an der Lingsdelle läuft einer 'rum ohne Kopf oder er hat den Kopf unter dem Arm.
Hardes, Der Odenwald 1960/1 S.6

er Schnappgalgen bei Hüttenthal

    Zwischen Hüttenthal und Beerfelden heißt es auf der Höhe an einer auffallenden Wegkreuzung heute noch: Am Schnappgalgen. Bei Nacht hat hier früher niemand vorbeigewollt. Hier stand früher ein einarmiger Galgen, an dem die Verbrecher herauf- und heruntergezogen wurden. Andere sagen, daß an der Stelle drei Bäume waren, die wie der Beerfelder Galgen im Dreieck standen, und daß zwischen ihnen Eisenstangen eingelassen waren. An den Stangen hingen mit Haken Ketten. Die Verbrecher wurden mit Wagen vom Beerfelder Galgen herübergefahren und hier aufgehängt. Wieder andere sagen, daß hier früher eine Zollstation mit einer Schranke war, die herauf- und heruntergelassen wurde.
    Hardes, Der Odenwald 1960/4 S.117

 er Geisberger Hof bei Hüttenthal

    Auf dem Geisberger Hof waren im 30jährigen Krieg der Bauer und alles gestorben und nur noch eine alte Frau da. Da hat der Graf sie erhalten, und sie hat ihm dafür das Gut für einen Hut voll Kirschen geschenkt.
    Hardes, Der Odenwald 1960/4 S.118

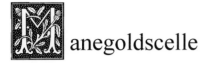anegoldscelle

In der Grenzbeschreibung der Mark Michelstadt wird „Manegoldscelle" als ein wichtiger Grenzpunkt bezeichnet. Diese Eindsiedlerklause stand in dem Wiesengrund rechts der Mündung der Marbach in die Mümling, woran noch die Bezeichnungen „Mönchsrain" und „Klosterbrunnen" erinnern. Eine dunkle Kunde verbreitet über die vorgeschichtliche Zeit einiges Licht.

Als noch dickste Urwildnis an jener Stelle war und kaum ein Sonnenstrahl hineinfiel und des Mondes Licht nur das Schauerliche mehrte, zog ein jugendlicher Held vom fernen Rheinstrom, schön und herrlich von Gestalt, froh und frei in seinem Wesen, in diese Berge hinein. Außer seinen prächtigen Waffen und seinem stattlichen Roß zeichnete ihn ein güldener Hauptreif und ein güldener Halsschmuck aus, die beide allzeit wunderbar leuchteten, besonders aber, wenn er einritt in des wilden Waldes Dunkel. Gerade der Halsschmuck, eine runde, goldene, dem Mond gleiche Scheibe mit einer Öffnung in der Mitte, das sogenannte Manegold, war eine überwältigende und bezaubernde Zier des wunderschönen Helden. Er hieß Frowalt, das bedeutet waltender Herr. Wohin er auch zog, war er immer begleitet von jenen allerzierlichsten und allerkleinsten Vögeln, die noch jetzt in Gesellschaft mit Goldhähnchen und Baumrutschern in unseren Wäldern vorkommen, nämlich den Waldmeisen, die so früh im Jahr schon singen: „Sie dich vor, sieh dich vor!" und „Spitz die Schar, spitz die Schar!" Sie waren Frowalts weissagende und glückbringende Waldvögel, heilig und unverletzlich.

So kam denn Frowalt vom Etzelshan herab in die Wildnis, durch welche die Marbach rauscht. In die wilde Nacht hinein leuchtete ihm sein Manegold, und die Waldmeise flog voran und rief an jeder gefährlichen Stelle: „Sieh dich vor, sieh dich vor!" In einem kleinen, quellenreichen Tälchen, dessen Wasser rechtsher zur Marbach laufen, machte Frowalt halt, denn er konnte vorerst nicht weiter abwärts dringen. Auch hielt ihn der liebliche Gesang eines Vogels fest, den er bis dahin auf seinen Fahrten noch nicht vernommen hatte. Er saß im dichtesten Gebüsch auf einem Ast und hatte einen schwarzen Oberkopf, eine weißbraune Kehle und lichtaschgraue Wangen und Halsseiten und sang fröhliche, fötende Weisen.

Ganz überrascht sprach der neue Ankömmling so für sich hin: „Der Schwarzkopf singt besser, als der beste Mönch mit seiner Platte." Daher soll der Vogel seinen Namen erhalten haben und der Rain den Namen Mönchsrain. Freilich weissagten die sich alsbald hier überall gastlich und häuslich mit ihrem Herrn niederlassenden Kohl- und Tannenmeisen, die Nonnen- und Sumpfmeisen, daß an diesem Ort auch bald Mönche singen werden. Und die Hubenmeise mit ihrem zugespitzten Federbüschel auf dem Kopf wollte gar wissen, daß der erste Einsiedler, der mit ihres Herrn Erlaubnis sich hier seine Zelle bauen würde, diesem Tal den Namen „Meisengrund" geben werde. Ein im Dickicht lauernder, roter Fuchs, bemerkte ganz leise zu der kleinsten, allerliebsten Schwätzerin: „Frau Gevatterin, der erste Einsiedler wird Frowalts erstgeborener Sohn sein, und die Siedelei, die er sich hier bauen wird, nach seinem Namen und seines Vaters Halsscheibe genannt werden. Frage nur deine Base Pfannenstiel mit dem langen Schwanz."

Reineke war nach diesen Worten rasch im Dickicht verschwunden. Frowalt hatte mittlerweile Äste und Zweige von vier nahe beieinander stehenden Buchen zusammengeflochten und sich behaglich auf dem Moosboden ausgestreckt. Er sah im Traum diese Stätte ringsum als einen in Fruchtbarkeit und Frieden gesegneten Ort, gehegt und geschirmt durch edle Herrn, verschönt und erheitert durch still waltende Frauen.

Aus dem lieblichen Traum weckte den Helden der Hunger. Dieser mächtige Herr hatte sein Roß losgemacht, das er nun suchen ging. Er fand es im saftigen Grün unten am rauschenden Waldbach. Sein starkes Gebiß, Mart genannt, zermahlte als erstes hier die Kräuter. Daher der Name Martbach, jetzt Marbach. Frowalt schwang sich auf sein Roß und begann zu jagen.

Das erste Tier, das ihm beim kühnen Vordringen begegnete, war ein gewaltiger Eber, den er auf jenem Berg erlegte, der noch heute als Eberskopf oder Ebersberger Kopf waldgekrönt emporragt. Dort bereitete er sich am Feuer seine Mahlzeit, den ersten Abendschmaus an dieser Stätte. Aber zur Ruhe legte er sich in seiner Buchenhütte jenseits nieder.

Das herrliche Jagdgebiet durchstreifte er von jetzt an täglich. So kam er eines Tages die Marbach aufwärts und ritt einen dunklen Waldweg hinan. Oben auf der Höhe stieg er von seinem Pferd und nahm seinen Sitz auf einem großen Felsen. Daher heißt dieser Berg die Sodels- oder Södelshöhe. Indem er von hier hinabblickte gen Nordwest, sah er unten im Tal um uralte Lindenbäume bei einem Brunnen vier Frauengestalten bei der Ausführung eines Reigens.

Ein starker Hirsch eilte den Berg hinab und Frowalt mit dem schnell ergriffenen Speer nach. Doch er entging ihm. Er stieg weiter abwärts. Beim Heraustreten aus dem Wald war er nicht wenig überrascht, die vier Jungfrauen beim Harrassen, das ist Flachsrösten, auf der Wiese zu finden. Er redete sie freundlich an, und sie antworteten fein und züchtig, sie seien vier edle Jungfrauen aus benachbarten, verwandten Geschlechtern und ihre Namen wären Gund und Hilt, Mimidrut und Himildrut. Sie wären hier im Hof beim Brunnen zusammen aufgewachsen. Am verlegensten schien Gund zu sein. Frowalt zog grüßend von dem Ort hinweg, der jetzt als „die Harras" (oberhalb Güttersbach) bezeichnet wird.

Aber nicht lange nachher erschien er wieder hoch zu Roß in der Hofstatt mit der Absicht, um die Hand der Jungfrau Gund anzuhalten. Sie war jetzt weniger verlegen, denn die Gevatterin hatte die Base Pfannenstiel schon längst besucht, und beide zusammen hatten über den Häuptern der unter den Linden sitzenden Jungfrauen so viel gesungen und geplaudert und dabei so etwas fallen lassen wie vom baldigen „unter die Haube kommen", daß Gund des Vaters Wunsch, dem Helden Frowalt verbunden zu werden, mit dankbarem Handkuß erwiderte.

Ein ebenso schöner Reif wie der auf seinem eigenen Haupt wurde aus des Helden Hand samt einem prächtigen Frauenmantel ihre Brautgabe. Im Kreis der freien Genossenschaft wurde Gundia dem Frowalt durch feierliche Frage und Antwort vor Magen und Mannen vermählt, und der ganz Hof bestätigte den geschlossenen Bund.

Das junge Ehepaar nahm seinen Sitz in dem Hofe Hüttenmosa, der nachher Geisberg genannt wurde und dem ersten Halteplätzchen Frowalts am nächsten lag, dem Meisengrund. Er wurde fleißig besucht, besonders wenn die Freundinnen Mimidrut und Himildrut und Hilt da waren. An einem wiederkehrenden Hochzeitstag Gunds wurde beschlossen, dort eine kleine Wohnung mit Zellen einzurichten, wo die drei Jungfrauen unter dem Schutz Frowalts zum Segen der Umgegend miteinander leben wollten.

Erst nach einigen Jahren gebar Gund ein Söhnlein, der nach seines Vaters Halsschmuck den Namen Manegold erhielt. Da war große Freude in der ganzen Verwandtschaft. Mutter und Kind weilten gar oft bei den drei schwesterlichen Freundinnen im Meisengrund, und der kleine Manegold wurde von ihnen in aller Weisheit und Kunde unterwiesen. Am meisten Freude machten dem schönen, lieblichen Knaben des Waldes Sänger, vor allem seines Vaters Liebling, der Schwarzkopf, und dann die Grasmücken und selbstverständlich die Meisen. Er lebte mit ihnen auf dem vertrautesten Fuß und sorgte für ihren Schutz oder Bann, wie man das nannte. So wurde der Meisengrund eine heilige Vogelweide, eine Stätte der Weissagung und kluger Rede, wie denn Manegold der Vögel Sprache völlig verstehen lernte.

Mit seinem siebten Jahr wurde der Knabe den Frauen entnommen und vom Vater und den von diesem bestimmten Männer erzogen. Er zeigte deutliche Zeichen körperlicher Kraft, konnte gewandt den Speer schwingen, Spieß und Stange tragen, das Schwert führen, das Pferd lenken und leiten, den Hirsch und Eber, den Bär und Wolf jagen und erlegen, ohne jedoch seine Lust und Liebe zu den Waldvögeln einzubüßen.

Mit ihm zugleich wurde Gunther erzogen, der jüngste und einzige Bruder seiner Mutter, mit dem er innige Freundschaft schloß. Wie Manegold zu den Vögeln des Waldes, so hatte der Freund eine ganz besondere Vorliebe zu Quellen und Pflanzen. Beide erzählten einander, was sie in der Kindheit erlebt hatten. Gunther, wie er am heiligen Quell der heimatlichen Hofstatt seines Freundes Seele als schönstes Wiesengrün, als selbst unter dem Schnee frisch grünenden Waldmangold gesehen habe. Manegold aber, wie er Gunthers Seele im Meisengrund beim plätschernden Bach geschaut als Vogel Schwarzspecht, der Forsten heiliger Hüter.

Fünfzehn Jahre waren die beiden Freunde in allen ritterlichen Tugenden alt geworden, als Manegolds und Gunthers Vater von einem Kriegszug über den Rhein nicht mehr zurückkehrten. Sie waren im blutigen Kampf gegen die Hunnen gefallen. Sobald die Kunde sich bestätigt hatte, wurden die Jünglinge mündig gesprochen. Da erklärte Mangold seiner Mutter Gund, er werde sich in die Wohnung des Meisengrundes zurückziehen, sobald die drei Muhmen nicht mehr leben würden. Sein Freund Gunther solle den väterlichen Hof Hüttenmosa und alles, was dazu gehöre erhalten. Er solle der Schwester einen Witwensitz sichern, wenn sie wolle.

Solches geschah. Gunther wurde Herr nicht nur über Gundersbach mit dem Spechteshart, dem weitberühmten Jagdgebiet, sondern auch über Hüttenmosa mit dem benachbarten Lindbrunnen und über die Gunderfirst. Hier oben baute er seiner lieben Schwester, seines Freundes Mutter, eine Wohnung als Witwensitz.

Sobald die lieben Muhmen von Manegolds Beschluß gehört hatten, baten sie ihn um einen anderen Sitz in der Nähe seiner Mutter. Diese schenkte ihnen das Gebiet in der Mossauer Gemarkung, welches nach den Muhmen durch Jahrhunderte den Namen Mombron trug, bis der Ort ausging.

So zogen sie denn aus dem Meisengrund hinweg und Manegold dort ein. An dem Tag seines Einzugs kam Gevatter Reineke wieder aus dem Busch und sagte zur Gevatterin Haubenmeise: „Hab ich nicht recht vorher gesagt, deines Herrn erstgeborener Sohn wird hier Einsiedler werden?" Die Gevatterin antwortete: „Du hast recht gehabt, und wir Vögel werden ihn mit Lust in unserm Grund begrüßen."

So lange Manegold hier lebte, war der Grund ein stiller, geseg neter Ort für alle Umwohner in Wald und Feld. Von ihm wird gesagt, daß er einst mit seinem Freund Gunther im Spechteshart jagen gegangen wäre. Da wäre ein Schwarzspecht auf dem Ast eines Baumes gesessen, unter dem sie gelagert, und hätte ihnen geweissagt, sie sollten Gebot und Verbot ausgehen lassen zum Schutze der Unverletzlichkeit der Wälder ihrer Berge, sonst würde diese zugrunde gehen. Manegold hätte dies sofort verstanden. Und beide Freunde hätten auf ihren Fang die höchste Buße gesetzt. Diese Bestimmung wäre in den späteren Lorscher Wildbann aufgenommen worden. Sie lautete: Wäre aber jemand anders (ohne den Ritter mit bunten Kleidern, dem Zobelhut, dem Ibenbogen und Seidensennen), der darin jagte, und finge der eine Baummeise, der ist schuldig für eine hubenrechte Henne mit zwölf Hinkeln und drei Pfund bündische Pfennige dazu."

So viel von der Manegoldszelle. Wann ihr erster Manegold und Freund Gunther als schöner Gertrudenvogel oder Specht, beziehungsweise als Waldmangold heimgegangen sind, weiß niemand zu sagen. Aber sein Vater Frowalt lebt noch fort im „Herrenwald", was dasselbe ist.

Müller, Sagen und Märchen S.115

er Zauberer von Güttersbach

Im Dreißigjährigen Krieg raubten die Kroaten und Slowaken die Glocke in der Kirche von Güttersbach. Einige beherzte Männer kamen zusammen und hielten Rat. Sie beschlossen, die Räuber zu verfolgen und ihnen die Glocke wieder abzugewinnen. In Olfen begegneten sie dem „Scholz", der durch allerlei Zauberkunststücke bekannt war. Die Männer baten ihn, ihnen zu helfen. „Die Räuber", versicherte er, „sind noch nicht weit von der Affolterbacher Höhe entfernt. Dort werde ich sie noch mit meinem Zauber erreichen können." Der Scholz sagte einige Zauberformeln her, und dann machten sie sich auf den Weg. Richtig fanden sie an der Stelle den Hauptmann mit seiner Schar, der weder vorwärts noch rückwärts konnte. Die Männer redeten ihm zu, die Glocke gutwillig herauszugeben. Der Hauptmann wurde zornig und befahl seinen Leuten, die Bauern zusammenzuhauen. Aber trotz aller Anstrengungen konnten sie ihre Schwerter nicht aus den Scheiden bringen. Jetzt sah der Hauptmann ein, daß er machtlos war, und gab, da er aus den drohenden Gesichtern der Bauern nichts Gute sah, die Glocke mit allen Schätzen heraus. Die Männer trugen sie heim. Der Scholz aber ließ die Soldaten nicht eher ziehen, bis die Glocke wieder glücklich im Kirchturm hing.
Hardes, Der Odenwald 1960/2 S.47

ie Güttersbach entstand und früher aussah

Wegen eines heilenden Tranks, den er an der Quelle des heutigen Kirchbrunnens empfing, soll ein Adliger an dieser Stelle aus Dankbarkeit eine hölzerne Kapelle und ein Kruzifix habe errichten lassen.
 Im Süden Güttersbachs liegt die Harras. Hier hat einst ein großer Hof gestanden, der einem Grafen von der Harras gehört hat. Viele Äcker, Wald und Wiesen gehörten zu ihm. Der Graf aber hat sein Geld und Gut vertrunken und verspielt, so daß er keine Abgaben mehr zahlen konnte und sein Besitz unter die Armen verteilt wurde. Diese siedelten sich nun auf dem Gelände an, und der Wald wurde zur Allmende geschlagen.
 Vor dem Dreißigjährigen Krieg war Güttersbach ein bedeutender Flecken. Jedes Frühjahr wurde eine Messe, die ein Tuch- und Schuhmarkt war und die Güttersbacher Bleß hieß, abgehalten. Die Tuchweber versammelten sich auf dem Lindenplatz und boten ihre Waren feil. Sie kamen aus der ganzen Umgegend herbei, um ihre Waren zu verkaufen. Auch war Güttersbach ganz früher viel größer als heute. Auf dem Berg, wo Krämers wohnen, standen schöne Häuser und waren gepflasterte Straßen. Auch in der Mornsbach standen früher Häuser. Hier waren mehrere Tuchwebereien. Die Schuhmacher wohnten gegen den Stein zu. In der Mösselbach, dem Tal gegen Grasellenbach zu, wohnten 40 Nagelschmiede. Die Kirche war damals noch katholisch.
Hardes, Der Odenwald 1960/2 S.50

Das Güttersbacher Kloster (Die Wasserburg)

Dort, wo sich das Mösselbacher mit dem Güttersbacher Tal vereinigt, stand früher ein Nonnenkloster und dabei eine Kapelle. „Vun do aus", erzählt unser alter Mühlenonkel, „waor en unnererdischer Gang gegroawe zu eme Mönchsklaouschder bei Erboch. Do is es hin un her gange, unn die Mönche unn die Nonne sinn do naochts haamlich zammekumme. Hernach is de 30jährig Krieg kumme unn die Kroate unn Schlowake häwwe de zwa Klaouschder em Erdbore gleich gemaocht. Des waor de Strof defer. Die Nonne häwwe ewwer die Klaouschterkeller en graouße Kessel voll Gold vergraowe ghatte. Unn des kummt jetzt alle neun Jaohr an die Owwerfläche. Wer des Glück haott unn graod vebeikimmt, der konn den Schatz häiwwe. Er muß ewwer e Schnuppduch orrer e Braotkruschte druffschmeiße unn dodebei die drei häischte Naome aourufe.

Amol sinn drei Männer do vebeikumme. Do haot do ebbs geglitzert wie glühende Kaouhle, und sie hewwe gemaant, de Schefer hett do e Feier ghatte. Haott ewwer a kaaner an den Schatz gedenkt. Häibt de noch aaner a Kaouhle uff und will sich sei Peife demit aousstecke. Not sin se weitergange. Die Pfeife hott ewwer net gebrennt. Die glühend Kaouhle waor e richtig Stick Gold waorn. Do sinn se schnell zerücksprunge. Es war ewwer schon ze spet. Sie häwwe nix mäi vun dem Schatz gfunne.

E annermol is aaner mit ere Wünschelrute kumme. Die Leit häwwe gsaot, er wär aus Italien und könn zaubern. Wie der des vun dem Schatz ghäirt haot, haor nix Eiligeres zu daun ghatt un haott a glei denoch gsucht. Unn richtig, er haorren gfunne. Ewwer dief unner de Ere haorrer glege. Un wie sie e zeitlang gegroawe ghatt häwwe, sinn se uff Wasser kumme, unn häwwe uffhäirn misse. Unn de Schatz is wirrer leie bliewe.

Nochherde is naoch Johre a emol en junger Kerl hi draou kumme. Do is e Massi schwarze Diern dorum gegrawwelt. Er haot weiresch net geguckt unn is seine Erwede noch gange. Erscht owends sinn se im Gsprech a uff den Klaouschterschatz kumme unn mei Borscht haott dodebei die Geschichte vunn dene Dierchen vezeihlt. "Du dummer Bu," säigt de Vadder, „des waor des Geld, warim haoschte dann nett schnell ebbs ruffgeschmisse? Schnell hi, vielleicht is vun dem Schatz doch noch ebbs ze sähe." Sie sinn schnell zugelaafe, häwwe ewwer mit em beschte Wille nix mäi finne kenne. Saou leit der Schatz haolt heit noch drunne!

Hardes, Der Odenwald 1960/2 S.50

er Funke aus dem Holz

Bei der Burg steht heute noch ein alte Mühle. Von ihr ging früher die folgende Sage aus: Wo die Mühle heute steht, war früher ein See. Man füllte ihn mit Steinen, Erde und Unrat und baute darauf die Mühle. Einige Generationen später brannte sie ab. Ein Hirtenbub, der sehr pflichtvergessen war, und der von seinem Herrn, dem Müller, deswegen viel Prügel bekam, hatte sie aus Rache in Brand gesteckt. Bald darauf wurde mit dem Neubau begonnen. Als der Zimmermann das Holz beschlug, sprang bei dem ersten Axtschlag ein Funke aus dem Holz. „In 50 Jahren wird es hier wieder brennen", sagte der Zimmermann. Genau 50 Jahre später brannte die Scheune der Mühle aus unbekannten Gründen nieder. Auch diese wurde wieder aufgebaut. Und jetzt sprang abermals ein Funke aus dem Holz, und wieder prophezeite der Zimmermann Unglück, aber bis heute ist es noch nicht eingetroffen.

Hardes, Der Odenwald 1960/2 S.51

er Wilde Jäger am Mühlberg bei Güttersbach

Um 1905/06 haben Frauen aus Hiltersklingen am Mühlberg den Wilden Jäger gesehen. Sie haben dort Sommerholz ausgehauen. Auf einmal hat es in der Luft gerumpelt, und sie haben geguckt, und ein grüner, großer Jäger ist mit vier bis fünf Hunden vorbeigezogen, von der Lingsdelle über den Kopf nach Güttersbach. Die Haare haben ihnen grad' in die Höhe gestanden. Als sie heimkamen, waren sie ganz verstellt. Man hat's von Zeit zu Zeit noch gehört, auch Männer. Es waren keine Leute, die große Dinge machen.

Hardes, Der Odenwald 1960/1 S.5

Die weiße Frau am Weißfrauenbrunnen

Am Ende des Mösselbachtales bei Güttersbach liegt tief im Walde der Weißfrauenbrunnen. Einst wohnte hier ein Köhler mit seiner Frau. Sie war ein gottloses Weib und fragte wenig nach den Geboten des Herrn. An einem Karfreitag hatte sie große Wäsche. Der Mann bat sie vergebens, die Arbeit bis zum anderen Tag aufzuheben. Sie tat es nicht. Er ging inzwischen mit großem Zorn in seinem Herzen in den Gottesdienst nach Güttersbach. Als er zurückkam, war seine Frau verschwunden, und so viel er auch rief und schrie und nach ihr suchte, er fand sie nicht. Nach wie vor aber bauten die Köhler dort am Brunnen ihre Hütten auf. Einer von ihnen hat die weiße Frau gesehen. In einer Nacht, als er nach unruhigen Träumen erwachte, sah er die Frau in langem, weißen Gewand draußen vor seiner Hütte lautlos hantieren. Da ergriff ihn solches Entsetzen, daß er von da an nicht mehr allein im Wald übernachtete. Die Frau aber muß zur Strafe für ihr Vergehen ewig an dem Ort umgehen und waschen und immer waschen.

Auf einem großen Steinblock lag lange eine sogenannte Wäscheplatsche. Mitleidige Leute wollten der Frau Ruhe verschaffen und entfernten die Wäscheplatsche. Aber nach einigen Tagen lag wie wieder auf demselben Fleck. Später ist sie dann plötzlich verschwunden. Auch an dem Stein war nichts mehr zu sehen. Heute ist er verschwunden, und niemand kann sagen, wohin er kam. Beim Heidelbeerpflücken ist früher keines der Kinder dort hingegangen, weil die alten Leute sagten: Da gehst du nicht hin!
Hardes, Der Odenwald 1960/1 S.8

er Köhler und die weiße Nonne

Es war an einem Sonntagmorgen vor vielen, vielen Jahren, als ein junger Köhlersbursch durch den Wald an den Mösselbach kam und plötzlich am Klösterbrünnchen oberhalb der Mühle eine Gestalt sah, die in feine, weiße Gewänder eingehüllt, dort Linnen wusch. Als er näher kam, sah er, daß es eine Nonne war. Der Köhlerbursch verwunderte sich, denn schon seit allzu langer Zeit gab es hier kein Kloster mehr. Daß ausgerechnet eine Nonne am Sonntagmorgen Wäsche waschen mußte, das ging ihm auch nicht so recht in den Kopf. Als er aber noch näher kam, merkte er, daß diese Nonne gar noch sehr schön und jung war. Staunend blieb er vor ihr stehen, wünschte ihr einen gesegneten Morgen und fragte sie, was sie ausgerechnet heute zum Sonntag dazu treiben konnte zu waschen.

Da schlug die schöne Nonne ihre großen Augen zu ihm auf, sah ihn tief an und sagte: „Alle neun Jahre muß ich an solchen Tagen waschen. Erst wenn einer kommt wie du, der mich, in welcher Gestalt ich auch hier sein sollte, an drei aufeinanderfolgenden Tagen auf den Mund küßt, dann werde ich endlich erlöst sein und mit mir auch der Schatz der Nonnen."

Obgleich ihm alles merkwürdig und geheimnisvoll erschien, fragte er sich kurz: „Nun, was soll mir denn geschehen, wenn ich die schöne, junge Nonne wirklich küsse?" Er tat es, und sie war verschwunden. Als er am nächsten Morgen wieder kam, sah er schon von weitem die weiße Gestalt an der Quelle waschen. Als er näher kam, sah er, daß es nicht die junge vom Tag zuvor war, sondern eine alte, weißhaarige, heilige Frau. Zuerst wollte er davonlaufen, aber dann erinnerte er sich an ihre Worte von gestern und küßte sie auf den zahnlosen Mund.

Am dritten Morgen fand er wieder die alte Nonne in ihrem

weißen Gewand, nur mit sehr langen, schlohweißen Haaren und einer spitzen Nase. Wieder hockte sie am Quell und wusch ihre Leinenstücke. Wieder versuchte er, sich zu überwinden und dachte ganz stark an den schönen Anblick an jenem Sonntagmorgen. Aber da ringelten sich auf einmal viele Schlangen um ihn, und als er entsetzt auf den Boden schaute, war die ganze Wiese bedeckt mit scheußlichen, schwarzen Kröten, die ihn mit ihren Glotzaugen anstarrten und mit einem Saft bespritzten, der an allen Gliedern wie Feuer brannte.

Jetzt packte ihn wildes Entsetzen, und er floh aufschreiend in Richtung Mühle. Da erschallte hinter ihm ein donnerndes Getöse, und als er sich umschaute, sah er an der Quelle das schöne Mädchen in ein strahlendes Weiß gehüllt stehen. Und als es niedersank, tat sich der Berg auf, und gleich darauf war die schöne Erscheinung vom goldenen Licht verschluckt, und ein Gewitter ließ das Tal im Donner furchtbar erzittern.

Schüppel, Güttersbach erzählt S.37

ie Schatzgräber und die Alte

Vor vielen, vielen Jahren fanden die Männer, die im Mösselbachgrund auf den Wiesen die Gräben für das Abwasser zogen, einen großen Stein unter dem Grasboden liegen. Sie gruben um ihn herum und versuchten, ihn anzulüpfen. Alle wußten, daß das der alte, oft gesuchte Nonnenschatz sein konnte. Sie wußten auch, daß bei solcher Schatzgräberei nicht gesprochen werden durfte. Sie gruben also lautlos und emsig.

Als sie den Stein schon halb zur Seite gerückt hatten, sahen sie unter ihm eine Kiste liegen, aus der lauter schwarze Schlangen krochen. Zur gleichen Zeit trat neben sie ein altes, häßliches Weib, das fragte sie, was sie denn da trieben, ob sie denn noch lange graben wollten und immerzu redete und fragte. Die Männer wollten die Alte mit Handbewegungen fortschicken, aber sie fragte und fragte in einem fort. Da schrie letztlich einer der Männer ganz außer sich: „Geh zum Teufel, altes Weib!" Und plötzlich war die alte Frau, aber auch die Kiste mit den schwarzen Schlangen verschwunden.

Schüppel, Güttersbach erzählt S.28

er Bub und die schwarzen Kröten

Einmal ging ein Bub am hellen Tag über die Wiesen im Mösselbachgrund, um nach Hiltersklingen zu wandern. Da kam er an einer Stelle vorüber, wo sich ein ganzer Haufen kleiner, schwarzer Kröten ringelte. Zuerst blieb er stehen und beobachtete sie. Dabei wunderte er sich noch, daß sie ihn gar nicht beachteten, ja still und ruhig wurden, je länger er sie anschaute.

Als aber nichts geschah, ging er weiter seines Weges. Kaum aber hatte er sich gewendet, als es hinter ihm rasselte und polterte, als ginge die Erde unter. Und der Himmel wurde ganz plötzlich schwarz, und es schien ihm, als ritte ein ganzes Heer über ihn hinweg. Er floh geschwind bis an den Waldrand jenseits der Wiese. Aber das war alles schon wieder vorbei.

Als er am Abend nach Hause kam, berichtete er, was er am Mittag Merkwürdiges auf der Wiese erlebt hatte. „Du dummer Bub," sagte der Vater, „das war das Gold." Warum hast du nicht schnell etwas darauf geworfen. Schnell hin, vielleicht ist von dem Schatz doch noch etwas zu sehen." So sehr sie auch eilten, sie fanden nichts mehr.

Schüppel, Güttersbach erzählt S.29

Rothenberg

er wilde Jäger bei Rothenberg und Hirschhorn

Von Osten her braust das wilde Heer über den Feuerberg bei Hirschhorn herab in das Neckartal. Schauerlich heult der Wind durch den Wald und jagt düstere Wolken vor sich her. Riesige Schatten huschen durch die Luft, die von dem Schnauben der Rosse, dem Rufen der Jäger, dem Gauzen der Rüden, dem Sausen der Jagdpeitschen, dem Klang der Hifthörner und dem Klirren der Waffen ertönt. Wer auf dem Feld zu tun hat, tut wohl, sich glatt auf den Boden zu legen, damit ihm das gespenstische Jagdgefolge nichts anhaben kann. Dieses eilt schnell vorüber durch das Neckartal ins Schwalbennest.

Hardes, Der Odenwald 1960/1 S.7

er wilde Jäger im Finkenbachtal

Im Jahr 1914 haben im Finkenbachtal Burschen auf ein russisches Goldauto gewartet. Da ist der Wilde Jäger gekommen und ins Finkenbachtal hinabgebraust. Die Burschen haben sich in die Gräben neben der Straße geworfen, so ein Geräusch ist über sie hinweggebraust.

Hardes, Der Odenwald 1960/1 S.7

Die Rockenmahd

Am Weg von Finkenbach nach Unter-Schönmattenwag befindet sich oben auf dem Höhenzuge, welchen der Weg übersteigt, ein Bildstock mit dem gekreuzigten Heiland. An dieser Stelle soll früher ein Spinnmädchen ums Leben gekommen sein, weshalb die Stelle auch heute noch „Die Rockenmahd" genannt wird. Die hierüber in der dortigen Gegend bekannte Sage erzählt folgendes:

Eine junge Dienstmagd aus Rothenberg, die hübsch und lebenslustig, wie sie war, gern alle Spinnstuben mitmachte, begab sich deswegen nicht selten in die stundenweit entfernten Nachbardörfer, wo sie auch unter dem Namen „Die Rockenmahd" allgemein bekannt gewesen sein soll. So machte sie sich denn auch eines Tages mit Rocken und Spinnrad auf den über zwei Stunden und fast durch lauter Wald führenden Weg nach Unterschönmattenwag, um dort einer Spinnstube beizuwohnen. Als sie dann nach Beendigung derselben den Weg allein wieder zurückgehen wollte, versuchte man, sie zu überreden, daß sie bleiben und den Tag abwarten solle, aber sie ließ sich durch nichts zurückschrecken und weiß auch jede Begleitung von Burschen ab, die sich erboten, mitzugehen. Anderntags wurde sie dann mit nach rückwärts gedrehtem Gesicht tot am Wege liegend aufgefunden. Es heißt, der Teufel sei ihr unterwegs in der Gestalt eines jungen, hübschen Burschen begegnet und habe ihr, nachdem sie seinen Verlockungen erlegen sei, zur Strafe für ihren Leichtsinn den Kopf umgedreht.

Haas, Unter der Dorflinde 1934/12 S. 159

er Bauer und der Teufel

Zu einer Zeit, als noch keine Kraftwagen den Verkehr auf der Landstraße belebten, fuhr einmal ein Bäuerlein aus einem Ort des Finkenbachtals mit seinem Fuhrwerk einen Transport Schweine nach Heidelberg, um dieselben am dortigen Schlachthof abzusetzen. Es war schon sehr spät abends, und die Lichter brannten längst, als er sich auf dem Rückweg befand. Am Brombacher Wasser oberhalb Hirschhorn bemerkte er beim Schein der Sturmlaterne, die an seinem Wagen hing, wie ein graues Männlein neben dem Fuhrwerk herging, welches ihn bat, er möge es doch bis zur nächsten Ortschaft mitnehmen.

Das Bäuerlein, nichts Böses ahnend, ließ seine Pferde anhalten, um den Unbekannten, von dem er glaubte, daß er wohl ein Mann aus dem nächstliegenden Ort sei, aufsteigen zu lassen. Derselbe nahm neben ihm auf dem Sitzbrett des Wagens Platz. Dem Bäuerlein aber, dem ein derbes Wort viel lieber als eine aufdringliche Höflichkeit war, kam der unbekannte Fahrgast je länger je mehr verdächtig vor. Dieser schenkte ihm einen Schal, ein Paar Handschuhe und einen Taler, was dem Bäuerlein wohl einleuchtete. Das Ungeheuerliche aber, der Fremde verlange jetzt, er solle mit ihm hinter ein an der Straße befindliches Gebüsch gehen und sich dort seiner Kleider entledigen.

Das Bäuerlein fand nun sein gegen ihn gehegtes Mißtrauen bestätigt, ließ sich aber nichts anmerken, sondern tat so, als ob es mit allem einverstanden wäre, besaß aber die Schlauheit, den ihm immer unheimlicher werdenden Fahrgast zuerst absteigen zu lassen. Dieser war jedoch kaum vom Wagen herunter, als er mit aller Macht auf die Pferde einhieb, so daß dieselben darüber erschrocken im wilden Laufe Reißaus nahmen. Mit angstverstörtem Gesicht sah in dieser Nacht die Bäuerin ihren Mann nach Hause kommen, der ihr erzählte, was ihm unterwegs passiert war. Die mitgebrachten Geschenke wurden mißtrauisch betrachtet und in eine Ecke gelegt.

Um Mitternacht, als man die Lichter ausgelöscht und sich zu Bett begeben hatte, entstand plötzlich ein großer Lärm im Haus, als ob alle Türen krachend auf- und zugeschlagen würden, so daß das ganze Haus in allen Fugen zitterte und bebte. Ein fürchterliches Heulen und Brüllen ließ sich vernehmen, als wäre die ganze Hölle losgelassen, und durch die Stube fuhr ein großer Feuerschein. In seiner Angst sah das Bäuerlein drei pechschwarze Kerle vor seinem Bette stehen und meinte, es seien Abgesandte der Hölle, die gekommen wären, ihn zu holen. Er flehte seine Frau an, sie solle doch für ihn beten. Da stand die Bäuerin auf, machte Licht, nahm Schal, Handschuhe und Taler, das ihr Mann unterwegs geschenkte bekommen hatte, und steckte selbiges, weil es ihr an dem ganzen Unheil schuld zu sein schien, in den Ofens, und gleich darauf trat wieder Stille ein.

Das Bäuerlein aber, das an sich schon etwas ängstlicher und abergläubischer Natur war, glaubte nun felsenfest, daß es nun wirklich der leibhaftige Böse gewesen sei, dem es sich mit knapper Not noch einmal aus den teuflichen Krallen entrissen hätte.

Haas, Unter der Dorflinde 1933/7

er Grenzsteinschmuggler

Nachts ging einmal ein Mann von Wald-Michelbach kommend nach dem Örtchen Raubach. In der Dunkelheit verfehlte er den Weg. Da sah er ein Licht durch den Wald kommen, auf das er zuging. Doch dabei verirrte er sich immer tiefer im Dickicht und Gestrüpp, und auf einmal war das Licht ganz seinen Augen entschwunden. Da hörte er ganz in der Nähe eine Stimme, die in einem fort rief: „Wo soll ich ihn denn hinsetzen?"

Er ging darauf zu, doch da kam die Stimme von der entgegengesetzten Seite, und als er nach jener Richtung lief, ließ sich dieselbe wieder von wo ganz anders her vernehmen. Sein Zurufen half nichts, immer wieder schallten als Antwort, bald ganz in der Nähe, bald entfernt, dieselben Worte, „Wo soll ich ihn denn hinsetzen?" Darüber ärgerlich geworden, daß er so gefoppt wurde, rief er laut zurück: „Setz ihn doch hin, wo du ihn her bekommen hast."

Da verstummte das sonderbare Rufen, und in dem finsteren Tann sah er wieder ein Licht, das jetzt auf ihn zukam, bis dann auf einmal ein Mann vor ihm stand, der auf seinen Schultern einen Grenzstein trug. „Auf diese Antwort wartete ich schon hundert Jahre, nun bin ich erlöst," hörte er denselben sagen. Er sei ein Grenzsteinschmuggler gewesen und habe dafür zur Strafe nach seinem Tod umgehen müssen. Gleich darauf verschwand er wieder, und ein Licht führte nun den Verirrten auf den richtigen Weg zurück.

Haas, Unter der Dorflinde 1933/7

Gersprenztal

om Reichelsheimer Schlößchen

Das Schloß Reichenberg, wie die einstige Burg meist genannt wird, oder das „Reichelsheimer Schlößchen", wie man im Volksmund dazu sagt, erhebt sich auf dem Vorsprung eines steil abfallenden Hügels und beherrscht weithin das Tal der Gersprenz und das umliegende Waldgebirge.

Die alte Burg wurde vermutlich von den Herrn von Crumbach gebaut, kam aber kurz nach dem Jahr 1200 an die Schenken von Erbach. In der Folgezeit wurde die Anlage erweitert und die Schloßkapelle errichtet.

Im Jahr 1504 im pfälzisch-bayerischen Erbfolgekrieg sollte die ehemalge Burg durch den Landgrafen von Hessen belagert werden. Als aber der Kommandant sagen ließ, daß er beim ersten Schuß die beiden jungen Herrinnen der Burg auf die Mauer stellen und ihn - den Landgrafen - für deren Schicksal verantwortlich machen werde, wurde die Belagerung aufgehoben. Im Dreißigjährigen Krieg diente die Burg der Bevölkerung der nächsten Umgebung als sicherer Zufluchtsort.

In den zwanziger Jahren ging Schloß Reichenberg in Privatbesitz über. Im Jahr 1979 erwarb der Verein „Christen in der Offensive" die Vorburg, 1994 das restliche Anwesen und leitete umfassende Renovierungsarbeiten ein. Vom Schloßcafe, das der Öffentlichkeit zugänglich ist, hat man einen wunderschönen Blick auf Reichelsheim und seine Landschaft.

Glenz, Heimatsagen Nachdruck 1997 Nr. 26

a) Der Hausgeist

Zu verschiedenen Zeiten hörte der auf dem Reichelsheimer Schlößchen wohnende Verwalter zu nächtlicher Stunde ein gewaltiges Getöse auf dem Fruchtspeicher. Es schien, als ob ein Wagen mit Korn darauf herumführe.
Zu einer anderen Zeit hörte er im Keller einen fürchterlichen Lärm, als ob ein Küfer an den Fässern klopfte. Nie aber war ein sichtbarer Urheber all des Unfugs zu entdecken.
Glenz, Heimatsagen Nr.26a

b) Das Gespenst am Fenster

In einer mondhellen Nacht stand der Verwalter in dem Obstgarten hinter dem Schlößchen auf der Lauer, um einen Apfeldieb zu erwischen. Da sah er plötzlich oben in einem Fenster des Hinterhauses einen alten Mann in schwarzer, altfränkischer Tracht ganz gemächlich herauslehnen.
Glenz, Heimatsagen Nr.26b

c) Die geisterhaften Männer

Der Jäger, der oben im Schlosse wohnte, ein wilder und roher Mann, der an nichts glaubte, saß eines Abends mit einem Bekannten vor dem Schlößchen und sprach frevelhaft von den Geistern. „Wenn es noch Geister gibt," sagte er, „dann sollen sie sofort auch mir erscheinen!" In demselben Augenblick kamen drei alte Männer in Rüstungen über die Brücke herausgeschwebt, gerade auf den Jäger zu. Der lief nun aber, was er laufen konnte, trapp, trapp, den Schloßberg hinab. Erst unten im Ort, wo er sich einigermaßen sicher glaubte, hielt er wieder an. Er schaute sich um - doch - er sah nie

mand mehr. Von jener Stund' an hat er aber an die Geister geglaubt.
Glenz, Heimatsagen Nr.26c

d) Das blaue Licht

Als eines Abends die Viehmagd an den Stall kam, wo ehemals ein Kapelle gestanden haben soll, sah sie vor der Tür ein großes, blaues Licht. Sie wußte aber nicht, daß das Aufleuchten eines blauen Lichtes als sicheres Zeichen für das Vorhandensein eines großen Schatzes anzusehen war, lief darum erschrocken in das Haus zurück, um auch das andere Hausgesinde noch eiligst herbeizurufen.

Doch als sie zusammen voller Neugierde wieder an die Stelle kamen, erlosch das Licht zischend, und man hörte ein sonderbares Geräusch, als ob drei Männer mit starken Tritten die Stiege hinaufeilten.
Glenz, Heimatsagen Nr.26d

e) Die weiße Gans

Ein Bursche in Reichelsheim sah im Traum eine große, weiße Gans in einem Simmer (Getreidemaß) sitzen. Als er des anderen Abends mit einer Arbeit am Ziehbrunnen beschäftigt war, sah er plötzlich dieselbe Gans, die wieder in einem Simmer auf dem Schloßhof stand und heftig mit den Flügeln schlug. „Da ist sie wieder," rief er, und alles war verschwunden.

Ein kluger Mann aber sagte ihm später: „Wenn du stillschweigend etwas darüber gedeckt hättest, wärest du heute im Besitze eines großen Schatzes und ein reicher Mann geworden."
Glenz, Heimatsagen Nr.26e

f) Die weiße Frau auf dem Reichenberg

Hermann Knodt berichtet:

Frau Elisabeth Dietermann geb. Dequis, geboren 1883 in Reichelsheim, war als junges Mädchen mit anderen Haustöchtern auf dem Reichenberg im damaligen Schülerinternat Anthes tätig. Die Mädels hatten die Aufgabe, abends das Tor zu schließen und nachzusehen, ob alles auch sonst abgeschlossen war, und den großen Hund loszubinden, der tagsüber an der Kette lag. Sie war 20 Jahre alt, als sie dies zusammen mit zwei anderen Haustöchtern, Paula und Pauline, abends nach 10 Uhr wieder wie allabendlich getan hatte, und an der Tür nochmals nach dem Hunde schaute, sahen sie alle drei eine weiße Gestalt langsam vom Krummen Bau über den Weg nach der Kapelle gehen und dort verschwinden. Sie eilten schnell zur Tür hinein, schlossen sie ab und schauten sich aufgeregt an. „Hast du etwas gesehen?" fragte sie Paula. „Ja, eine weiße Frau sah ich ganz deutlich über den Weg gehen." Und Pauline sagte: „Ich wollte nichts sagen, damit ihr mich nicht auslacht." „Die Häuser waren alle abgeschlossen und niemand mehr auf," erzählte Frau Dietermann. „Ich sehe die Gestalt noch heute deutlich vor mir. Eine Sinnestäuschung war ausgeschlossen, zumal die beiden anderen sie ja auch sahen.

Frau Dietermann ist eine sehr nüchterne Frau. Sie war lange Handarbeitslehrerin in Reichelsheim.

Wenn die Mädchen des Anthesschen Instituts Ferien hatten, mußten immer ein paar Männer aus Reichelsheim Nachtwache halten. Als der Schneider und Gerichtsdiener Michael Dingeldein wieder einmal nachts mit noch einem Mann oben weilte, hörten sie auf dem Gang vor ihrer Tür ein Geräusch wie von einem Frauengewand. Rasch sahen sie nach und erblickten, wie eine Frauengestalt den Gang entlang schwebte. Die Frau nahm ihren Weg nach der Speisekammer. Dort war die Erscheinung urplötzlich verschwunden.

Schwinn, Reichelsheim S.66

g) Das Trompeterswäldchen

An dem unweit des Schlößchens liegenden Trompeterswäldchen"(so genannt nach zwei hier spukenden Trompetern in Uniform) mochte niemand in später Abendstunde gerne vorbeigehen, denn gegen Mitternacht zeigten sich am Waldrand zwei Soldaten, zwei Trompeter aus dem 30jährigen Krieg. Leute, die nachts dort vorübergingen, wollen die beiden in ihrer Uniform gesehen haben. Auch hörte man zur gleichen Zeit kleine Kinder jammern. Sie riefen: „Au weh, au weh!" An diesem Ort soll einmal etwas Böses geschehen sein.

Hieronymus, Reichelsheimer Sagen- und Geschichtenbuch S.77

h) Das kleine Männchen

Ein Mann, der spät abends den Schloßberg hinaufging, sah plötzlich ein paar Schritte vor sich etwas am Boden kauern, das er für des Verwalters Hündlein hielt. Als er näher kam, sah er jedoch, daß es ein kleines Männchen war. Als er ganz nahe davorstand, und es trotzdem ruhig sitzen blieb, schlug er mit seinem Stocke danach, worauf es sofort verschwand. Als er ein paar Schritte weitergegangen war, wurde er plötzlich an den Schultern gepackt und gewaltsam herumgerissen, ohne sehen zu können, wer es war.

Glenz, Heimatsagen Nr.26h

i) Der Galgen

Vor langer Zeit lebte auf dem Reichenberg eine Gräfin, die hatte ein gar weiches Gemüt. Sie konnte den Anblick des Galgens nicht mehr länger ertragen, und doch mußte sie ihn immer wie

der sehen, wenn sie von der Burg aus nach dem Walde schaute und den Sonnenuntergang bewundern wollte. Sie bat deshalb ihren Gemahl, er möchte doch den Galgen abreißen lassen. Da wurde der Galgen abgebrochen und auf der anderen Seite des Tals am Krautweg wieder aufgebaut. So kam es dann, daß man nun das Feld dort „am Hochgericht" benannte.
Hieronymus, Reichelsheimer Sagen- und Geschichtenbuch S.17

j) Der krumme Bau

Als die oben erwähnte Gräfin lange gestorben war, wohnte wieder einmal eine Edelfrau mit ihrem Gemahl auf Burg Reichenberg. Sie war von der schönen Aussicht auf die Landschaft rund um die Burg begeistert. Eines nur gefiel der Gräfin nicht, das war der Galgen drüben am Hochgericht. Deshalb sprach sie eines Tages zu ihrem Mann: „Wenn ich den Galgen dort erblicke, und wenn gar ein Gehenkter daran baumelt, dann tut mir allemal das Herz weh."
Der Graf aber erwiderte: „Der Galgen muß stehen bleiben, sonst gibt`s noch mehr Mörder und Spitzbuben auf der Welt." Sie ließ jedoch nicht nach mit der Bitte viele Tage lang. Da überlegte der Graf, wie ihr zu helfen sei. Endlich sprach er: „Ich will dafür sorgen, daß du den Galgen nicht mehr zu sehen brauchst."
Er ließ nun im geräumigen Burghof dem Ritterhaus gegenüber einen großen Bau aufführen, der gegen das Tal hin eine lange, gebogene Mauer aufweist, und so den Ausblick nach dem Hofgericht verhinderte. Die Frau war damit zufrieden, den Leuten gefiel das gebogene Bauwerk nicht, und sie sagten: „Seht einmal diesen krummen Bau!" So heißt auch heute noch das Gebäude „Der Krumme Bau."
Hieronymus, Reichelsheimer Sagen- und Geschichtenbuch S.18

k) Der unterirdische Gang

Wenn man zum Schloßbrunnen hineinschaut, so sieht man, wie unten zwei Gänge abgehen. Sie sollen weit vom Schloß abführen, der eine nach dem Rodenstein, der andere nach dem Schnellertsberg. Der Maurer, der sie angelegt hat, soll in die Mauer lebendig eingegraben worden sein, damit er den Verlauf der unterirdischen Gänge nicht verraten konnte. Früher konnte man genau sehen, wo der Maurer sein Leben lassen mußte.

Schwinn, Reichelheim S.67

as Hexenbuch in Reichelsheim

Eine Frau in Reichelsheim hatte nur eine Geiß, aber trotzdem stets eine erstaunliche Menge Butter im Hause. Ihr Mann konnte nicht begreifen, woher die viele Butter komme. Er paßte ihr deshalb auf und sah, daß sie den Butterstößer mit einer gewissen Salbe bestrich. In einem unbemerkten Augenblick stahl er ihr die Salbe; aber schon stand der Böse vor ihm, legte ihm ein Buch vor und sprach: „Hast du vor, meine Kunst zu brauchen, dann sollst du auch unterschreiben!" Der Bauer erschrak anfangs, doch er faßte sich gleich wieder Mut und sprach: „Ei, von Herzen gern, nur habe ich im Augenblick keine Feder zur Hand; laß mir das Buch hier bis morgen; ich tue es dann nach meiner Bequemlichkeit!" „Gut," sprach der Böse, „ich kommen morgen wieder."

Als der Teufel kaum fort war, nahm der Bauer das Buch, ging damit zum Pfarrer und fragte ihn, was zu machen sei. „Ritze die Haut an deinem Arm," sprach der Pfarrer, „und schreibe vorn ins Buch: „Das rosenfarbene Blut Jesu Christi usw." Das tat der Bauer. Als der Teufel am andern Tag wiederkam, bot der Mann ihm das Buch dar mit den Worten: „Ich hab mit meinem Blut hineingeschrieben!" „Sehr schön," sagte der Teufel und griff nach dem Buch. Er zuckte aber gleich mit der Hand zurück, als ob er sich schrecklich verbrannt habe, ließ das Buch fallen und fuhr durch das Fenster heulend davon.

Dies Buch war vor zwanzig Jahren noch auf dem Amtshaus zu Reichelsheim zu sehen, und es ist erstaunlich, was für hohe Fürsten und vornehme Herren und Frauen darin eingeschrieben waren.

Glenz, Heimatsagen Nr. 27

eißes Wiesel

Zwei Schäferknaben hüteten auf einer Höhe bei Reichelsheim ihre Herde. Weil es ein heißer Tag war, legte sich der eine unter einen Holunderbusch und schlief ein. Der andere lief herum und spielte. Da sah er, wie plötzlich vor ihm aus einem kleinen Haufen zusammengelesener Steine ein schneeweißes Wieselchen hervorsprang, das schnell dem Busche zulief, wo der Schäferjunge sich zum Schlafen niedergelegt hatte. Schnell sprang er hinter ihm nach und glaubte es schon zu fassen. Aber das Tierchen lief an dem Schlafenden hinauf und schlüpfte ihm zum offenen Munde hinein. Gleichzeitig aber wachte der Knabe auf. Er war recht böse auf seinen Kameraden, weil er ihn vom Schlafe aufgeweckt hatte.

Nun erzählte er ihm, daß er so schön von einem hohen, steinernen Schloß geträumt habe, in dem er herumgegangen und worin so viel Pracht und Herrlichkeit gewesen sei, daß er's ihm gar nicht beschreiben könne.

Glenz, Heimatsagen Nr. 28

er Teufel unterm Pranger

Nach dem Durchzug fremder Truppen im Spätherbst 1871 blieb ein fremder Soldat in Reichelsheim zurück. Er stammte aus Österreich und hieß Seipold. Im Rechnen und Schreiben war er sehr gewandt, und darum nahm ihn der Steuererheber als Gehilfen an. Der Beamte hatte seine Wohnung und Schreibstube damals in der Kaplanei. Es wurde abends gewöhnlich spät, bis der Schreiber Seipold von dem Steuerbüro kam. Dann ging er nicht das Bergelchen hinab heimwärts, denn da an der Rahthausecke war es nicht geheuer, sondern er machte lieber einen Umweg über den frei daliegenden Marktplatz.

Eines Abends nun war Seipold beinahe an der anderen Ecke des Rathauses angelangt, an welcher sich der Pranger befand. Da sah er unter diesem ein rätselhaftes Wesen stehen, ein schwarzes Ungetüm wie der leibhaftige Teufel. Hörner hatte die Gestalt auf dem Kopfe, die Augen glühten, und das schmale Gesicht war häßlich anzusehen. Am Kinn hing ein schwarzer Bart herab. Vor Schreck wich Seipold zurück. Langsam schob er sich an der Wirtschaft „Zum Grünen Baum" entlang, ebenso unter den Fenstern des „Schwanen". Endlich hatte er den Ziehbrunnen auf der anderen Seite des Marktes erreicht. Glücklich eilte er die Hauptstraße (Bismarckstraße) hinunter und bog in das Mühlgäßchen ein. Da wohnte er.

Doch - ein neuer Schreck. Ein heller Schein kam geradewegs auf ihn zu. Ausweichen in dem engen Gäßchen? Unmöglich! Stumm blieb er stehen. Da tauchte im Lichtschein ein Mann vor ihm auf, der seine blank geputzte Laterne trug. „Nachbar, hast du vielleicht meine Geiß gesehen?" fragte der gleich. Eine zweite Laterne ging nun dem Schreiber auf - in seinem Kopf. Er hielt sich aber mannhaft, sagte nicht ja und nicht nein. Schweigend begleitete er seinen

Nachbarn beim Suchen nach der entlaufenen Geiß - bis auf den Markt. Da meckerte es ihnen froh entgegen vom Pranger her, und das entlaufene Tier ließ sich willig am gerissenen Strick nach Hause führen. Drei Glückliche schliefen in dieser Nacht den Schlaf des Gerechten da hinten in der Mühlgasse.

Nach Jahren erst hat Seipold dem Nachbarn von seinem damaligen Irrtum erzählt - und so ist die Geschichte immer noch früh genug unter die Leute gekommen.
Hieronymus, Reichelsheimer Sagen- und Geschichtenbuch S.31

er Teufelsstein am Krautweg

Teufelsstein oder Großer Stein wurde der Felsen am Krautweg genannt, weil der Teufel einst ein braves Mädchen bis auf seine Spitze verfolgte, das sich vor ihm da oben hin flüchtete, sich aber auch dort durch einen kühnen Sprung seinen Klauen entzog. Die tiefen, runden Löcher an der Felswand seien nichts anderes als die Abdrücke von des Bösen scharfkantigem Gailsfuß (Pferdefuß), und sie erinnerten immer wieder an diese Geschichte, so lange es den Großen Stein noch gab.
Hieronymus, Reichelsheimer Sagen- und Geschichtenbuch S.51

puk im Gerichtssaal

Um das Jahr 1850 wurde im großen Gerichtsaal im Obergeschoß des Rathauses Konfirmandenstunde gehalten. Da geschah es eines Tages, daß die Tür während des Unterrichts wie von unsichtbarer Hand geöffnet wurde. Der unterrichtende Vikar pflegte beim Dozieren hin und her zu gehen, er war gerade in der Nähe und schloß sie wieder. Nach kurzer Zeit ging die Tür abermals auf, und zum zweitenmal wurde sie vom Vikar eigenhändig geschlossen. Doch als der Vikar wieder in die Nähe der Tür gekommen war, sprang diese zum drittenmal auf. Da schwoll dem Herrn die Ader auf der Stirn, und sehr erregt schickte er die Kinder nach Hause. So hat es der Schuhmacher Philipp Hertel erzählt, der es als Konfirmand selbst erlebt hatte.

Hieronymus, Reichelsheimer Sagen- und Geschichtenbuch S.33

estörtes Rendezvous

Als das Rathaus in seinem unteren Stockwerk noch nicht umgebaut war, ging man durch die offene Halle zur Stiege, die nach den oberen Räumen führte. Eines Abend saßen in der dunklen Halle engumschlungen ein Bursche und ein Mädchen auf der untersten Stufe der Treppe. Es wurde spät und immer später, aber die Glücklichen merkten nicht, wie schnell die Zeit verging. Es schlug gerade zwölf auf der nahen Turmuhr, da hörten sie ein Schleifen und Schlurfen auf der hölzernen Treppe. Von oben, vom Speicher her kam es, kam näher, und auf einmal war es dicht hinter ihnen. Sie sprangen auf und eilten dem Ausgang zu. Da huschte etwas an ihnen vorbei, und draußen sahen sie noch, wie eine große, dunkle Gestalt in weitem, schleppendem Gewande nach dem nahen Kirchhof vor der Kirche entfloh.

Der die Geschichte erzählt hat, wußte, wer die beiden jungen Leute gewesen waren, aber auch, daß sich das Paar nie wieder ein Stelldichein in der Rathaushalle gegeben hat.

Hieronymus, Reichelsheimer Sagen- und Geschichtenbuch S.34

Eine merkwürdige Erscheinung

Ein alter Mann aus Reichelsheim erzählte folgende Geschichte:

„Ich war öfters im Rathaus, am Tag und mitunter auch am Abend, ich habe aber da niemals etwas Unnatürliches erlebt, außer in einem Falle. Eines Tages brachte man einen Stromer, der an der Bahn verunglückt war, in der kleinen Stube im Rathaus unter, und in der Nacht mußte ich bei dem Mann wachen. Er machte mir keine besondere Arbeit, und es war stille im ganzen Haus. Als es aber zwölf Uhr schlug, entstand ein Lärm auf der Stieg, von oben nach unten, und ein Gepolter und Schleifen war´s, wie wenn der Teufel los wäre. Ich nahm meine Laterne und sah draußen nach, aber da gab es nichts zu sehen. Dann blieb es die ganze Nach über still.

Am andern Morgen erzählte ich das Vorkommnis meinem Nachbarn, aber der sagte: „Sei still und sage es nicht weiter."
Hieronymus, Reichelheimer Sagen- und Geschichtenbuch S.35

er Alte am Fenster

Am Ziehbrunnen auf dem Marktplatz versammelten sich früher öfters abends die Männer aus der Nachbarschaft, um ein Plauderstündchen zu halten. So geschah es wieder einmal an einem schönen Sommerabend. Sie unterhielten sich von vergangenen Zeiten, auch vom alten Rathaus und was darin schon alles geschehen. Dabei schauten sie unwillkürlich an der hohen Giebelseite des Hauses empor und bemerkten, daß der ehemalige Gerichtssaal erleuchtet war, die Fenster wurden immer heller und ein alter Mann mit langem Bart und weißem Haar neigte sich zu einem Fenster heraus gegen die Männer hin. Nach einer Weile ließ die Beleuchtung nach, der Alte verschwand, und der Saal war wieder dunkel wie zuvor.

Hieronymus, Reichelsheimer Sagen- und Geschichtenbuch S.35

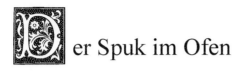er Spuk im Ofen

Im vorigen Jahrhundert stand auf dem Speicher des ehemaligen Armenhauses jahrelang ein alter Ofen, brauchbar noch, aber ausgeschieden, gemieden sogar. Mit diesem Ofen hatte es eine besondere Bewandtnis.

An jedem Sonntagmorgen hörte man nämlich im ganzen Hause ein anhaltendes Klopfen. Die Geräusche kamen aus besagtem Ofen heraus und erklangen ununterbrochen über eine Stunde lang und in immer gleichmäßigem Takte, anzuhören, wie wenn jemand mit einer kleinen Holzaxt fortgesetzt Schliwwern klein macht. Alle Leute wußten davon, aber nur Eingeweihte kannten die Ursache dieses geheimnisvollen Vorgangs, und erst später, als es in dem Hause wieder ruhig geworden war, haben sie folgende Geschichte erzählt:

Der Ofen hatte ehemals einem Bewohner des Armenhauses gehört, der nie in die Kirche ging, sondern während der Zeit des sonntäglichen Gottesdienstes regelmäßig in dem Hof des Hauses sein Brennholz zerkleinerte und die Mahnungen der anderen Hausbewohner dazu noch mit Hohnlachen erwiderte.

Der Frevler starb, fand aber keine Ruhe und mußte zur Strafe allsonntäglich, solange der Gottesdienst dauerte, im bekannten Holzhauertakte in seinem ehemaligen Ofen klopfen, auch dann noch, als der Ofen deswegen nach dem sonst so stillen Raume „oben droben" verbannt worden war.

Seit bauliche Änderungen im Innern des Hauses vorgenommen worden sind und der Ofen zugleich den Weg alles Alteisens gewandert ist, hat sich der Klopfgeist nicht mehr hören lassen.

Die Geschichte ist aber nicht in Vergessenheit geraten, und sie sei, sagt man, eine Warnung an alle diejenigen, die den Tag des Herrn nicht heiligen und Gottes Wort nicht gelten lassen wollen.

Hieronymus, Reichelsheimer Sagen- und Geschichtenbuch S.36

er unschuldig Hingerichtete

Es war in der Zeit kurz nach dem Jahr 1700, da wurde in einem Odenwalddorf in der Reichelsheimer Gegend ein junges Mädchen ermordet aufgefunden. Ein erst vor kurzem in das Dorf gekommener Bauernknecht stand im Verdacht, die Tat begangen zu haben. Er leugnete aber hartnäckig und sagte immer wieder, er sei unschuldig. Sie haben ihm aber zu sehr zugesetzt, bis er, um seine Ruhe zu haben, die Tat eingestand. Als man ihn aber kurze Zeit später zum Tode verurteilte, leugnete er wieder hartnäckig, der Mörder zu sein. Jetzt war es für ihn zu spät, und wie es in der damaligen Zeit so üblich war, machte man mit dem armen Knecht kurzen Prozeß und richtete ihn mit dem Schwert hin.

Nicht lange nach der Hinrichtung wollen Leute in der dortigen Gegend einen Mann ohne Kopf gesehen haben, der auf die Richtstätte zulief. Andere Leute wieder wollten nachts, als sie an der Richtstätte vorbeikamen, gehört haben, wie dort ein Mann laut heulend in einem fort schrie: „Ich bin unschuldig gerichtet worden."

Hess, Spuk Nr.14

as bunte Flämmchen

An einer Stelle im Schwanengarten, wo vor vielen Jahren einmal ein Apfelbaum stand, wurde in früherer Zeit dann und wann spätabends ein rätselhaftes Lichtlein oder Flämmchen gesehen, das, bald blau, bald rot brennend, unruhig flackerte und um Mitternacht erlosch. An der Stelle stand ehemals ein Häuschen, vor dessen Treppenaufgang man 1878 einen Degen gefunden hat. Auf dem Hauplatze soll im zerfallenen Keller ein Schatz begraben liegen, den das kleine Geldfeuerchen anzeigt. Er ist aber wahrscheinlich schon gehoben worden, denn das lebhafte, bunte Flämmchen wurde schon lange nicht mehr wahrgenommen, und beim Fällen des Apfelbaums hat man nichts gefunden.

Hieronymus, Reichelsheimer Sagen- und Geschichtenbuch S.42

as Geldfeuerchen in der Mühlgasse

Der alte Hertel erzählte öfters folgendes Erlebnis:

„Mein Elternhaus ist das Eckhaus hinter der Mühlgasse Nr. 7. Es liegt dem Mühlscheuerchen gegenüber. An einem Abend saßen wir in unserer Stube, und meine Eltern hantierten wie gewöhnlich bei dem schwachen Lichtschein der Petroleumlampe. Plötzlich merkte man einen hellen Schein vor den Fenstern. Meine Mutter stand auf und sah durch die Scheiben. Dann ging sie zurück und schlich mäuschenstill zur Tür hinaus. Der Vater folgte ihr, ich auch. Draußen sahen wir auf der anderen Seite der Gasse, in dem Gängelchen neben dem alten Mühlscheuerchen, ein helles, flackerndes Feuerchen, und die Flamme war so rot und blau, wie wenn man Spiritus brennt, und je näher wir uns hinzu machten, desto mehr und munterer brannte das merkwürdige Feuer. Wir standen starr vor Verwunderung. Auf einmal lief die Mutter in das Haus zurück, und auch wir gingen wieder hinein.

Am anderen Morgen sah man nichts Besonderes auf dem Platze, auch keinerlei Überbleibsel von einem Feuerchen. Meine Mutter erzählte die ganze Geschichte unserem Nachbarn in dem Mühlhöfchen. Der machte ihr schwere Vorwürfe, weil sie es ihm nicht schon am Abend gesagt hätte, sie hätte ihm nur schweigend ein Zeichen zu geben brauchen.

Später trug es sich zu, daß der Nachbar die alte Scheune „abroppen" ließ, um eine neue auf demselben Platz zu erbauen. Sie stand noch in unserem Jahrhundert.

Als die Maurer nun das Fundament ausgruben, stießen sie - es war schon gegen Abend - auf eine große Steinplatte. Am andern Tag schickte der Besitzer die Arbeiter wieder nach Hause. „Hehlingerweise" hob er ganz allein die Platte hoch, und darunter fand er einen großen Schatz - viel Geld. Daher rührt der Reichtum der Leute.

Hieronymus, Reichelsheimer Sagen- und Geschichtenbuch S.60

er Schatz im Buch

Ein Mann, der im Mühlgäßchen wohnte, träumte einmal, er habe im Buch einen ganzen Kessel voll Gold gefunden. In der folgenden Nacht hatte er den gleichen Traum. Am Morgen ging er zu seinem Nachbarn und erzählte ihm alles. „Wenn du es noch einmal träumst, ist es wahr; dann gehen wir zusammen auf die Schatzsuche." Und richtig, in der dritten Nacht träumte ihm das gleiche.

Am frühen Morgen gingen die beiden Männer am Galgen vorbei ins Buch. Sie fanden den im Traum erschienenen Baum und zwischen den starken Wurzeln einen Kessel mit Goldstücken. Mit ihren Rodhacken versuchten sie, den Schatz ganz aus dem Boden herauszuziehen. Es war eine schwere Arbeit. Da wurde der eine Mann unwillig und tat einen bösen Fluch. Sogleich sank der Kessel samt dem Gold in den Boden hinein.

Im Buch fand einmal eine arme Frau gegen Abend einen ganzen Topf voller Goldstücke. Sie kniete nieder, um sie in ihre Schürze zu raffen. In ihrer großen Freude rief sie aus: „O Gott!" Da war der Schatz verschwunden, denn das hätte sie nicht sagen dürfen.

Schwinn, Reichelsheim S.69

ie weiße Frau am Alten Weg

Ein Mann in der Mühlgasse, der früher auf dem Steinbickel gewohnt hat, hatte eine Tochter. Dieser träumte, sie wohnten noch auf dem Steinbickel, und an der Gutleutwiese sehe sie eine weiße Frau stehen, die einen ganzen Hafen (Topf) voll Geld und einen Schlüsselbund in den Händen vor sich hatte und ihr beständig zuwinkte. Am Morgen erzählte sie den Traum ihren Eltern, und der Vater sagte: „Wenn es dir wieder so träumt, dann zupfst du mich. Dann gehen wir hin, aber sprechen darfst du nicht dabei."

In der folgenden Nacht träumte es der Tochter wieder. Sie sah wieder die weiße Frau mit dem Hafen voll Geld und den Schlüsseln, und die Gestalt winkte ihr mit der Hand. Das Mädchen aber getraute sich nicht aufzustehen und ihren Vater zu wecken. Am Morgen erzählte sie es ihm. Da sagte der Vater: „Wenn dir zum dritten Mal so träumt, dann fürchte dich nicht und zupf mich, dann gehen wir unberufen hin, und wir werden reich sein."

Es träumte dem Mädchen zum dritten Mal wie in den Nächten vorher. Sie wurde wach, faßte sich ein Herz, stand leise auf und stieß ihren Vater an. Der schlüpfte in seine Kleider, schwieg mäuschenstill, und sie gingen stumm den Alten Weg hinauf. An der Gutleutwiese stand die weiße Frau, und sie winkte dem Mädchen, und sie hatte ein blasses Gesicht, und vor sich hielt sie den großen Topf voll Geld und in der einen Hand einen stark glänzenden Schlüssel. Sie winkte immer, doch das Mädchen zögerte hinzugehen. Der Vater gab ihr ein Zeichen, doch „anne" (hin) zu gehen. Sie ging auch und war bald bei der Frau. Die winkte immer heftiger, und das Mädchen war schon ganz nahe bei ihr. Doch auf einmal bekam es Angst, tat einen lauten Schrei - und alles war verschwunden.

Nach Jahren wanderte ein Geschäftsmann aus Rimbach den Alten

Weg daher. Es war Nacht, und er wollte geschäftehalber nach Frankfurt. Sein Name war Hebelmeyer. Er sah die weiße Gestalt auch, ging hinzu und bekam den ganzen Schatz und war nun sehr reich. Von dieser Zeit an wurde die weiße Frau nicht mehr gesehen. Sie war erlöst.
Hieronymus, Reichelsheimer Sagen- und Geschichtenbuch S.46

ine Schüssel voller Gold

Auf dem Steinbickel am Alten Weg wohnten zwei arme Leute, die hatten eine Tochter. Die Mutter aber starb, und das Mädchen mußte zu einem Bauern als Magd. Da fühlte sich der Mann oft einsam, und wenn es Feierabend war, besuchte er gerne seine Freunde in Reichelsheim. Eines schönen Abends im Spätherbst war er wieder einmal allein den Alten Weg heruntergewandert, denn er gedachte, mit dem Schmidtsbauer ein Plauderstündchen zu halten. Im Ort bog er vom Alten Weg ab und ging durch Schmidts Hintergarten dem Hause zu. Plötzlich blieb er stehen. Etwas Merkwürdiges sah er am Boden. Eine ganze Backschüssel voll der schönsten gelben Blumenblättchen stand vor ihm. Wunderbar glänzten die Blättchen im Mondschein, und alle waren gleich groß und rund, gerade wie echte Goldstücke. Der Mann konnte sich gar nicht satt sehen daran. Endlich ging er in das Haus, und in der Stube sagte er sogleich: „Aber wie fleißig und geschickt sind euere Kinder gewesen. Sie haben ja die allerschönsten, gelben

Blütenblättchen gesammelt und in eine Schüssel gelegt, und die Schüssel ist gestrichen voll." Die Eltern und die Kinder sahen einander verdutzt an, wußten auch nichts von der Backschüssel und den schönsten Blättchen.

Da mußten sie alle mit in den Garten gehen. Sie suchten alles ab, aber die Backschüssel war verschwunden. Nun merkte man, daß es ein Schatz gewesen sein mußte, und die alte Großmutter sagte zu dem Mann: „Hättest du nicht ausgeplaudert und still etwas darüber gedeckt, so wärst du jetzt ein reicher Mann."

Hieronymus, Reichelsheimer Sagen- und Geschichtenbuch S.47

er Einsiedler am Nebelsee

Eine Quelle im Wald westlich von Reichelsheim heißt der Nebelbrunnen. In alter Zeit lebte an diesem Brunnen im Buch ein Einsiedler. Er predigte den Leuten und heilte Kranke mit dem Wasser. Im dem abwärts gelegenen Nebelseechen mußten die Kranken baden.

Schwinn, Evangelische Kirche S.7

as Beerfurther Schlößchen

Die spärlichen Überreste des Beerfurther Schlößchens findet man am oberen Burgweg zwischen Kirch-Beerfurth und dem Gasthaus „Vier Stöck" auf einer 363 Meter hohen, bewaldeten Bergkuppe in der Gemarkung Kirch-Beerfurth. Wahrscheinlich stammt das Bauwerk aus sehr früher Zeit, denn über Bauzeit und Erbauer gibt es heute keine schriftlichen Unterlagen mehr. Es fehlen auch mündliche Überlieferungen, die Fragen beantworten könnten.

In einer Urkunde von 1687 über den Schweinetrieb der Pfaffen-Beerfurther in ihrem Wald am Morsberg wird diese Stelle als „das alte Schloß" bezeichnet. Weitere Erwähnung findet das ehemalige Bauwerk dann noch in Berichten Erbacherischer und Löwensteinischer Beamter um 1740 und den folgenden Jahren, wo Klage geführt wird, daß die Kirch-Beerfurther mit ihrem Schulmeister auf „das alte, herrschaftliche Schloß" gekommen seien, um sich Steine für ihren Schulhausbau zu holen. Während sich die Erbacher Herrschaft bemühte, sowohl Steinraub als auch den Holzfällen an dieser Stelle Einhalt zu gebieten, stellte sich die Löwenstein-Wertheimer Herrschaft auf einen ganz anderen Standpunkt und ließ durch ihren Amtmann auf dem Breuberg mitteilen: "Weilen die Kirch-Beerfurther so heilsame Gedanken, ein Schulhaus zu bauen, hegeten, so solle man ihnen nicht nur die Steine zu gedachtem Ende lassen, sondern auch das am Ort stehende Holz zu ihrem Brande (Heizung) verabfolgen."

Das Schulhaus wurde 1749 auch gebaut. An seinen Grundmauern kann man heute noch die schön behauenen Sandsteine vom Beerfurther Schlößchen sehen. Leider wurde der Steinraub so rigoros ausgeführt, daß heute nur noch ein kärglicher Rest der Um fassungsmauer zu sehen ist. Die Bauern benutzten die behauenen Steine auch für ihre eigenen Häuser und zum Wegebau. Ganze Wagenladungen wurden auch nach auswärts verkauft.

So kam es, daß heute vom Schlößchen kaum mehr etwas zu sehen ist und nur der Name auf der Landkarten darauf hindeutet. Die Sage aber erzählt, daß das Schlößchen einst von Raubrittern bewohnt war, die schöne Pferde in ihren Ställen und guten Wein in den Kellergewölben hatten. Der Wein soll sogar noch dort lagern, aber in der eigenen Haut, weil die Faßdauben längst vermodert seien. Viele Leute haben schon danach gegraben, sie konnten den Wein aber nicht finden. Nur die Grabmulde von ihrem neugierigen Tun ist noch deutlich zu erkennen. In den Kellern des Schlosses sollen auch größere Schätze schlummern.

Hieronymus, Reichelsheimer Sagen- und Geschichtenbuch S. 132

a) Der Schatz im Schloß

Immer wieder haben Männer versucht, die Schätze zu heben. Einem dieser Schatzgräber, angeblich ein Bauersmann aus Ober-Kainsbach, soll es sogar schier gelungen sein, das unterirdische Versteck jenes sagenhaften Schatzes aufzufinden, wenn nicht im letzten Augenblick etwas Ungeheuerliches dazwischen getreten wäre, was ihn mit Gewalt von seinem Vorhaben abgebracht hatte. Besagter Bauer war ein Träumer und Grübler, dessen Sinnen und Trachten mit Vorliebe nach unterirdischen Schätzen und anderen, geheimen Dingen der Welt stand.

So träumte es ihm einmal nachts, daß im Beerfurther Schlößchen in einem unterirdischen Gewölbe ein Schatz versteckt liege, der von einem bösen Geist bewacht werde. Wenn er sich denselben verschaffen wolle, so müsse er um die Mitternachtsstunde an der und der Stelle, die ihm bezeichnet wurde, einen tiefen Schacht in die Erde graben. Doch das Gelingen hänge davon ab, daß er sich hierzu einen geeigneten Mann, der standhaft und ohne Furcht sei, mitnehme. Als besonderen Schutz gegen den Bösen, welcher den Schatz bewache, benötige er ferner eine Katze, die ein ganz und gar schwarzes Fell haben müsse.

Einen Mann, der sich an der Hebung des Schatzes beteiligen wollte, hatte er viel eher gefunden als eine schwarze Katze, und als sich endlich eine solche auftreiben ließ, da hatte dieselbe drei weiße Härchen am Halse, welche man ihr ausriß, damit sie auch wirklich ganz und gar schwarz war.

So machte sich denn der Bauer und noch ein Mann, den er für sein Vorhaben gewonnen hatte, eines Nachts mit der mohrfarbenen Katze und noch einigem erforderlichen Handwerkszeug auf den Weg nach dem Ort, wo der Schatz liegen sollte. Es war eine mondhelle Nacht, die sie sich ausgesucht hatten, und zur bestimmten Stunde gingen sie an die Arbeit. Abwechselnd grub einer von ihnen, während der andere die Katze halten mußte. Das ging so eine Weile, als der Bauer, der sich gerade in dem schon tief gegrabenen Loche befand, plötzlich mit seinem Werkzeug auf irgendeinen metallenen Gegentand stieß, was einen seltsamen Klang verursachte, wodurch der Wald ringsum schauerlich zu widerhallen begann.

Im selben Augenblick versteckte sich der Mond hinter einer schwarzen Wolke, und in den Lüften erhob sich auf einmal ein Brausen, daß die Katze, die auf ihres Wächters Arm saß, gar fürchterlich zu miauen anfing, aus den Augen greuliche Funken spie und mit entsetzlich aufgebauschtem Schwanz sich immer höher und höher buckelte, so daß sie wie eine verzauberte Hexe ins Unendliche zu wachsen schien, und er, von einem kalten Entsetzen gepackt, so schnell ihn seine Beine zu tragen vermochten, davonlief. Als dann der Bauer aufsah, was um ihn herum vorgehe, war es ihm, als schwebe ein gewaltiger Mühlstein über seinem Haupte, der an einem dünnen Zwirnsfaden hing, und der Teufel stand daneben mit einer Schere, und wollte schon den Zwirnsfaden durchschneiden, da schwang er sich schnell mit einem gewaltigen Schlag aus dem Loch und lief ebenfalls, um Leib und Seele vor dem leibhaftigen Bösen in Sicherheit zu bringen, eilends davon.

Der Förster des Waldes, der gerade in diesem Augenblick vorbei kam und die beiden so wie Hirsche durch den Wald rennen sah, dachte nichts anderes, als es seien Banditen oder Wilderer und jagte ihnen noch obendrein aus seiner Jagdflinte einen Schreckschuß nach. Als der Bauer den Knall hörte, glaubte er, der Mühlstein sei hinter ihm auf die Erde geplumpst, und nun käme der Teufel schon hinter ihm drein gelaufen, und er ließ aus unbeschreiblicher Angst seine Beine noch länger werden, stolperte aber an etwas und ließ sich, dabei zu Boden stürzend, einen kleinen Abhang hinunter rollen, wo er dann eine Weile wie ein Unglückshäuflein liegen blieb. Als er sich jedoch nicht von dem Teufel verfolgt sah und von seinem Schreck sich wieder einigermaßen erholt hatte, verwünschte er seinen Helfershelfer, weil er ihn gerade in dem wichtigen Augenblick, als er schon auf das Versteck des Schatzes gestoßen war, durch seine feige Flucht im Stiche ließ. Bei den späteren, an der Stelle vorgenommenen Nachgrabungen konnte man jedoch nichts von dem vermeintlichen Schatz finden.

Haas, Volk und Scholle 1939/9 Nr.11

b) Der Schatz im Keller

Im Keller soll sich ein Kessel voll Gold und Edelsteinen befinden. Ein Schuster und ein Schneider haben einmal danach gegraben. Bei der Arbeit durfte aber kein Wort geredet werden. Als dann nach mühevollem Graben endlich der Kessel zum Vorschein kam, konnte sich der Schneider nicht mehr beherrschen und rief laut aus: „Oh - Gold!" Im gleichen Augenblick waren Kessel und

Schatz verschwunden und bis heute nicht mehr gesehen.
Hieronymus, Reichelsheimer Sagen- und Geschichtenbuch S.135

c) Der Schatz im Acker

Ein Unter-Gersprenzer Bauer pflügte einmal auf einem Acker in der Nähe des Beerfurther Schlößchens, da bemerkte er, wie der Hirtenbub, welcher ihm seine behornten Zugtiere leitete, mit der Geste eines ehrerbietigen Grußes den Hut abzog. Der Bauer, der sich nach allen Seiten umguckte aber niemanden sehen konnte, wen der Hirtenbub gegrüßt haben könnte, fragte nun denselben, weshalb er den Hut abgetan hätte, worauf der Hirtenbub antwortete, ob er denn nicht den vornehmen Herrn gesehen habe, der auf stattlichem Schimmel gerade an ihm vorbei und den Berg hinaufgeritten sei.

Als er dann wieder weiterpflügen wollte, ließ sich der Pflug nicht mehr von der Stelle bewegen, worauf der Bauer mit einer Hacke die Erde beiseite kratzte, um zu sehen, was schuld sei, da wurde er gewahr, daß die Spitze der Pflugschar in einem starken Eisenring stak, der an dem Deckel eines darunterstehenden schweren, eisernen Topfes befestigt war. Vergeblich versuchte der Bauer, seinen Pflug wieder frei zu bekommen und stieß nach mehrmaligem Hin- und Herzerren einen kräftigen Fluch aus, worauf dann plötzlich der Ring von selber heraussprang und samt dem vorher daran befindlichen eisernen Topfe auf unerklärliche Weise verschwand.

Wenn der Bauer nicht geflucht hätte, so erzählt man sich, wäre er sicher in den Besitz des in seinem Acker vergrabenen Schatzes gekommen, so aber versank dieser noch einige Klafter tiefer in die Erde, und er hatte das Nachsehen.
Haas, Volk und Scholle 1933/9 Nr.11

d) Der Schatz am Burgweg

Am Burgweg, nicht weit vom Gräberswäldchen, liegen viele glitzernde Steine. Die Kinder nennen sie Katzengold, die Erwachsenen Glimmer. Dort ging eines Abends ein Kirch-Beerfurther Bauer allein seines Weges. Plötzlich stand ein Zwerg vor ihm. Er wollte eilig weglaufen, aber das Männchen winkte ihm freundlich zu und sprach: „Ich will dir ein Geheimnis verraten. Heute ist Vollmond, wenn du reich werden willst, dann komm um Mitternacht mit einer Hacke und einer Schippe zurück. Hier an dieser Stelle liegt ein Schatz verborgen. Du brauchst ihn nur auszugraben."
„Reich werden möchte ich schon," sprach der Mann, „aber um Mitternacht ist es mir nicht recht geheuer. Darf ich jemand mitbringen, der mir hilft?"
„Das kannst du schon," erwiderte der Zwerg, „hüte dich aber davor, auch nur ein einziges Wort zu sprechen bei der Arbeit, sonst ist der Schatz auf ewig versunken."
Der Bauer bedankte sich und machte sich auf den Heimweg. Gleich, als er ins Dorf kam, bat er seinen Nachbarn um Hilfe. Der erste glaubte die Geschichte nicht. Der zweite hatte von einem verborgenen Schatz gehört, doch er fürchtete sich. Nach vielem Suchen fand sich endlich ein Beherzter, der mitgehen wollte.
Kurz vor Mitternacht machten sich die beiden auf den Weg. An der Stelle, die der Zwerg gezeigt hatte, fingen sie sofort an zu graben. Sie hielten sich streng an das Gebot und sprachen kein Wort miteinander. Die Arbeit war schwer, denn der Boden war steinig. Abwechselnd stand einer in der Grube und schaufelte, während sich der andere ausruhte. Das Loch wurde immer tiefer, und immer noch war kein Gold zu sehen. Da schlugen die Reichelsheimer Kirchenglocken zwölf.
Und in diesem Augenblick sah der Mann, der gerade in der Grube stand, einen großen Klumpen Gold. Hoch erfreut hob er ihn auf und zeigte ihn seinem Freund. „Da ist er!" rief er aus. Doch beim

ersten Wort, das er sprach, verwandelte sich das Metall. Aus dem Schatz wurde ein Brocken Katzengold. Seit der Zeit hat niemand mehr versucht, den Schatz zu heben. Auch der Zwerg wurde nicht mehr gesehen.
Schwinn, Reichelsheim S.68

e) Der Bohnenacker

Die Ritter auf dem Beerfurther Schlößchen besaßen einen guten Bohnenacker. Sie hatten ihn je zur Hälfte zwei Beerfurther Bauern zur Bewirtschaftung übergeben. Der Acker lag zu weit vom Schlößchen weg. Deshalb sprach in einem Frühjahr der Ritter zu den Bauern: „Einem von euch will ich im Herbst den ganzen Acker als Eigentum übergeben. Pflanzt wieder Bohnen. Wer die meisten auf seinem Feld erntet, bekommt das Feld geschenkt.

Als die Bohnen zeitig waren, wurde der Tag bestimmt, an dem sie gepflückt werden sollten. Der Ritter selbst wollte dabei sein und prüfen, wer die beste Ernte hatte.

In der Nacht ging einer der Bauern auf das Feld, riß aus dem Teil des Nachbarn Bohnen ab und warf sie auf seine eigene Hälfte. Zufällig kam der Ritter vorbei. Er hörte ein Rascheln. Zunächst dachte er, ein Tier sei auf das Feld eingedrungen. Aber dann sah er, was auf dem Acker vor sich ging. Er entfernte sich leise und dachte bei sich: „Du wirst deiner gerechten Strafe nicht entgehen."

Am kommenden Morgen wurde geerntet. Der redliche Bauer konnte gar nicht verstehen, warum sein Ertrag so viel geringer war. Der Bohnendieb dachte schon, er habe den Acker gewonnen. Da deckte der Herr den Betrug auf. Der Dieb kam ins Gefängnis und wurde später gehenkt. Der andere Bauer aber erhielt den Acker, und seine Nachkommen haben ihn noch lange bebaut.
Schwinn, Reichelsheim S.72

ie die Beerfurther zu ihrem Gemeindewald kamen

Es geschah vor langer, langer Zeit, daß ein Edelfräulein samt Gefolge mit einer Kutsche unterwegs war. Die Dunkelheit senkte sich schon übers Land, und kalter Wind und Regen schlugen dem Kutscher ins Gesicht, als das Gefährt vom Rodenstein her kommend die Anhöhe über Beerfurth erreichte. Jetzt ging die Fahrt rasch talwärts durch den Eberbacher Weg in Richtung Pfaffen-Beerfurth. Plötzlich krachte es, die Pferde machten noch einen Satz nach vorn, und der Kutscher hatte alle Mühe, die Tiere zum Stehen zu bringen. Als das Fahrzeug dann endlich zum Halten kam, neigte es sich zur Seite, der Kutscher sprang schnell vom Bock und sah die Bescherung. Ein Hinterrad war gebrochen, und der Wagen hing schräg auf der Achse.

Im Innern der Kutsche kreischten und jammerten die Frauen ob dieser mißlichen Lage. Was nun? Ein Ersatzrad gab es nicht, und der Weg zum Schloß nach Erbach war noch weit und beschwerlich. Inzwischen war auch die Nacht vollends hereingebrochen, und durch den Regen war es stockdunkel. Das konnte eine grausige Nacht werden, zumal man sich im Jagdgebiet des „Wilden Heeres" befand. Der Wagenlenker war ratlos vor so viel Unheil. Er konnte auch sein Gefährt und die Frauen nicht allein lassen, um Hilfe zu holen.

Zur gleichen Zeit war in Pfaffen-Beerfurth der alte Hirte vom Schafacker her kommend an seinem Hirtenhaus, das am westlichen Ausgang des Dorfes (heute Schwimmbad) stand, eingetroffen. Er, der mit der Natur verwachsen war wie kein anderer, stand noch an der Haustür, blickte nach Westen, denn von dort her wehte der Wind ein Geräusch, das er sofort als das Rattern eines Fuhrwerks erkannte. Er hörte auch an dem Getrappel der Pferde und am Rollen der Räder, daß es sich hierbei um keinen Bauernwagen

handeln konnte, denn die fuhren behäbiger und lauter. Das, was er hörte, bewegte sich leicht und flott voran. Der Alte schüttelte den Kopf und brummte in seinen Bart: „Wie kann man nur so unvernünftig sein und bei diesem Wetter und der Dunkelheit noch über Land reisen."

Gerade wollte er ins Haus gehen, da vernahm er ein Krachen, Stimmen und kurz darauf Stille. Da muß was passiert sein, war sein erster Gedanke. Schnell zog er seinen großen Mantel über, setzte seinen Schlapphut auf und stapfte mit einer Laterne durch die Dunkelheit hinüber zum Eberbacher Weg. Er mußte noch ein gutes Stück bergan laufen, bis er schon von weitem die Pferde schnauben hörte. Als er das Fuhrwerk erreichte, konnte er im Schein seiner kleinen Laterne das Unheil sehen. Der Kutscher war überglücklich, daß jemand von seiner Lage Kenntnis genommen hatte. Der Hirte aber, ein hilfsbereiter Mann, faßte sofort mit an. Mit vereinten Kräften konnten sie das zerbrochene Rad von der Achse lösen. Der Hirte lud sich die Trümmer auf seine Schultern und stapfte in die Nacht hinein nach Pfaffen-Beerfurth zum Schmied. Den klopfte er aus dem Haus heraus und erzählte kurz den Hergang des Unglücks. Der Schmied begab sich gleich zu seiner Werk statt, entfachte sein Schmiedefeuer und fing mit der Arbeit an. Da aber auch hölzerne Speichen gebrochen waren, mußte auch der Wagner noch in dieser Nacht tätig werden. Mit vereinten Kräften war dann kurz vor Mitternacht das Rad wieder gerichtet, und der Hirte konnte es schultern und an den Unglücksort zurückbringen. Wie freuten sich die Insassen über diese hilfreichen Menschen. Sie hatten schon geglaubt, die Nacht bei diesem Unwetter im Hohlweg verbringen zu müssen. Das Rad war schnell wieder auf die Achse gesteckt und verschraubt, und die Weiterfahrt konnte, mit Verspätung zwar, doch noch fortgesetzt werden.

Das Edelfräulein- wir kennen ihren Namen nicht - setzte dann bei ihrem Vater durch, daß er diesen hilfreichen Menschen der Gemeinde Pfaffen-Beerfurth den Wald am Morsberg, neben dem Herrenwald, vermachte, damit der alte Hirte, wenn es im Herbst Eckern und Eicheln gab, mit seiner Schweineherde zur Mast in den Gemeindewald fahren konnte.

Hieronymus, Reichelsheimer Sagen- und Geschichtenbuch S.137

er Lohbouz

Von der Hutzwiese herunter nach Beerfurth fließt der Lohbach. Früher gab es auch einen Lohhof. In dem Gebiet geht der Lohbouz um. Er ist ein böser Geist, der abends und in der Nacht die Leute erschreckt. Einmal ist er neben einer Frau hergegangen von Gersprenz bis zur Hutzwiese. Ein andermal bekam ein Mann aus Beerfurth einen Schlag an den Kopf, daß er in den Graben flog. Ein Hutzwieser Bauer fuhr mit einem Wagen voll Korn über die Gersprenz in die Wiesenmühle. Kaum war er ein paar hundert Meter von seinem Haus entfernt, da sah er, wie ein Gespenst neben ihm herging. Die Pferde wurden unruhig und fingen an zu rennen. Bis Gersprenz war der Lohbouz neben dem Fuhrwerk. Auf dem Heimweg nahm der Bauer den alten Müller mit. Doch der unheimliche Begleiter ließ sich nicht mehr sehen.

Schwinn, Reichelsheim S.71

om Beerfurther Scholz

Zwischen Reichelsheim und Pfaffen-Beerfurth liegt der Beerfurther Friedhof. Nachts gingen die Leute dort nicht gern vorbei. Oft kam ein Gespenst über die Friedhofsmauer gesprungen und setzte sich dem Wanderer auf den Rücken. Kein Schütteln und kein Schlagen half. Der Geist ließ nicht eher von seinem Opfer ab, bis die ersten Häuser des Dorfes erreicht waren. Ohne ein einziges Wort gesprochen zu haben, verschwand er wieder. Alle wußten, das war der Beerfurther Scholz, der in seinem Grab keine Ruhe fand.

So setzte sich das Gespenst wieder einmal mitten in der Nacht einem Bauern auf den Rücken. Der aber fürchtete sich nicht, sondern fragte: „Scholz, warum tust du das?" Der antwortete: „Ich habe einen Grenzstein versetzt, was soll ich tun?" „Setz ihn zurück an seinen richtigen Platz," erwiderte der Bauer. „Ich danke dir für deine Ansprache, du hast mich erlöst." Er kehrte zum Friedhof zurück und wurde nicht wieder gesehen.

Schwinn, Reichelsheim S.72

as Geldfeuerchen am Hetzenberg

Es wurde immer wieder erzählt, daß Leute, die spät abends von ihrer Reise heimkehrten oder auch zu mitternächtlicher Stunde erst vom Rodenstein nach Hause gingen, auf dem Feld überm Schloßbrunnen ein kleines, lebhaftes Feuer gesichtet haben. Das war ein Geldfeuerchen gewesen, und man wußte, es zeigte allemal den Eberbacher Kriegsschatz an, besonders aber in der Adventszeit. Trotzdem fand noch niemand das Herz, sich nahe an das Feuerchen heranzuwagen, bis ein Mann aus Reichelsheim sich traute, hier sein Glück zu versuchen. Er war viel draußen in der Welt herumgekommen, kannte keine Baas (Angst), verstand sich aufs Sprüchekloppen aus dem Effeff und rühmte sich überall seines großen Mutes.

Als er nun wieder einmal die Geschäfte in seiner Gai (Umgegend) glücklich erledigt hatte, handelte er in gewohnter Weise nach dem alten Spruch:

Jetzt geh ich nach dem Rodenstein
und trink mein Schöpplein ganz allein!

Als er dann gegen Mitternacht in guter Stimmung heimwärts trollte, da bemerkte er unverhofft das Feuerchen am Bergeshang. Er freute sich schon über seinen zukünftigen Reichtum und gedachte in der drei Hexen Namen die Glut mit seinem Stecken auseinander zu kratzen und andern Tages den Gewinn einzuheimsen. Im Begriff, sich zu bücken, blendete jedoch der helle Schein des Feuerchens seine Augen so sehr, daß ihm der Schreck in die Glieder fuhr. Jäh führte er seine Hand zum Herzen, und er entfloh ganz schnell von diesem unheimlichen Ort.

Hieronymus, Reichelsheimer Sagen- und Geschichtenbuch S. 93

in Kessel voller Gold

Ein Mann namens Hörr aus Reichelsheim träumte einmal, er stünde am Schloßbrunnen in Eberbach und sähe einen großen Kessel voll Gold neben dem Brunnen stehen. In der folgenden Nacht, er war kaum eingeschlafen, träumte er noch einmal davon. Von beiden Träumen erzählte er seinem Freunde, der in der Sandhohl wohnte, und dieser sagte: „Wenn du noch einmal davon träumst, dann klopf` an mein Fenster, aber sprechen darfst du kein Wort, und wir gehen dann gleich hin."

Als dann der Reichelsheimer Hörr zum dritten Mal vom Goldschatz träumte, stand er auf, klopfte seinem Freund, und schweigend machten sie sich auf den Weg zum Hetzenberg, wo das Wasser des Brunnens plätscherte. Wirklich, da stand ein Kessel neben dem Schloßbrunnen, und die Goldstücke funkelten prächtig im Sternenlicht. Die Männer überkam plötzlich eine große Angst, sie griffen nicht zu, sondern liefen weg, so schnell sie konnten. Warum die beiden plötzlich die „Baas" (Angst) überfiel, weiß man nicht mehr so recht; sie sollen aber etwas Schreckliches gesehen haben.

Hieronymus, Reichelsheimer Sagen- und Geschichtenbuch S.95

Der Kriegsschatz

Am Hetzenberg in der Gemarkung Eberbach liegt ein großer Schatz begraben. Die Stätte ist auf dem Felde überm Schloßbrunnen zu suchen. Den Schatz haben zwei Soldaten im 30jährigen Krieg dortselbst in der Erde vergraben. Auf der Flucht begriffen, mußten sie befürchten, mit der Kriegskasse, die sie bei sich trugen, in die Hände der Feinde zu fallen. Einen schweren Stein wälzten die Männer noch auf die Grube, machten ein Zeichen an den Baum, der dabei stand, und eilten weiter.

Nach dem Krieg kehrten die Soldaten zurück, um den Schatz zu holen. Der Baum war aber inzwischen nicht mehr da, verschwunden war auch der große Stein, dazu alles Gelände um den Schloßbrunnen her in Ackerland umgewandelt, wie heute noch zu sehen, daher jegliches Suchen nach dem Gelde umsonst. Traurig verließen die Fremden wieder das Eberbacher Tal, und ungehoben ruht der Kriegsschatz im Ackerboden am Bergeshang bis auf den heutigen Tag. Doch hat sichs im Laufe der Zeit manchmal zugetragen, daß nach starken Regengüssen einzelne Gold- und Silbermünzen in den Wasserfurchen gefunden wurden, und zwar ein wenig weiter abwärts, nahe der Hofreite Hartmann, zu der das Gelände gehört, und in den vergangenen Jahren wurde in diesem Haus eine solche Münze, ein altes Goldstück, sorgfältig aufbewahrt und gezeigt, ist aber nun nicht mehr aufzufinden.

Hieronymus, Reichelsheimer Sagen- und Geschichtenbuch S.92

on einer Hexe gebannt

Ein Mann fuhr mit seinem Wagen durch Gumpen an einer Wiese vorbei, wo Knechte und Mägde mähten. Auf einmal konnten seine Pferde nicht mehr weiter. Er rief hinüber: „Wenn ihr nicht gleich loslaßt, sollt ihr sehen, was geschieht." Er wußte, was es auf sich hatte. Dreimal ging er um den Wagen und schlug mit der Axt auf eines der Hinterräder. Da konnte er wieder weiter, auf der Wiese aber stürzte eine Magd tot zusammen.
Mößinger, Hessische Blätter für Volkskunde Bd.XXII S.63

eimleuchten

In Laudenau lebte einmal ein wüster und wilder Mann, der lag den ganzen Tag im Wirtshaus, und wenn er abends heim kam, ritt er mit dem Gaul in die Stube hinein bis vor seiner Frauen Bett. Eines Abends spät, auf dem Heimwege, sah er auf einer Wiese zwei Heerwische tanzen, und weil es eine dunkle Nacht war, so rief er ihnen zu, sie sollten ihm heimleuchten, er wolle ihnen zwei Kreuzer geben. Da kamen die beiden Flämmchen herbeigeschossen und tanzten auf dem ganzen Weg vor ihm her und leuchteten so gut, daß das Pferd an keinen Stein stieß. Als der Mann aber zu Hause ankam, ritt er hinein und riegelte die Tür hinter sich zu, ohne den Heerwischen den bedungnen Lohn auszuzahlen. Diese warteten eine Zeitlang draußen, dann aber flogen sie wider das Fenster und wurden ihrer so viele und fingen an, so zu toben und zu wirtschaften, daß der Mann jeden Augenblick glaubte, sie hätten ihm das Haus über dem Kopf angesteckt. Mit Zittern und Zagen reichte er die zwei Kreuzer hinaus, da gab's Ruhe. Der Mann hat sich aber nicht mehr von den Irrwischen den Weg weisen lassen, sondern sich in Zukunft lieber selbst heimgeleuchtet mit einer Laterne, was auch nicht mehr so oft geschah, denn er wurde von der Zeit an ein gesetzter Mann und blieb abends daheim.

Wolf, Hessische Sagen Nr.136

as goldene Kalb

Zwei Burschen wollten einst an dem Haus Hübner im Oberdorf abends bei Dunkelheit lauschen. Sie versteckten sich vorerst, um zu beobachten, ob niemand mehr im Stall und Scheuer wäre. Da sah der eine Bursche am Brunnentrog ein goldenes Kalb, das dort Wasser soff. Das Kalb wurde immer glänzender und verschwand in einer leuchtenden Wolke. Solange das Kalb soff, waren die Pferde im Stall furchtbar aufgeregt und auser Rand und Band, rasselten mit ihren Ketten, hämmerten mit den Hufen auf dem Stallboden und schlugen nach den Holzwänden ihres Standes. Wie das goldene Kalb verschwand, wurden die Pferde ruhiger.

Mößinger, Starkenburg, 37. Jhg. Nr. 7

Nach einer anderen Version stand das Kalb im Hof und hatte eine Kette um den Hals. Der eine Bub sah es, der andere nicht. Plötzlich war es verschwunden.

wei Höhwische

a) Im Wiesengrund sahen Ober-Kainsbacher Einwohner im vergangenen Jahrhundert immer mal wieder einen Höhwisch. Das ist eine Feuerkugel, die sogar bei starker Dunkelheit recht nützlich sein kann, weil sie den Weg ausleuchtet. Der Höhwisch ist ansprechbar und erfüllt sogar Bitten.

Als wieder einmal ein Bauer mit seinem Fuhrwerk von Reichelsheim nach seinem Heimatort unterwegs war, überraschte ihn die einbrechende Dunkelheit so stark, daß er und seine zwei Pferde den Weg nicht mehr erkennen konnten. Da war guter Rat teuer. Doch plötzlich sah er in der Ferne einen Höhwisch und dachte, der könnte dir doch leuchten. Also rief er ihm zu und versprach ihm einen Kreuzer, wenn er vor dem Fuhrwerk herflöge und ihm den Weg zeige. Als der Bauer schon ganz in der Nähe seines Hauses war, kam ihm der Gedanke, dem Höhwisch seinen wohlverdienten Lohn vorenthalten zu wollen. Er schlitze den Griff seines Peitschenstecken auf, steckte einen Kreuzer hinein und reichte ihm den Höhwisch. Der sah sich seinen Lohn an - und plötzlich war er verschwunden.

b) Der Schäfer, der wie andere Einwohner einen Höhwisch im Wiesengrund gesehen hatte, war ein neugieriger Mensch. Gar zu gern hätte er gewußt, was es mit dieser Erscheinung auf sich hat. Da er vor so einem bißchen Licht keine Angst hatte, übernachtete er just in seinem Schäferkarren an der Stelle im Wiesengrund, wo er den Höhwisch gesehen hatte.

Als nachts der Hund winselte, stand der Schäfer auf, trat ins Freie und sah den Höhwisch auf sich zuschweben. Er bewegte sich vor und zurück, auf und nieder und machte dem Schäfer doch ein bißchen Angst, weil er einen Totenschädel zu sehen glaubte, dem aus Augen, Nase, Mund und Ohren Flammen herausschlugen. Wie er seine Schafe schon oft dirigiert hatte, so versuchte er es diesmal mit der Feuerkugel. Mit seiner Schäferschippe schleuderte er Erde gegen sie. Doch mit der Reaktion des Höhwischs konnte er nicht rechnen. Die Schippe wurde ihm aus den Händen geschlagen, flog durch die Luft und landete viele Meter weiter wieder auf der Erde. Nun packte den Schäfer doch die Angst, und in seiner Not rief er laut den Herrn Jesus Christus zu Hilfe. Da war plötzlich der Spuk verschwunden. Doch in der Nacht konnte der Schäfer nicht mehr schlafen. Das tiefe Atmen seines Hundes jedoch verkündete ihm, daß keine weitere Gefahr mehr drohte.

Georg Dascher, Ober-Kainsbach

in Kind schreit

Es soll sich in den 70er Jahren des vorigen Jahrhunderts zugetragen haben. An einem heißen Sonntagabend lagerten einige junge Burschen am Bach, der durch das Tal fließt. Plötzlich hörten sie auf der anderen Seite ein Kind schreien, so, als ob es in großer Not wäre oder heftig geschlagen würde. Sie sprangen über den Bach, um der Ursache auf den Grund zu gehen. Doch kaum auf der anderen Seite angelangt, schrie das Kind nun aus einer anderen Richtung. Sie glaubten zunächst, sich in der Richtung getäuscht zu haben und gingen dem zweiten Schrei nach. Doch auch da hatten sie keinen Erfolg. Plötzlich ertönte der Schrei direkt aus dem Bach. Gleichzeitig schoß eine Wasserfontäne in die Höhe und sackte wieder in sich zusammen. Schoß wieder hoch und verschwand in der Höhe. Da ergriff sie Panik, denn sie dachten nichts anderes, als daß der Teufel seine Hand im Spiele habe, zumal es nun auch nach Schwefel roch, und suchten das Weite.

Georg Dascher, Ober-Kainsbach

as verhexte Mutterschwein

Einem Bauer in Ober-Kainsbach drohte eine Sau einzugehen, weil sie nicht ferkeln konnte. Was immer der Bauer auch unternahm, es half nichts. Da erinnerte er sich, daß es im Nachbarort einen Mann gab, der brauchen konnte. Zu dem schickte er und bat ihn, er möge kommen und seinem Schwein zu helfen, daß es gesunde Ferkel auf die Welt bringen könne.

Der Mann kam auch, konnte aber keine Krankheit feststellen. Er nahm an, daß das Tier von einem Mann oder einer Frau, welche den Bauern aus irgendeinem Grund nicht mochten, verhext worden war. Doch der Bauer konnte sich an niemand erinnern, der ihm Böses antun wollte, weil er stets ein hilfsbereiter Nachbar war.

Da der Mann aus dem Nachbarort auch in der Hexkunst etwas bewandert war, versuchte er es mit einem Antihexmittel. Er machte auf einen Zettel einige Zeichen und heftete ihn an der Stalltür an. Dabei verwendete er die heilige Zahl drei gleich dreimal: Der Zettel war dreieckig, es waren drei Zeichen, und mit drei Nägeln wurde er Zettel angeheftet. Dieser Antizauber konnte aber nur wirken, wenn der Mann oder die Frau, die das Schwein verhext hatten, am Gehöft vorbeigingen. Und tatsächlich, als eine Frau aus dem Ort vorbeiging, von dem er glaubte, sie sei ihm und den Seinen wohlgesonnen, ging ein Ruck durch die Sau und sie warf gesunde Ferkel, die in der Zukunft auch prächtig gediehen.

Dieses Vorkommnis blieb im Dorf nicht geheim, es verbreitete sich mit Windeseile. Von Stund an ging jeder der Frau aus dem Weg, weil sie nun als Hexe bekannt geworden war.

Georg Dascher, Ober-Kainsbach

Sagen vom Rodenstein

odenstein und Schnellerts

Am Ende des Eberbacher Tals liegt in der Gemarkung Fränkisch-Crumbach auf einem niedrigen Hügel des dort ansteigenden Berges der Neunkircher Höhe die Burgruine Rodenstein. Forschungen von Heil und Krauß führten dazu, daß man sich heute ein ziemlich genaues Bild über die ehemalige Burg Rodenstein machen kann.

Die war einst Stammsitz der gleichnamigen Ritter. Der Umfang der Burg ist nicht groß. Das Geschlecht der Rodensteiner starb mit dem Tod des Georg Friedrich von Rodenstein im Jahr 1671 aus. Die Interessengemeinschaft Heimatmuseum Rodenstein e.V. hat es sich zur Aufgabe gemacht, das Interesse an Geschichte und Sagen der Rodensteiner zu pflegen und zu intensivieren und den Museumsbesuchern eine anschauliche Informationsmöglichkeit zu bieten.

Von der Ruine Schnellerts in der Gemarkung Affhöllerbach, eines Ortsteils von Brensbach gibt es nur noch geringe Überreste alten Mauerwerks. Sie krönen eine Bergkuppe, die aus einer waldigen Senke aufragt. Im Gegensatz zum Rodenstein ist die Geschichte der ehemaligen Burg Schnellerts noch in Dunkel gehüllt. Der Schnellertsverein bemüht sich um die Erhaltung der Ruinenreste und versucht, zum Beispiel durch Grabungen, das Geheimnis der Burg etwas zu lüften.

Die Rodensteiner sollen Raubritter gewesen und auch mit ihren Untertanen gar nicht zimperlich umgegangen sein. Sie hätten in der Schmiede in Fränkisch-Crumbach ihren Pferden die Hufeisen verkehrt herum aufschlagen lassen, um etwaige Verfolger in die Irre zu führen. Wegen ihres ungezügelten Lebens fänden sie im Grab keine Ruhe. Mit der Ermordung seines schwangeren Weibes habe ein Rodensteiner den Bogen des Erträglichen überspannt. Doch hier sind wir schon längst im Bereich der Sage, wenn nicht gar von Anfang an. Jedenfalls muß nun der

Rodensteiner bei einem drohenden Krieg sowie vor seinem Ende mit seinen Kriegern durch die Lüfte ziehen, einer schreitet dabei voran, um die Leute von Weg und Straße zu weisen. Das wilde Heer, so wird der Geisterzug genannt, zog schon durch die Säulen des Galgens zu Wörth, stürmte vom Beerfelder Galgen nach der Brensbacher Höhe. Der Rodensteiner und der Schnellertsherr wurden schon als feuriger Drache mit einem langen Schwanz gesehen. Einem Rodensteiner soll sogar ein Dorn aus der Brust gewachsen sein, weil er ein Gelübde brach. Doch nun zu den einzelnen Sagen.

Die Rodensteiner, Geschichten und Sagen S. 73ff.

Der Rodensteiner ermordet sein schwangeres Weib

In den Fehdezeiten des Mittelalters lebte auf der Burg Rodenstein ein Ritter, tapfer von Gemüt und schön von Gestalt, der allen seinen Nachbarn fürchterlich war, nur Jagd und Krieg, nie aber ein Weib liebte. Da gab einst der Pfalzgraf bei Rhein ein Turnier zu Heidelberg und lud die Ritter von Neckar, Rhein und Main zu männlichen Spielen dahin ein. Auch Ritter Rodenstein erschien, denn wo es etwas zu balgen und ritterlich zu kämpfen gab, da fehlte er nie. Auf mutigem Rosse, mit goldener Decke behangen, erschien er mit glänzendem Wappen und Helm mit Federn geschmückt, die seinen edlen Stamm, durch Ahnen erprobt, bezeugten. Tapfer, wie überall, war er auch hier, hob alle Gegner aus dem Sattel, und ihm wurde dafür der beste Dank aus der Hand der edlen und schönen Maria von Hochberg.

Kaum hatte der wilde Ritter diese erblickt, so fühlte er sich überwunden. Rasch, wie in allen seinen Handlungen, gestand er ihr seine Neigung und seine Liebe - und Maria wurde sein Weib. Glücklich lebten sie auf Rodensteins Burg, und die sanfte Maria milderte bald das Wilde und Rauhe in des Ritters Leben und zog ihn schon allmählich ab vom Waffenspiel und Jagdtumult. Da begab es sich, daß er mit einem seiner Nachbarn in Fehde geriet. Von neuem und mit Heftigkeit erwachte hierduch die alte Neigung zum Kampf und Streit, die nur geschlummert hatte in den Flitterwochen des Ehestandes. Und da auch der erste Rausch seiner feurigen Liebe vorüber war, die stillen, häuslichen Freuden ihn langweilten, so kam ihm diese Gelegenheit um so willkommener, sich wieder in den vorigen Strudel der alten Freuden des Kampfes stürzen zu können.

Die Bitten und Tränen seines Weibes, ihr Flehen zu bleiben, nicht selbst mitzukämpfen, sein Leben dem Kinde zu erhalten, das sie unter dem Herzen trug - alles war vergebens, alles umsonst. Und als Maria endlich überwältigt vom Schmerz und banger Ahnung, auf ihre Knie vor ihm hinsank und mit Tränen flehentlich ihn zu bleiben bat, da stieß sie der barsche Mann mit rauhen Worten kalt von sich, eilte zur Burg hinaus auf seinem Streitroß und ließ die Arme einsam, trauernd, händeringend zurück. Bald darauf gebar sie einen toten Knaben - und starb.

Ritter Rodenstein lag indessen draußen im Walde und lauerte in der Nähe der Burg Schnellerts auf den Feind. Da sah er nachts plötzlich vom Rodenstein her eine bleiche Gestalt sich ihm nähern. Und je näher sie kam, desto krauser sträubte sich das Haar auf dem Haupte des sonst so furchtlosen Ritters - denn es war sein Weib, seine Maria mit dem Knäblein auf dem Arm, die vor ihm schwebte, und mit dumpfer Stimme sprach: „Du hast dein Weib gemordet, dein Kind gewürgt. Drum ziehe nun als ein gefürchteter Kriegsbote im Lande umher und verkünde jetzt und immerdar Krieg und Heereszug."

Der Geist verschwand. Ritter Rodenstein aber fiel bald hernach im Gefecht. Halb tot brachte man ihn auf die Burg Schnellerts, wo er verschied. Seitdem nun und bis auf den heutigen Tag muß der irrende Geist des Ritters, wozu er verdammt ist, Krieg und Fehde verkünden. Steht dem Deutschen Reich ein Krieg oder sonst eine große Begebenheit bevor, so erhebt sich ein halbes Jahr zuvor der Geist der Burg Schnellerts, wo er seinen Sitz zu haben scheint, mit seinem zahlreichen Troß, fährt mit Saußen und Kriegsgetümmel, mit Lärm und Geschrei wie von Menschen und Pferden, mit Trommeln und Pfeifen und Trompeten, mit Wagengerassel und Geprassel in furchtbarem, grausigem Wirrwarr, das die ganze Umgegend erfüllt und die Anwohner erzittern macht, herab vom Schnellerts durch die Wälder und Täler hinan auf die Burg Rodenstein, um hier seine Schätze in Sicherheit zu bringen. Hier verweilt er so lange, bis sich der Krieg zu Ende neigt, und dann zieht er, wieder sechs Monate vor dem Frieden, mit gleichem Gerassel und Spuk und Getöse auf dem nämlichen Wege nach der Schnellertsburg zurück, doch immer ohne jemand Nachteil oder Schaden zuzufügen, noch dem Auge sichtbar zu werden.

Zehfuß, Die Herren von Rodenstein S.47

er treue Rodensteiner oder der Sieg über die Türken

Als die Türken einst Wien belagerten, war er bei den ersten, die der Stadt zu Hilfe kamen. Schwere Kämpfe waren dort zu bestehen, und fast wäre es den Belagerern gelungen, die Stadt zu erobern. Da drängte der Rodensteiner mit seinen Mannen vor. Er kämpfte wie ein Löwe, und seine Tapferkeit und sein Mut rissen die andern mit. Die Angreifer mußten fliehen, Wien und Europa waren gerettet.

Nach dem Kampf ließ der Kaiser den unerschrockenen Odenwälder vor sich kommen, dankte ihm für seine Tat und sagte, er solle sich etwas wünschen. Bescheiden erwiderte der Rodensteiner: „Ich habe nur meine Pflicht getan, ich begehre keinen besonderen Lohn dafür." Darauf sprach der Kaiser: „Wie ich vernommen habe, ist die Burg deiner Väter verpfändet. Ich will die Schuld begleichen, damit du fortan frei auf dem Rodenstein wohnen kannst."

Die große Güte des Kaisers rührte den Ritter so sehr, daß er aus Dankbarkeit den Schwur ablegte, auch in ferner Zukunft fürs Vaterland zu streiten, so oft es in Not sei, und selbst im Tode aus dem Grab aufzustehen, um für sein Land auszuziehen.

Gar oft hatte der Rodensteiner in seinem Leben dazu Gelegenheit, für Reich und Recht das Schwert zu ziehen, bis er in einer heftigen Fehde in der Nähe des Schnellerts schwer verwundet wurde und noch am Platze starb. Angetan mit seiner glänzenden Rüstung bestatteten ihn seine Getreuen in einer tiefen Gruft auf dem Schnellertsberg, wo er heute noch begraben liegt. Als dann seine Gefolgsleute starben, begrub man sie an des Rodensteiners Seite.

Hieronymus, Reichelsheimer Sagen- und Geschichtsbuch S.155

ie Doppelehe des Rodensteiners

Einem Herrn von Rodenstein wurde die Zeit zu Hause allzu lang, wie das den großen Herrn so oft geht, er nahm Abschied von seiner Frau und ging auf die Reise nach Jerusalem, wo die Türken das heilige Grab Jesu besitzen. Als er sah, wie dieselben die armen Pilger plagten, fing er Händel mit ihnen an und forderte mit einigen anderen Herrn, die gleichen Sinnes wie er waren, sie zum Kampf heraus. Aber die Türken waren zu viel, und er wurde gefangen und in Ketten ins Gefängnis geworfen. Da schmachtete er viele Jahre und glaubte schon, er werde bis zu seinem Ende nicht loskommen, als sich ihm plötzlich ein Weg zur Rettung darbot.

Die Tochter des Gefängniswärters, welche ihm alle Tage sein Essen brachte, hatte ihn nach und nach so lieb gewonnen, daß sie eines Tages zu ihm sprach: „Ich kann nicht ohne dich leben, wenn du mich also heiraten willst, dann fliehe ich mit dir in dein Vaterland, willst du das nicht, dann behalte ich dich hier, bringe dir das Beste, was sich an Speise auftreiben kann, und sorge für dich, so viel in meinen Kräften steht." Das war eine schwere Wahl für den Rodensteiner, jedoch er entschied sich doch bald, und zwar für die Flucht, denn er meinte nicht anders, als seine Frau sei wohl unterdessen gestorben vor Gram, weil er nicht zurückgekehrt sei; wenn sie aber noch lebe, dann könne sich die Sache vielleicht noch machen, keineswegs werde sie es ihm übelnehmen, wenn er versuche, aus der Gefangenschaft loszukommen.

Er versprach ihr die Ehe, und sie flohen heimlich aus dem Türkenland und kamen glücklich ins Reich und auf den Rodenstein. Da war aber die Frau des Ritters noch ganz gesund und frisch, und der Gram hatte sie nicht sehr mager gemacht. Sie empfing ihren Eheherrn mit großer Freude, aber als sie von der zweiten Frau hörte, da wußte sie doch lange nicht, was sie dazu sa gen sollte. Endlich sprach sie, es sei ihr recht, wenn es dem Pfarrer recht sei, denn die Freude, ihren Mann wiederzuhaben, war doch so groß, als daß sie nicht in alles eingewilligt hätte. Der Pfarrer aber sagte, er könne das nicht zugeben ohne Erlaubnis vom Großherzog. Da hat er denn nach Darmstadt geschrieben und alles gemeldet, wie es war, und der Großherzog hat wieder geschrieben, weil der Fall so sonderlich sei, wolle er es gestatten. Jetzt wurde die Hochzeit unter großem Jubel gehalten, und die beiden Frauen sind die besten Freundinnen geworden. Nach ihrem Tode wurden sie zu beiden Seiten ihres Mannes begraben, gerade so, wie sie noch auf dem Denkmal in der Kirche zu Fränkisch-Crumbach zu sehen sind.

Wolf, Hessische Sagen Nr. 235

es Rodensteiners Rettung

Im Walde zwischen Dieburg und Richen liegt eine Stelle wo früher eine Kapelle stand. Diese verdankte ihr Entstehen folgender Begebenheit.

Vor vielen hundert Jahren ritt ein Ritter von Rodenstein durch den Wald, um zu jagen. Es war ein Herr sehr zornigen und rauhen Gemüts, besonders gegen seine Untertanen, der aber der Muttergottes von Herzen ergeben war und sie jeden Tag mit drei Ave grüßte. Er hatte nur einen Knappen und seine Hunde bei sich, denn er versah sich nichts Böses. Da stürzten plötzlich mehrere Kerle aus dem Gebüsch, sprangen seinem Roß in die Zügel und suchten, ihn herunter zu reißen. Vergebens verteidigte er sich, er lag bald an der Erde und sein Tod schien sicher, als plötzlich die Mörder die Flucht ergriffen. Erstaunt schaute der so wunderbar Befreite um sich, da stand hinter ihm die heilige Muttergottes in blendend weißem Gewand. Er sank auf die Knie vor ihr, dankbar für seine Rettung, da ermahnte sie ihn, daß er als Beweis seines Dankes sich größerer Milde gegen seine Untertanen befleißigen sollte. Das tat er und stiftete außerdem die Waldkapelle.

Wolf, Hessische Sagen Nr.277

er Todestrunk der Wirtstochter

Ein Wirt in der Umgegend hatte ein reizendes Töchterchen, das schon viele Freier verschmäht hatte. Eines Abends kam ein stattlicher Ritter an die Schenke, der begehrte Einlaß und einen frischen Trunk. Die Dirne gewann den Fremdling sogleich lieb und entfloh, als er ihr den Vorschlag tat, heimlich mit ihm. Er brachte sie zu Roß auf eine prächtige, hell erleuchtete Burg. Geputzte Ritter und Damen tanzten, zechten und scherzten hier. Das schlichte Mägdelein konnte sich an der Herrlichkeit nicht satt sehen, und kein Gast blickte sie mit vornehmem Augenzwinkern an. Sie tanzte mit ihrem Liebhaber und mit anderen. Endlich begehrte sie zu trinken, weil es über die Maßen schwül im Saal war. „Trinke nicht, mein Schatz," bat der Ritter, „du kannst nicht trinken, was wir." Aber ihr wurde immer heißer, und als er wiederholt ihre Bitte abschlug, faßte sie endlich mit durstiger Hast einen goldenen Pokal und leerte ihn auf einen Zug. Als sie zu sich selber kam, saß sie in den Trümmern der Burg. Der junge Morgen blickte über die Berge, die Vöglein sangen, und die Tropfen fielen von den Blättern in das Gras. Von fernher tönte die Sonntagsglocke. Das arme Kind fand sich wieder nach Hause, war aber von Stund an nicht mehr froh. Denn sie hatte den Tod hineingetrunken und verschied am dritten Tag.

Esselborn, Hessische Heimat 1921/22 S.237

er Schnellertsgeist

Ich bin gar kurzäthmig und spare deshalb die Worte; zudem habe ich nicht weit mehr bis ins Grab, darum spreche ich gern die Wahrheit, und was ich erzähle, das kann mir jeder glauben.

Ich habe einmal auf dem Schnellerts gearbeitet, und mein Kamerad war nicht weit von mir, so daß wir zusammen plaudern konnten. Da hörte ich plötzlich, wie es da, wo man jetzt die alten Mauern sieht, raschelte und rauschte, als ob ein Reh in einem Haufen dürrer Blätter herumspränge. Schnell werfe ich die Hacke weg und eile auf die Stelle zu, aber da war nichts zu hören noch zu sehen. „Du," sagte ich zu meinem Kameraden, „es ist nicht geheuer hier!" Da kam er, um selbst einmal nachzusehen; aber ich sah ihm an, daß es ihm angst wurde und sprach deshalb zu ihm: „Laß ihn rascheln, wir wollen wieder an die Arbeit gehen!" Über eine Weile fährt's daher wie ein Wagen, aus dem ein Dutzend Kerle kleine Steine werfen, und wir hörten ganz deutlich die Räder über den Boden gehen und die Steine fliegen. „Da ist der Spitzbub schon wieder," rief ich, als der Lärm vorüber war. Mein Kamerad hatte es auch gehört; denn er war totenblaß geworden und sprach kein Wort mehr.

Ich aber, ein mutiger, junger Bursche damals noch, schrie keck, so laut ich konnte: „O du Teufel, so komme auch zum drittenmal, dreimal ist Bubenrecht!" Da aber fuhr ein Wirbelwind daher, der packte uns, daß wir nicht anders glaubten, wir würden mit fort in die heiße Luft gerissen, und schrien, als stecke uns schon ein Messer in der Kehle. Wir ließen die Hacken und Beile liegen und liefen, was wir nur konnten, ein Stücks Wegs den Berg hinab, wo andere noch arbeiteten, denen wir alles erzählten. Diese hatten auch den Lärm gehört, und es dauerte lange, bis sich wieder einer auf die Spitze des Berges wagte.

Wolf, Hessische Sagen Nr. 26

om Schnellerts

Viele, welche den Schnellerts bestiegen, hörten dort einen feinen, lieblichen Gesang. Und zwar waren es gewöhnlich Kirchenlieder, die sie vernahmen; diese Töne schienen ihnen aus dem Berg zu kommen, doch ist es nie jemand gelungen, in dessen Inneres zu dringen.

Oft kräht auf dem Gipfel des Bergs, da wo die Ruinen der Burg stehen, der Hahn, und er hat schon manchen sehr erschreckt. So waren vor nicht langer Zeit Leute einmal droben zu einer Holzversteigerung versammelt. Und eben bot der Förster einen Stocken aus, als der Hahn krähte. Im Nu war der Platz leer, und selbst der Förster blieb nicht dort.

Wolf, Hessische Sagen Nr.9

as wilde Heer in der Küche

Die Hofraithe in Brensbach, durch welche der Geist aus dem Schnellerts seinen Zug genommen haben soll, liegt im oberen Teil des Ortes. Diese Hofraithe, wie noch zwei andere daselbst, welche noch vor 50 Jahren standen, waren im ältesten Baustil der Bauern - Hofraithen aufgebaut, und schienen den ehemaligen Herrn von Brensbach angehört zu haben.

Ein älterer Besitzer der Hofraithe, durch dessen Scheuer der Berggeist zog, war willens, eines Morgens vor Tag über Feld zu fahren. Er sagte daher seiner Frau, sie solle früh aufstehen, um ihm sein Frühstück zu bereiten. Morgens, als er um seine Pferde zu füttern aufstand, ging er durch die Küche und sah zu seiner Verwunderung noch ein großes Kohlenfeuer auf dem Herd. Nachdem er gefüttert hatte, mahnte er seine Frau, jetzt aufzustehen, da sie noch Feuer genug auf dem Herd habe. Als aber die Frau aufgestanden war und die Morgensuppe kochen wollte, fand sie keinen Funken Feuer, weder auf dem Herd, noch in der Asche. Das Feuer rührte aber von dem wilden Heer, welches in der Nacht in der Küche gewirtschaftet hatte. Denn es war gar nichts Seltenes, daß die Geister nachts in die Küche einkehrten, die Kessel über das Feuer hingen, endlich auch Schüsseln und Teller nahmen und Mahlzeiten hielten. Im Jahr 1804 hat man dies zum letzten Mal wahrgenommen.

Wolf, Hessische Sagen Nr.24

ie wilde Jagd auf dem Schnellerts

Simon Daum ging einmal oben am Waldsaum in der Nähe des Schnellerts herum, als er plötzlich ein vollkommenes Jagdgeschrei hörte, dazu Hundehetzen, Peitschenknall und Hörnerblasen. Es kam ihm befremdend vor, daß eine solche Jagd auf dem Berge gehalten werde, denn er dachte im Augenblick nicht an das Geisterheer. Er sagte selbst einem armen Mann, der ihm begegnete und gerade nach Ober-Kainsbach ging, er solle den Weibsleuten zu Hause sagen, daß sie den Hund einschlössen, weil dieser bei dem Jagdgetümmel leicht totgeschossen werden könne.

Bei seiner Rückkehr vernahm er aber zu seiner größten Verwunderung, daß man zwar in der ganzen Gegend den schrecklichen Lärm gehört, aber nirgends jemand gesehen habe, der auf den Berg oder herunter gegangen oder geritten sei.

Wolf, Hessische Sagen Nr.20

er Reiter auf dem Schnellerts

Ein Förster in Stierbach erwartete eines Tags seinen Vorgesetzen zu einem forstlichen Geschäft. Da tiefer Schnee lag und der Oberförster auf sich warten ließ, glaubte jener zuletzt, derselbe werde nicht kommen und ging aus dem Wald nach Hause. Da schaute er noch ein paar Mal durch das Fenster, von dem aus man eine Seite des Berges übersehen konnte, und bemerkte endlich einen Reiter, der den gewöhnlichen Burgweg ritt. Im festen Glauben, es sei der Revierförster, warf er schnell die Flinte um und eilte dem Reiter entgegen. Zu seinem größten Erstaunen aber fand er weder diesen noch die leiseste Spur seines Pferdes im Schnee, so daß kein Zweifel blieb, es müsse der Berggeist gewesen sein.

Wolf, Hessische Sagen Nr. 18

Der Geisterwagen

Der Pfarrer von Brensbach kam einmal von Kainsbach herunter in die Haal und fragte den Bauer verwundert, was er für vornehmen Besuch gehabt habe.

Der Bauer sah den Pfarrer erstaunt an und sagte, er wisse von keinem Besuch und habe auch keinen Fremden gehört oder gesehen. Da erzählte der Pfarrer, als er einige Schritte vom Hofe entfernt gewesen wäre, habe er einen vierspännigen Reisewagen aus dem Hoftor fahren sehen, in welchem er zwei Herren gesehen habe, deren einer mit mehreren Orden geschmückt gewesen sei.

Das ganze Fahrzeug sei kostbar und jedes Pferd mit einem hohen, goldenen Federbüschel auf dem Kopf geziert gewesen. Er habe deshalb auch nicht unterlassen, seinen Hut abzuziehen, um dieser hohen Herrschaft seinen Respekt zu beweisen.

Kaum sei er aber einige Schritte von dem Wagen wieder entfernt gewesen, da habe er sich nochmals nach ihm umgesehen, jedoch keine Spur mehr davon entdecken können. Das sei ihm sonderbar vorgekommen; er sei dann aber über den Bach gegangen und habe den Wagen dann wieder in einiger Entfernung erblickt.

Der Pfarrer fügte noch die Bemerkung hinzu, die hohen Herrschaften müßten seines Kompliments unwürdig gewesen sein, weil sie gleichsam vor ihm verschwunden wären.

Wolf, Hessische Sagen Nr.28

er Kornweg

In der Richtung, in welcher der Rodensteiner vom Rodenstein hinüber zum Schnellerts fährt, sieht es auf dem Boden ordentlich wie ein Weg aus, und wo es durch Felder geht, läuft mitten durch das Korn ein Strich; da wächst das Korn viel höher und gedeiht besser als anderswo auf dem Acker.
Wolf, Hessische Sagen Nr.31

as Sonntagskind

Zu Ober-Kainsbach fährt der Rodensteiner oder Schnellertsherr alljährlich durch eines Bauern Scheune. An diesem Tag müssen beide Tore weit offengelassen werden; denn wider allen Gebrauch hat die Scheune zwei Tore, die sind nur des Geistes wegen einander gegenübergebaut.

Nun standen an dem Tage die Knechte in der Scheune und wollten gerade Frucht ausdreschen. Da kam der Rodensteiner mit Hallo, Rasseln und Peitschenknallen und fuhr durch, so daß alle in ihrer Arbeit innehielten und sie segneten. Keiner aber sah etwas. Nur ein siebenjähriges Knäbchen, welches ein Sonntagskind war, stand dabei und zog in einem fort das Käpplein ab, als ob es vornehme Leute grüße. Als der Spektakel vorbei war, fragten die anderen, warum es dauernd sein Käpplein gezogen habe. - Da gab es zur Antwort: „Habt ihr denn nicht die vielen schönen und vornehmen Herrn gesehen, die in den Kutschen saßen und so freundlich zum Schlage heraus grüßten?"
Wolf, Hessische Sagen Nr.29

ie Scheune in Ober-Kainsbach

Wenn der Rodensteiner einst durch die Scheune der Haal fuhr, hörte man ein Krachen, als wenn ein junger Eichbaum überm Knie zerbrochen würde.

Der jetzige Besitzer des Hofes hat diese Scheune vor einiger Zeit abbrechen lassen und an ihrer Stelle eine Mauer hingesetzt. Aber der Geist duldet diese Mauer ebensowenig in seinem Wege, als ehemals die Scheunentore. Er hat sie schon dreimal umgeworfen, und damit dem Bauern die Lust genommen, sie noch einmal aufzubauen.

Wolf, Hessische Sagen Nr.30

er nächtliche Reiter in der Haal

Eine Frau aus der Haal, einem Hofe in der Nähe des Schnellerts, ging abends spät noch außer dem Hause herum. Da kam es ihr vor, als ob ein Mensch sie stark anhauche. Als sie aufschaute, sah sie, daß sie unter dem Halse eines Pferdes stand, auf dem ein Reiter saß. In ihrer Angst betrachtete sie weder jenes noch diesen näher, sondern lief schnell in die Stube wieder zurück. Da sagten ihr die übrigen Hausbewohner, es habe eben dreimal an einen Pfosten geschlagen, daß die Fenster gezittert hätten. (Das aber pflegt der Schnellertsgeist stets zu tun, wenn er durch die Haal fährt.)

In den Protokollen über des Geistes Erscheinen findet sich, daß die Mutter des dort wohnenden Bauern den Geist gesehen haben wolle, wie er auf das Fenster zuritt, worauf es gleich dreimal an dasselbe schlug.

Aber als die Leute herausliefen, sahen sie wie gewöhnlich - nichts, hörten aber am anderen Morgen, wie der Geist, vom Rodenstein kommend, wieder nach dem Schnellerts zurückfuhr.

Wolf, Hessische Sagen Nr.19

es Rodensteiners letzter Auszug

Dieser fand im Jahr 1848 statt, etwa 14 Tage vor dem Ausbruch der Revolution in Paris. Da kamen eines Morgens Leute zu dem Bürgermeister von Reichelsheim, welche meldeten, der Rodensteiner, der seit Menschengedenken ruhig gewesen sei, habe sich wieder hören lassen, und sei mit dem gewohnten Getöse, unter Wagengerassel, Hundebellen u.a. durch die Luft nach dem Schnellerts gezogen. Der Bürgermeister wollte anfangs nichts darauf geben, aber die Leute beschworen es hoch und teuer, und daraufhin sagte er es dem Pfarrer und bat ihn, er möge es doch in die Zeitung setzten lassen. Dieser lachte über die Sache und sagte, es sei Aberglaube, aber der Erfolg hat das Gegenteil gelehrt.

Und als um 1850 der Kampf gegen die rote Sippschaft sich dem Ende zuneigte, da kamen andere Leute zu dem Bürgermeister und erzählten, in der verflossenen Nacht habe der Spektakel wieder angefangen und sei es gerade gewesen, als ob ein ganzes Herr durch die Luft tobe. Damals hat der zeitige Pfarrer es in der Zeitung angezeigt, und mancher Leser dieser Blätter erinnert sich dessen wohl noch. Dies letzte Mal ging der Zug des Heeres vom Schnellerts aus und wandte sich dem Rodenstein zu, wie das jedesmal der Fall ist, wenn ein Krieg in Deutschland zu Ende geht.

Wolf, Hessische Sagen Nr. 32

__Anmerkung:__ Diesem „letzten Auszug" des Rodensteiner folgten weitere. Es würde den Rahmen des Buches sprengen, die bekannten Beobachtungen alle aufführen zu wollen. Die ältesten Urkunden stellen die Reichenberger Protokolle aus den Jahren von 1742 bis 1796 dar, in denen die Züge des Geistes aufgrund der Beobachtungen von Zeugen der Gegend am Schnellerts aufgenommen wurden. Auch aus dem 19. und . 20. Jahrhundert lie *gen schriftliche Berichte über die Auszüge des Schnellertsherrn vor. Eine Erzählung von L.S. auf Pfaffen-Beerfurth und einen Erlebnisbericht aus dem Jahr 1936 von Rektor Karl Schwinn geben wir wieder. Beide sind in seinem Buch, Reichelsheim im Naturpark Bergstraße-Odenwald aufgezeichnet.*

Es war im Herbst, als der Krieg damals (1938) hat losbrechen wollen. Ich bin nachmittags mit den Rad von Brensbach zurückgefahren. Es muß vor Unter-Gersprenz gewesen sein. Ich fuhr da, und auf einmal rappeltes wie ein Wagen und Gäul, wie wenn so ein richtiger Sturm käme. Ich habe zurückgeguckt auf dem Rad und nichts gesehen. Und hab gedacht, es ist etwas Übernatürliches. Ich bin abgesprungen und hab mein Rad hingestellt, zurückgeguckt, vor mich geguckt, habe keinen Menschen und keinen Wagen und nichts gesehen. Das ist direkt über mich weg. Es war grad so ähnlich, wie wenn Ernte ist, und es wird so schwarz am Himmel, und die Bauern jagen noch einmal hinaus und wollen noch einmal heimkommen mit Heu oder mit Frucht. Gesehen habe ich nichts. Die Richtung war so schief von Michelbach/Eberbach gegen Nieder-Kainsbach. Da bin ich heim und hab dem Wilhelm erzählt, es ist mir etwas Übernatürliches passiert. Ich hab gar nicht an den Rodensteiner gedacht. Aber mein Bruder hat gleich gesagt: „Das war der Rodensteiner."

Es war im Jahr 1936, da ging ich mitten in der Nacht mit meiner Frau von Kirch-Beerfurth heim nach Pfaffen-Beerfurth. Als wir zwischen beiden Dörfern waren, hörten wir bei völliger Windstille ein eigenartiges Getöse in der Luft. Es war nicht unmittelbar über uns, sondern etwas südlich, also gegen Bockenrod zu. Es hörte sich so an wie Pferdegetrappel, Peitschenknallen, Hundegebell und Kettengerassel. Das Rauschen von Eisenbahnzügen hört sich von weitem ähnlich an. Ich mußte gleich an die Rodensteinsage denken.
Schwinn, Reichelsheim S.60

chatzgräber auf dem Rodenstein

Auf der Burg Rodenstein sollen noch große Schätze vergraben liegen. Vor Zeiten zogen einmal ein paar Männer hin, um dieselben zu heben. Sie fingen an, tüchtig zu hacken und zu graben, doch wollte sich lange gar nichts zeigen. Endlich stießen sie auf etwas Hartes und fanden bei genauerem Nachsehen, daß es ein großer, eiserner Kessel war. Sie hätten fast vor Freude laut aufgeschrien, erinnerten sich aber noch zur rechten Zeit, daß bei ihrer Arbeit Stillschweigen die erste Bedingung sei. Sie schlangen also ein Seil um den Kessel, um ihn herauszuziehen, als plötzlich ein altes, graues Frauchen gelaufen kam und um sie herumtrippelte und frug: „Ist der Wagen schon fortgefahren?" Die Männer hüteten sich wohl zu antworten. Da fing das Weiblein an, so viel zu schwätzen und zu fragen, daß endlich einem der Männer die Geduld riß und er ärgerlich ausrief: „Du altes Aas, mach daß du fortkommst, sonst..." Ehe er noch seine Drohung vollenden konnte, sahen sie alle zu ihrem größten Schrecken, daß der Kessel in die Erde zurücksank. Jetzt wollten sie sich an dem Weibchen vergreifen, das aber war fort, und sie konnten geneckt nach Hause gehen.

Wolf, Rodenstein und Schnellerts Nr.4

ie Katzen auf dem Rodenstein

Einem Mann träumte, er solle auf den Rodenstein gehen, da liege ein großer Schatz in einer eisernen Kiste vergraben, den eine Katze mit feurigem Atem hüte. Da nahm er am andern Morgen einen guten Freund zu sich, und die beiden gelangten glücklich auf den Rodenstein. Der erste schnitt sich einen jährigen Haselzweig, dann fingen sie an zu graben. Bald kamen sie an ein Gewölbe, darin stand richtig eine Kiste, und die Katze lag darauf und pustete, daß Feuer und Flamme ihr aus Maul und Nase fuhren. Der Mann trat aber unerschrocken hinzu und schlug sie ein paarmal mit dem Haselzweig über den Rücken, da sprang sie in eine Ecke und verschwand. Zu gleicher Zeit zeigte sich aber eine andere Katze über dem Eingang des Gewölbes, die warf die beiden Männer mit Steinen, so daß sie die Köpfe mit den Händen hielten, um nur nicht getroffen zu werden, und die Kiste nicht anfassen konnten. Endlich wurde es dem einen der Männer zu arg, und er rief der Katze zu: „Ei, du Aas, wenn ich hinkomme." Aber im selben Augenblick waren die Katze und die Kiste verschwunden, und die beiden Männer hatten das Nachsehen.

Wolf, Hessische Sagen Nr. 178

ote Frau auf Rodenstein

Einem Bauern träumte, es kämen mehrere vornehme Damen in einer Kutsche vor sein Bett gefahren und gäben ihm einen bestimmten Ort an, wohin er kommen solle mit einer Hacke und einem Sack, der aus Garn gewoben sein müsse, das ein siebenjähriges Kind gesponnen habe. Nachdem er sich einen solchen Sack verschafft hatte, kam er zur festgesetzten Stunde hin und fand die Damen schon seiner harrend. Es war an dem Markstein vor der Burg Rodenstein. Der Frauen waren zwei, beide gar schön und weiß gekleidet, die gingen ihm voran auf die Burg zu. Sie hielten vor einem großen, verschlossenen Tor an, und kaum standen sie da, als der Schlüssel aus dem Gemäuer über dem Tor herabgelassen wurde. Als aufgeschlossen war, fand sich der Bauer mit ihnen in dem mit Gras bewachsenen Schloßhof. Da führten sie ihn in eine Ecke und hießen ihn ein Loch hacken. Er ging herzhaft an die Arbeit, und es dauerte keine Viertelstunde, als er eine weiche Masse fühlte. Er griff einmal mit der Hand hin, und da war es das Gesicht eines toten Körpers. Er nahm all seinen Mut zusammen und entblößte den Leichnam, in welchem er eine Frau erkannte, von der Erde. „Jetzt steck die Leiche in den Sack," sprachen die beiden Frauen, doch da ergriff den Bauern eine solche Angst, daß er sich nicht mehr halten konnte und Hals über Kopf davonlief. Zu Hause sank er ohnmächtig hin und verfiel bald darauf in Wahnsinn.

Wolf, Hessische Sagen Nr.62

ie Geister im Rodenstein

Einem Bauern träumte, er solle in die Burg Rodenstein gehen, da werde er sein Glück machen. Der Mann achtete anfangs nicht darauf. Als er aber den Traum zum zweitenmal und drittenmal hatte, da entschloß er sich, es zu versuchen und nahm sein Beil, einen Spaten und einen Sack und ging hin. Am Tor fand er einen Jäger, der führte ihn in ein Gemach, wo ein Tisch mit Krügen und Gläsern stand. Kaum waren sie dort, als noch ein Mann eintrat und noch einer und aber einer, bis ihrer sieben waren. Jetzt begannen sie vor allem, lustig einander zuzutrinken. Dann führten sie den Mann zu dem Seechen, wo damals gerade viel Bauholz lag, und sprachen, es sei ein Prinz in dem Schloß verwünscht, und der Bauer müsse raten, warum. Wenn er das errate, dann sei der Prinz erlöst und das Schloß stehe wieder in seinem vorigen Glanze da, und des Bauern Glück sei gemacht. Wenn er es aber nicht errate, dann werde ihm der Hals herumgedreht. Er habe aber drei Tage Zeit dazu.

Da wurde es dem Bauern bang, und er sann, wie er die Geister mit guter Art los werden könne. Nach einigem Besinnen hob er plötzlich sein Beil, tat einen kräftigen Hieb in einen der Stämme Bauholz, so daß ein klaffender Riß entstand, und fühlte mit der Hand in den Riß hinein. „Ei, wie glatt ist das Holz von innen, gerade wie ein französische Kommode. Fühlt ihr nur selbst." Da steckte einer der Geister seine Hand in den Spalt, aber plötzlich zog der Bauer das Beil heraus, so daß die Hand festgeklemmt war. Da hätte einer den Geist springen und zappeln sehen können. Die andern erschraken so sehr darüber, daß sie alle Fersengeld gaben und verschwanden. Der Bauer schlug jetzt das Beil wieder in den Spalt und befreite so den Geist, der den andern, ohne weitere Umstände zu machen, eilends folgte.

Am folgenden Tag hieß der Bauer seine Großmutter sich ausziehen, nahm sie auf den Rücken, so daß ihre Beine über seine Achseln herunter hingen und er sie vorn daran packen konnte, während sie sich an seinem Schopf festhielt. So schritt er mit ihr dem Rodenstein zu. Am Tor stand der Jäger schon wieder, und die andern guckten aus den Fensterlöchern und freuten sich schon auf seine Ankunft, denn sie wollten ihm ohne alle Gnade den Hals herumdrehen. Als der Jäger ihn aber sah, schrie er laut: „Rettet euch, rettet euch! Da bringt er gar einen Schraubstock," und alle waren weg, ehe sich`s der Bauer versah, und sind auch nicht wiedergekommen.

Wolf, Rodenstein und Schnellerts Nr. 11

er Mann auf dem Dreimärker

Ein Mann in Ober-Kainsbach saß eines Abends mit seiner Frau beim Kartoffelschälen. Da klopfte es plötzlich an sein Fenster. Anfangs achtete er nicht darauf. Doch als es zum zweiten und dritten Mal klopfte, ging er hinaus. Draußen vor dem Hause fand er drei Herren in seltsamer, altertümlichen Tracht. Der eine, der ein Jäger zu sein schien, sprach zu dem Bauern: „Geh' morgen abend mit einem Sack, den ein Mädchen unter sieben Jahren gesponnen, mit einer neuen Hacke und einem noch ungebrauchten Grabscheit hinauf auf den Schnellerts und setze dich auf den droben stehenden Dreimärker, dann wirst du dein Glück machen können."

Der Mann willigte ein, und die drei Männer verschwanden wieder. Am folgenden Tage verschaffte sich der Bauer die drei erforderlichen Dinge. Als es anfing zu dämmern, ging er damit hinauf und setzte sich auf den bezeichneten, unweit der Burgtrümmer befindlichen Stein. Er hatte lange gesessen, und schon wollte er wieder heimkehren. Da kam plötzlich drüben vom Rodenstein her etwas herangezogen, gleich einer Wolke. Es kam immer näher und näher und ließ sich endlich auf die Ruinen nieder.

Da stand mit einem Male eine große, schöne Burg da. Aus dem Tor aber trat jener Jäger; er hieß den Bauern aufstehen und mit ihm hineingehen. Sie stiegen nun eine schöne Schloßtreppe hinan und kamen in einen großen, hellerleuchteten Saal, wo an einer vollgedeckten Tafel eine Menge fröhlicher Herren in altertümlichen Kleidern und Rüstungen saßen. Sie aßen und tranken und verführten einen großen Lärm mit Schreien, Reden und Sin gen. Der Jäger sagte ihm leise: „Das sind die Herrn von Rodenstein und Schnellerts, sie halten hier Verspruch zu einem Handstreich." Darauf setzte er sich mit dem Bauern unten an die Tafel, warnte ihn aber, er solle von Speise und Trank nur ja nichts anrühren.

Als die Herren nach der Tafel noch eine Weile gezecht hatten, standen sie auf und eilten, immer fröhlich lärmend, zum Saal hinaus. Der Jäger sagte jetzt zu dem Bauersmann: „Auf, geh auch mit auf den Burghof; es geht jetzt zur Jagd. Folge mir nur immer und hüte dich, was auch geschehen mag, irgendein Wort zu sprechen." Darauf gingen sie zusammen hinab.

Drunten im Hof fanden sie nun die ganze Jagdgesellschaft schon versammelt. Große, weiße Windhunde, die sich sichtlich auf den Jagdzug freuten, sprangen mit lautem Gebell um die Herren herum.

Der Jäger wurde nun von allen Anwesenden willkommen geheißen. „Es lebe das Weidwerk!" riefen sie einander zu. Zu dem Bauern aber sprach keiner ein Wort. Es war, als sei er gar nicht da.

Jetzt ging es lustig zum Tor hinaus in den mondhellen Wald. Voran sprangen die Hunde; vor Gier ließen sie schon die Zunge aus dem Halse hängen. Dicht hinter ihnen folgte der Jäger mit zwei schön gekleideten Prinzen, die dem Bauersmann schon bei der Tafel aufgefallen waren, und von denen er später sagte, es seien wohl dieselben Männer gewesen, die an jenem Abend mit dem Jäger an sein Fenster geklopft hätten.

Schnell ging es jetzt auf dem Jagdzug vorwärts; man eilte sich so, daß dem Bauern fast der Atem stockte. Doch er hielt sich immer zu dem Jäger, der beständig die Hunde hetzte und anfeuerte.

Plötzlich schlugen sie aber ein wütendes Gebell an. Aus dem Gebüsch drang ein herzzerreißendes Jammergeschrei. „Sie werden doch keinen Menschen angefallen haben," rief der eine Prinz und wollte hinzueilen. Doch der anderer Prinz hielt ihn zurück indem er sprach: „Sei´s Mensch oder Tier, das gilt mir alles gleich."

Als sie näher kamen, und der Jäger die Hunde auseinandertrieb, lag auf der Erde der blutige und zerrissene Leichnam eines Kapuziners in einer braunen Kutte. Nun hob der eine Prinz ein großes Wehklagen an, der andere aber lachte und ließ den Leichnam durch ein paar Träger forttragen.

Die Jagd hatte nun ein Ende. Aber der gute Prinz hörte nicht auf, dem bösen Vorwürfe zu machen. Und das tat er auf dem ganzen Heimweg. Als er aber auch im Burghof ihn dauernd noch mit Vorwürfen überhäufte, ward der andere wild, zog seinen Hirschfänger heraus, stieß ihm denselben in die Brust und lief dann in den Stall. Einige Augenblick darauf kehrte er schon wieder zurück, auf einem stolzen Pferde sitzend. Dem gab er jetzt die Sporen und sprengte mit einem gewaltigen Satz über die Burgmauer hinweg.

Da hörte man einen dumpfen Fall. Der Jäger aber sprach: „Er hat das Genick gebrochen; wir aber müssen jetzt fort in die Burg, um den Kapuziner zu suchen"! Gleich darauf gingen sie auch miteinander in die Burg zurück. Der Jäger schloß ein Zimmer nach dem anderen auf und stellte dabei immer ein Licht innen und eins außen an die Tür. Aber den Kapuziner fanden sie nicht. Endlich kamen sie in einen dunkeln, kalten Keller. Da lag nun die blutige Leiche des armen Mönchs.

Der Jäger befahl dem Bauersmann, den Leichnam in den Sack zu stecken. Der Bauer griff auch an; schon hatte er die Leiche mit den Füßen im Sack - aber - da hörte er plötzlich hinter sich: „Hau! Hau! Hau!" Rasch drehte er sich um und sah die großen Windhunde, die die Leiche schon packen wollten. „Geht ihr los, oder"!- rief er und schlug mit dem Grabscheit nach ihnen.

Doch - da war mit einem Male - alles- verschwunden: Jäger, Hun de, Keller und das schöne Schloß. Der Mann aber fand sich im Mondschein allein auf dem Dreimärker.

Das alles hat er schon vielmals erzählt; und immer wieder hat er's von neuem erzählen müssen. Stets aber fügte er am Schluß hinzu: „Wann ich mich nur nit durch die Hunde hett irr' mache losse; wann ich nur die Leich' nausgetroage un begroawe hett, do braicht ich hait , waas Gott, koa Kadoffel mäih zu esse!"

Wolf, Hessische Sagen Nr.23

er Schmied zu Kainsbach

Es war Nacht. Der Schmied zu Nieder-Kainsbach schlief den Schlaf des Gerechten, da klopfte es dreimal heftig an seinem Hause. Der Mann wachte auf, erhob sich und ging zum Fenster. Draußen stand der Rodensteiner. Er übergab dem Schmied einen großen Schlüssel und sagte: „Du sollst an den Schnellerts gehen, dort wirst du ein schönes Schloß vorfinden, schließ die Tür auf und tritt ein. Du mußt dich aber nicht fürchten, nicht vor dem menschlichen Skelett, das dich schrecklich angrinsen wird, auch nicht vor dem großen Hund mit den feurigen Augen, der neben dem Knochenmensch steht, dich fürchterlich anbellen wird und dich zu zerreißen droht. Dann wirst du eine große Schatzkiste sehen, die soll dein eigen sein. Merke noch: Bei alledem darfst du kein Sterbenswörtchen plaudern." Daraufhin verschwand der Geist.

Zur gleichen Stunde noch ging der Schmied hinauf auf den Schnellertsberg. Er sah die prächtige Burg und das große Eingangstor, schloß es auf und trat ein. Drinnen fand er alles so, wie es der Rodensteiner gesagt hatte: Den grinsenden Knochenmann, den wütenden Hund, die große Kiste.

Furchtlos näherte sich der Mann dem Schatz, doch der Hund tat schlimmer, als er es erwartet hatte, sprang ihm nach der Kehle, und des Tieres Flammenaugen waren gar nicht anzusehen. Ein Schrecken überkam den sonst so furchtlosen Mann, und in seiner Angst rief er aus: „Herr Jesu, Herr Jesu!" Darauf erfolgte ein furchtbarer Schlag - und alles war verschwunden.

Der Schmied aber stand auf dem Schnellertsberg, und der Berg sah mit seiner Ruine aus wie seither auch. „So haben mirs meine Großeltern erzählt," schloß die alte Burgwirtin Elisabeth Dingeldein jedesmal ihre Geschichte.

Hieronymus, Reichelsheimer Sagen- und Geschichtenbuch S.146

chlange auf dem Rodenstein

Ein Mann aus Fränkisch-Crumbach war mit seinem Knaben im Holz beim Rodenstein. Da kam eine weißes Frauchen zu ihnen und sagte, des andern Tags zwischen elf und zwölf Uhr sollten sie dahin kommen, dann werde die Burg wieder ganz so dastehen, wie sie vor Zei

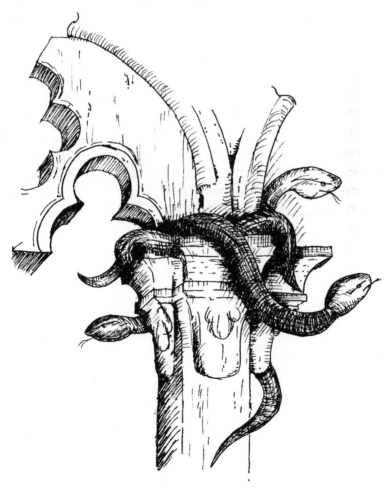

ten gewesen. Sie, das Frauchen, werde ihnen als eine Schlange mit einem Schlüsselbund im Maul erscheinen; der Knabe müsse dann mit seinem Mund die Schlüssel aus ihrem Maul nehmen und mit ihr in das Schloß gehen. Sie würden zuerst das Zimmer aufschließen, in welchem die alten Rodensteiner Herren an einem Tisch säßen und tränken; dann würden sie durch ein zweites in ein drittes Zimmer kommen, in welchem ein großer Hund auf einem Koffer liege. Den Koffer brauche er nur getrost aufzuschließen, so werde der Hund herunterspringen, ohne ihnen etwas zuleide zu tun. Das Weitere würden sie dann schon sehen, aber glücklich wären sie für ihr ganzes Leben.

Am andern Tag zu der bestimmten Zeit war der Mann wieder mit seinem Sohn an Ort und Stelle, da wurde es plötzlich während einiger Augenblicke ganz finster, es kam heran wie ein Rauschen, und das Schloß stand ganz wieder so da, wie es vor Zeiten gewesen. Zugleich kam auch die Schlange herbei, kroch auf den Knaben zu und richtete sich an ihm in die Höhe. Der Junge hätte es schon getan, der hatte Mut genug dazu, aber sein Vater erschrak, sprang hinzu und riß ihn weg. Da wurde die Burg mit einem Schlag wieder zur Ruine, die Schlange kroch wieder fort und winselte und klagte, sie könne jetzt nicht eher wieder erlöst werden, bis das kleine Eichbäumchen am Niedernberg beim Rodenstein so groß geworden sei, daß ein Sarg daraus gemacht werden könne.

Wolf, Hessische Sagen Nr. 42

irt und Edelfräulein

Der Krumbacher Hirt trieb eines Sonntags Morgens die Herde am Rodenstein vorbei und kam nach und nach in die Gegend des Eichbrünnchens. Da sah er auf einmal ein schönes, weißes Edelfräulein stehen, das die schönsten schneeweißen Linnen in der Quelle wusch. Der Hirt fing an zu schelten, daß sie den heiligen Sonntagmorgen mit ihrer Hände Arbeit verunehre, aber sie antwortete ihm, sie sei dazu verwünscht, und kein Mensch könne sie davon erlösen, als wer sie drei Tage hintereinander in drei verschiedenen Gestalten dreimal auf die beiden Augen und auf den Mund küsse.

Wie sie nun so schön und holdselig vor ihm stand, war der Hirt es wohl zufrieden und gab ihr drei Küsse. Den andern Tag kam er wieder, da fand er sie als Kröte, und ob es ihm gleich grauste, gewann er es doch über sich, ihr auch so die drei Küsse zu geben. Am dritten Tag war sie aber eine Schlange, und als sie sich so an ihm hinauf ringelte, entsetzte er sich und schrie - da verschwand sie augenblicks mit großem Getöse.

Jetzt kann sie nicht anders erlöst werden, als durch einen Knaben, der in der Wiege liegt, die muß aus dem Holz eines Nußbaums gemacht sein, der aus einer Nuß wächst, die ein kleines Nußpflänzchen trägt, welches im Schloßhof steht.

Wolf, Hessische Sagen Nr. 44

ie drei Schwestern und der Hund am Schnellerts

Im Schnellertsschloß lebten einmal drei Schwestern, die eine war zur Hälfte weiß und zur Hälfte schwarz, die beiden anderen dagegen war ganz weiß. Bei ihnen hielt sich gewöhnlich ein großer, schwarzer Hund auf, der zuweilen bellte. Mitunter wurde ein Hahn in der Nähe der Schwestern gesehen. Der setzte sich gewöhnlich auf eine Mauer und krähte.

Einstmals erschienen die Schwestern einem Mann. Die eine sagte zu ihm: „Wenn ich dich dreimal küssen darf, dann werde ich dich reich machen." Der Mann wars zufrieden, konnte er sich doch ein sorgenfreies Leben in der Zukunft ausrechnen. Die Frau fuhr fort: „Ich komme aber in der Gestalt einer Schlange." Auch das war dem Manne recht. Als aber die Schlange kam und ihn küssen wollte, bekam er es doch mit der Angst zu tun und rief: „Herr Jesus!" Mit einem Schlag war alles verschwunden. Der Mann wurde nicht reich, und die drei Schwestern warten noch auf ihre Erlösung.

Erzähler unbekannt

ie Geiß im unterirdischen Gang zwischen Rodenstein und Schnellerts

Nach einer alten Sage führen zwei unterirdische Gänge vom Schnellerts nach benachbarten Burgen, und zwar der eine nach dem Reichenberg, der andere nach dem Rodenstein. Als Beweis für den letzteren wurde folgende Geschichte von Balthasar Kaffenberger in Eberbach erzählt:

Den Wirtsleuten auf dem Pachthof am Rodenstein war eine Geiß entlaufen, sie kam auch nicht zurück, und so mußte alles, was Beine hatte, springen und suchen. Babette, die Magd, fand das Tier endlich in dem Burggraben hinter der Ruine, wo es sich an einem Haselstrauch gütlich tat. Schnell wollte sie zugreifen, doch die Ziege entschlüpfte ihren Händen, sprang den dachjähen Rain hinauf und durch die Hinterpforte in den Zwinger, verschwand jedoch vor den Augen des nacheilenden Mädchens in dem alten Burgkeller, in dem es nicht geheuer ist, denn da wäwwerts. Aber auch in diesen verrufenen Keller folgte Babette nach, aber keine Geiß war zu sehen in dem düsteren Raum. Was tun? Das Mädchen lauschte in die Finsternis und hörte plötzlich aus der hintersten Ecke ein klägliches „Mäh, Mäh." Die Magd folgte dem Ton und war in einem langen Gang unter der Erde. Trotz völliger Finsternis tastete sie sich weiter, unermüdlich. Die fliehende, meckernde Geiß war ihre Führerin, stundenlang. Allmählich dämmerte es ein klein wenig, und nach einer Biegung brach helles Sonnenlicht herein. Verdutzt, geblendet stand des Tier endlich im Freien still. Das Mädchen packte zu, hielt es fest, fest und sicher an den Hörnern.

Glücklich, siegesfroh, die Geiß an der Seite, eilte die Brave dem Tag entgegen ins Freie hinaus. Dort waren Waldarbeiter aus Kainsbach und schauten ein lebendes Bild. Jungfrau mit Ziege, von der Ruine Schnellerts umrahmt. Die Männer staunten und fragten: „Woher?" „Vom Rodenstein, sagt, wo bin ich?" „Du stehst in der alten Schnellertsburg, bist durch den geheimen Gang gekommen."

Die freundliche Leute halfen noch mit einem Strick und einem Stock aus, und Magd und Zeige traten im Freien den Heimweg an. Es war schon spät, als sie den Rodensteiner Hof erreichten.

So ist's wahr, was die Alten immer schon erzählt haben: Vom Rodenstein führt ein unterirdischer Gang nach dem Schnellerts, und ein alter, ernster Mann ist es gewesen, der die Geschichte dem Lehrer Moritz Repp 1910 erzählt hat.

Hieronymus, Reichelsheimer Sagen- und Geschichtenbuch S.150

as Eichbrünnchen

In der Nähe des Rodensteins am Fuße einer alten Eiche, quillt das Eichbrünnchen, in welchem die Rodensteiner ihre Kinder taufen ließen.

Eines Abends war den Leuten, welche am Fuß der Burg wohnen, ein Magd fortgegangen, sie wußten nicht wohin. Als sie das Mädchen lange in der nächsten Umgebung des Hauses gesucht hatten, fanden sie es endlich am Eichbrünnchen. Es wollte aber durchaus nicht von der Stelle hinweg und fragte, ob sie den schönen Wagen nicht gesehen hätten, mit dem sie fortfahren sollte. Diese Magd war aber ein gülden Sonntagskind.

Andere erzählen die Sage folgendermaßen: Die Magd erzählte, als man sie fand, sie sei, während die übrigen Hofleute beim Spinnen gesessen hätten, vor die Tür gegangen, um irgendein Geschäft zu verrichten. Als sie eben in den Hof getreten, sei eine vierspännige Kutsche vorgefahren, in welche man sie, ehe sie sich's versehen, geschwind hineingehoben hätte. Alsdann sei die Kutsche pfeilschnell querfeldein gefahren und erst in einem entfernten Wiesengrund habe man sie wieder freigegeben.

Wolf, Hessische Sagen Nr.27

In einem Odenwalddorf

ls Hexe gezeichnet

In einem Städtchen im Odenwald hatten einmal ein paar Bauern eine Hexe in einem Sack gefangen. Sie nahmen nun ihre Dreschflegel zur Hand und schlugen so lange darauf los, bis der Sack, der anfangs leer zu sein schien, ganz dick und voll wurde. Zuletzt, als man das Gesicht der Hexe fühlen konnte, meinte einer der Bauern, man solle sie doch nicht ungezeichnet entspringen lassen, und stach sie mit einer Gabel zwischen Mund und Nase. Als die Bauern den Sack aufmachten, war er auf einmal wieder leer. Aber eine Frau im Orte ging lange mit verbundenem Munde herum und war als eine Hexe gezeichnet für ihr Lebtag.

Glenz, Heimatsagen Nr.12

ie Hexe auf dem Mist

Im Odenwald lebte ein Bauer, der war so arm, daß kaum das tägliche Brot im Hause war, und doch hatte seine Frau jederzeit Geld und zog ein seidenes Kleid an, wenn sie Sonntags in die Kirche ging. Eines Tages drang er heftig mit Bitten und Drohen in sie, daß sie ihm sagen solle, woher ihr der Wohlstand komme. Da sprach sie, er solle mit ihr in den Hof gehen auf den Misthaufen, so wollte sie ihn lehren, wie er es anfangen möchte, um glücklich zu werden gleich ihr. Er ging mit ihr hinaus, da stellte sie ihn neben sich auf den Mist und hieß ihn alles, was sie sagen werde, nachsprechen. Dann hub sie an und sprach: „Ich stehe hier auf diesem Mist und verleugne unsern Herrn Jesu Christ." „Und ich schlag` tot, was des Teufels ist!" rief der Bauer und schlug die Hexe mit der Mistgabel auf den Kopf, daß sie hinfiel und nimmermehr aufstand.

Wolf, Hessische Sagen Nr.105

as Bannen

Es gab vor vielen Jahren im Odenwald Leute, die bannen konnten. Das heißt, sie konnten unter Hersagen eines Zaubersprüchleins eine Person festhalten. Ein Odenwälder Bauer gewahrte eines Abends einen Mann, der auf einen Zwetschenbaum stieg, um die Zwetschen zu stehlen. Sofort bannte er den Dieb, der daraufhin bis zum nächsten Morgen auf dem Baum sitzen bleiben mußte und sich so lange nicht rühren konnte, bis ihn der Bauer wieder vom Bann befreite. Eine Person, welche gebannt wurde, mußte immer vor Sonnenaufgang vom Bann befreit werden. Blieb sie bis Sonnenaufgang gebannt, dann fiel sie zu einem Aschenhaufen zusammen.
Hess, Spuk Nr.51

ie gebannte Hexe

In einem Odenwälder Bauernhaus erkrankten nach und nach sechs Kinder. Die Kinder hatten keinen Appetit, magerten ab, fühlten sich schwach, hatten aber keine Schmerzen. Nach vier Wochen trat dann immer Besserung ein.

Als das erste Kind erkrankte, holte, man eine heilkundige Frau, diese brauchte dem Kind, bis es besser wurde. Beim zweiten Kind geschah das Gleiche. Als das so weiter ging, meinte die heilkundige Frau, hier ginge es nicht mit rechten Dingen zu. Sie fragte die Eltern, ob ihnen nicht einmal im Haus etwas aufgefallen wäre. Da antworteten die Eltern, sie könnten sich gut entsinnen, daß sie in letzter Zeit eine große, schwarze Katze im Haus gesehen hätten, die sie immer mit bösen, feurigen Augen angeklotzt habe. Da meinte die Frau, die Katze sei in Wirklichkeit eine gefährliche Hexe gewesen. Wenn sie dieselbe wieder im Haus sehen würden, sollten sie sofort zu ihr schicken.

Als tatsächlich nach einigen Tagen die schwarze Katze wieder im Haus war, benachrichtigten die Eltern die heilkundige Frau. Die kam auch bald und brachte einen Mann aus dem Dorf mit, der Hexen bannen konnte. Als er die Katze auf der Bodentreppe sitzen sah, sagte er seinen Zauberspruch, und die Katze war gebannt und konnte nicht mehr vom Platz. Man holte einen Sack, steckte sie hinein und hing sie an den Durchzugsbalken. Am nächsten Morgen kurz vor Sonnenaufgang befreite der Mann die Katze wieder vom Bann und ließ sie laufen. Wütend fauchend raste sie davon. Während der Zeit, in der die Katze gebannt war, suchte ein Mann aus dem Dorf überall seine Frau. Und genau um die Zeit, da man die Katze laufen ließ, kehrte seine Frau wieder zu ihm zurück. Diese Frau war fortan im Dorf als gefährliche Hexe bekannt und gefürchtet.

Hess, Spuk Nr. 106

ie Hexe am viereckigen Waldstück

In einem Waldstück, das zwei Jahre eingepflanzt war und zwischen zwei Odenwalddörfern lag, wurde oftmals in der Dämmerstunde eine Gestalt beobachtet. Sie lief dort hin und her, als ob sie etwas suchen wollte. Kein Mensch wagte es, sich ihr zu nähern, sie zu stören oder sie anzusprechen. Die Gestalt, die immer nur von weitem beobachtet wurde, verschwand dann immer ganz plötzlich. Die Leute in der Gegend sprachen nur noch von der Hexe am viereckigen Stück.

Eines Abends fuhr ein junger Bauer mit seinem mit einem Pferd bespannten Spazierwagen an dem Waldstück vorbei und bemerkte die weiße Gestalt. Er lenkte sein Pferd vom Weg ab und fuhr direkt auf die Gestalt zu. Kurz vor ihr hielt er an. Da scheute das sonst ruhige Tier, machte einen Sprung zur Seite, sauste mit dem Wagen davon und warf ihn um. Dabei riß es sich an einem Baumstumpf den Leib auf, so daß es abgeschlachtet werden mußte. Der junge Bauer brach sich ein Bein und konnte lange Zeit nichts arbeiten. Damals sagten die Leute, man dürfe arme Seelen, die auf der Erde herum wanderten, nicht stören.

Hess, Spuk Nr.16

Der Teufel im Odenwälder Bauernhaus

Bei einem gottesfürchtigen Bauern in einem Dorf im hinteren Odenwald saß vor vielen Jahren abends eine Gesellschaft zusammen. Da ging in vorgerückter Stunde plötzlich die Tür auf und der Teufel kam hereingestürzt und setzte sich frech mit an den Tisch. Auf die Aufforderung des Bauern, er solle sofort sein Haus verlassen, hier habe er nichts zu suchen, lachte der Teufel nur und antwortete: „Wenn du mir jemand gegenüberstellst, der in den letzten vier Wochen frei von Sünde war, dann verlasse ich dein Haus, aber sonst niemals." Der Bauer antwortete: „Der bin ich, ich bin ein frommer Mann und begehe keine Sünde. Mach jetzt, daß du raus kommst." Da lachte ihn der Teufel aus und warf ihm verschiedene Sünden vor. Jetzt holte man den katholischen Geistlichen, aber auch der konnte den Teufel nicht zum Verlassen des Hauses bewegen, denn auch ihm hielt der Teufel einige Sünden vor. In der Verzweiflung holte man nun einen jüdischen Rabbiner herbei, aber auch der war nicht frei von Sünde. Jetzt bat man einen protestantischen Pfarrer herzu. Als ihn der Teufel sah, fing er an zu lachen und sagte, was er denn wolle, er habe ja erst gestern auf seinem Weg von einer Beerdigung nach Hause vom Baum eines Bauern einen Apfel gestohlen und gegessen. Das stimme zwar, antwortete der Pfarrer, er habe den Apfel genommen, weil er hungrig gewesen sei. Dafür habe er aber ein Zehn-Kreuzer-Stück in ein Stückchen Papier gewickelt und an die Stelle gehängt, wo er den Apfel weggenommen habe. Als der Teufel das gehört hatte, verließ er eilends das Haus.

Hess, Spuk Nr.34

er Teufel im Pferdestall

Zwei arme, junge Leute heirateten einander, und es ging ihnen herzlich schlecht. Von dem bißchen Verdienst, den sie hatten, konnten sie nicht einmal so viel Brot kaufen, um ihren Hunger zu stillen. Sie wohnten ganz am Ende eines Odenwalddorfes in einem kleinen Häuschen. Nicht weit von ihnen wohnte ein Graf in einem herrlichen Schloß. Sie bemerkten oft, daß die gräflichen Hunde viel besseres Futter bekamen, als sie zu essen hatten, und seufzten oft: „Wenn wir uns doch auch so satt essen könnten wie die Hunde." Wenn die beiden armen Menschen abends in ihrem Kämmerlein saßen, wünschten sie sich oft: „Ach, könnten wir es denn nicht auch so gut haben wie der Graf, der weiß, warum er lebt, gegen den sind wir noch weniger als ein Stück Vieh."

So befanden sich die beiden Menschen wieder einmal im Wald, nicht weit vom gräflichen Schloß entfernt, und sammelten Holz. Da fuhr der gräfliche Wagen die Straße entlang, bespannt mit zwei prächtigen Rappen mit silberbeschlagenem Geschirr. Da meinte wieder die arme Frau: „Ach, wenn wir doch auch so reich wären und hätten es so gut wie der Graf." Im selben Moment trat ein schmucker Jäger mit langer Feder am Hut zu den beiden und sagte: „Euer Wunsch soll erfüllt werden. Kommt heute abend nach Eintritt der Dunkelheit dort drüben in den gräflichen Pferdestall, der leer ist." Nach diesen Worten verschwand der Jägersmann wieder im Gebüsch. Die armen Menschen erschraken sehr und eilten schnell nach Hause. Sie überlegten lange, kamen dann aber übereins, bei eingetretener Dunkelheit in den Pferdestall zu gehen. Dort angekommen, blieb zuerst alles ruhig. Auf einmal kam ein ungeheuerer Windstoß, der die im Stall liegenden Pferdeäpfel an die Decke schleuderte, daß es nur so knallte. Von der Decke fielen dann die Pferdeäpfel als Gold- und Silberstü cke und Edelsteine in die Pferdekrippen, bis sie davon ganz voll waren. Die beiden armen Menschen standen wie erstarrt und fürchteten sich sehr. Da stand plötzlich mitten im Stall eine Gestalt, es war aber nicht der schmucke Jägersmann, sondern eine komische, eklige Figur, halb so groß wie ein Mann, mit großen, runden Eulenaugen, die einen schrecklichen Glanz ausstrahlten. Ihre Finger liefen in Krallen aus, die Füße glichen Gänsefüßen, am Kinn hatte sie einen Ziegenbart.

Die beiden Menschen wußten sofort, daß der Teufel leibhaftig vor ihnen stand. Er sprach jetzt zu ihnen, daß sie sich von dem Geld und den Edelsteinen so viel aus den gefüllten Krippen nehmen dürften, wie sie für ihr ganzes Leben benötigten. Nur müßten sie ihm zuerst versprechen und schwören, auf seine Bedingungen einzugehen, und die wären: Das erste lebendige Wesen, das in ihrem Haus das Licht der Welt erblicken würde, sollten sie an ihn abgeben. Dann müßten sie Gott den Herrn verleugnen, der christlichen Kirche entsagen und sich von all ihren Zeremonien fernhalten. Als die beiden den Teufel so reden hörten, erschraken sie sehr und sagten, die Bedingungen könnten sie nicht erfüllen. Daraufhin erlosch sofort das bläuliche Lämpchen im Stall, ein kräftiger Windstoß schleuderte alles Geld und alle Edelsteine an die Stalldecke, von der es als Pferdeäpfel wieder herunter fiel. Auch der Teufel war verschwunden, nur hörten sie von fern sein schreckliches Lachen. Die beiden verließen jetzt schnell den Stall und gelobten, mit ihrem Schicksal zufrieden zu sein, und niemals mehr zu wünschen, reich zu sein.

Hess, Spuk Nr.104

ächtlicher Friedhofsbesuch

In einer Odenwälder Bauernstube hielten mehrere Odenwälder Buben und Mädchen eine Spinnstube ab. Fleißig surrten zuerst die Spinnräder, die Burschen schleppten ein Faß Bier herbei, dann wurde getanzt und gesungen, und alle waren fröhlich und übermütig. Nach allen möglichen Streichen kam ein junger Bursche auf den Einfall, seine Freunde zu fragen, wer von ihnen den größten Mut habe, der solle auf den zehn Minuten entfernten Friedhof gehen und ein Kreuz holen. Sofort erklärte sich ein Bursche zu dieser Freveltat bereit. Er ging zum Friedhof, holte ein Kreuz

und brachte es auch dorthin wieder zurück. Als er wieder bei der Spinngesellschaft eintraf und ihn alle wegen seines großen Mutes lobten, sagte er den erstaunten Mädchen: „Ja, ja, ihr Mädchen, zu einer solchen Tat seid ihr doch zu feige." Darauf sprang ein Bauernmädchen auf und antwortete ihm: „Was sagst du? Wir Mädchen wären zu feige. Was du kannst, das kann ich auch." Sie verließ die Stube und kam nach kurzer Zeit mit einem weißen Kreuz zurück und zeigte es der überraschten Gesellschaft. Dann brachte sie es auf seinen Platz auf dem Friedhof zurück. Aber zurück kam das Mädchen nicht. Ihre Freunde und Freundinnen meinten, sie sei gleich vom Friedhof nach Hause gegangen und machten sich später auch auf den Heimweg.

Am nächsten Morgen fand man das Mädchen tot auf einem Grab liegen. Als es das Kreuz am Vorabend wieder auf seinem Platz in die Erde gesteckt hatte und sich entfernen wollte, wurde sie vom Geist des Toten festgehalten, so glaubte sie jedenfalls, geriet in Panik und bekam einen Herzschlag und sank tot auf dem Grab nieder. In Wirklichkeit hatte sie ihren Schürzenzipfel mit dem Kreuz festgesteckt.

Hess, Spuk Nr.6

as naßgeweinte Tuch

Ein Odenwälder Bauer befand sich noch um Mitternacht auf dem Weg zu seinem Heimatort. Sein Weg führte ihn an einem Friedhof vorbei. Dort hörte er lautes Schluchzen und Weinen. Als er einen ängstlichen Blick durch das Tor warf, sah er nicht weit davon auf einem Grabhügel eine weiße Gestalt sitzen. Sie weinte. Erschrocken machte er schnell kehrt und meldete im Städtchen, was er auf dem Friedhof gehört und gesehen hatte. Vier Männer gingen sofort mit ihm zur Stätte des Erschreckens, fanden dort aber niemand mehr vor. Es herrschte Totenstille. Am nächsten Morgen fand man auf dem Grabhügel ein naßgeweintes Taschentuch.
Hess, Spuk Nr. 7

in Mann im schwarzen Anzug

Es war im Jahr 1878, als ein Soldat sich auf Urlaub in sein Heimatort begab. Sein Weg führte ihn an seinem Friedhof vorbei. Es war bereits nach Mitternacht, als er ihn passierte. Da hörte er Männerstimmen. Vor dem Friedhofstor sah er einen Mann im schwarzen Anzug und mit Zylinder stehen. Auf der anderen Seite der Straße stand ebenfalls ein Mann in der gleichen Kleidung. Dem Soldaten blieb nichts anderes übrig, als zwischen beiden Männern hindurchzugehen, obwohl ihm dabei recht unheimlich zumute war. Seinen Gruß erwiderten sie nicht. In seinem ganzen Leben blieb dem Soldaten rätselhaft, was die beiden Männer zur mitternächtlichen Stunde am Friedhof zu tun hatten.

Hess, Spuk Nr. 7/2

as Licht auf dem Friedhof

In einem Odenwalddorf merkten Leute in einer Nacht nach 12 Uhr, daß auf dem Friedhof, auf den sie von der Dorfstraße aus sehen konnten, sich zwischen den Gräberreihen ein Licht hin und her bewegte. Einige beherzte Männer näherten sich dem Friedhof und stellten ein verschwommenes Licht fest. Der Dorfschulze untersuchte am nächsten Tag den Friedhof, stellte aber nicht die geringsten Veränderungen oder Beschädigungen fest. So beobachteten die Ortsbewohner noch fünf Nächte hintereinander dieses seltsame Licht auf dem Friedhof. Dann ist es bis auf den heutigen Tag nicht mehr erschienen.

Hess, Spuk Nr.103

ächtliches Erlebnis eines Schneiders

Ein Schneider ging zu mitternächtlichen Stunde nach Hause. Sein Weg führte mitten durch den Wald. Er war den Weg schon mehr als hundertmal gegangen und hatte keine Angst. Aber heute war ihm sonderbar zu Mute. Ihm ahnte, er werde in diesem Wald noch etwas Schlimmes erleben. Oft drehte er sich um, weil er meinte, er höre ein Geräusch hinter sich. Da plötzlich spürte er, wie ihm eine schwere Gestalt auf den Rücken sprang und sich von ihm tragen ließ. Sehen konnte er sie aber nicht. Er glaubte zuerst, er bekäme vor Angst einen Herzschlag. Sein Versuch, die Gestalt auf seinem Rücken abzuschütteln, gelang ihm nicht. Als er nach der Gestalt griff, merkte er, daß sie sich eisig kalt anfühlte. Da wußte er, daß er einen Toten auf dem Rücken trug. Es blieb ihm nichts anderes übrig, als die schwere Last weiterhin zu tragen. Die Beine zitterten ihm so sehr, daß er meinte, jeden Augenblick zusammenbrechen zu müssen. Erst nach einer halben Stunde sprang die Gestalt von seinem Rücken herunter. Durch und durch naßgeschwitzt, an allen Gliedern zitternd kam der Schneider zu Hause an. Er gelobte, niemals mehr des Nachts durch einen dunklen Wald zu gehen.

Hess, Spuk Nr.13

er ewige Jude

Vor vielen Jahren ging einmal über dem Odenwald ein schweres Gewitter nieder. Während das Wasser in Strömen floß und sich weder Mensch noch Tier im Freien aufhalten konnten, betrat ein altes Männchen, das eher einem Toten als einem Lebenden glich, die Bauernstube in einem Odenwalddorf und bat um Schutz vor dem Unwetter, der ihm gern gewährt wurde. Auf die Frage des Bauern, woher er käme und wohin er wolle, antwortete das Männchen: „Ich bin der ewige Jude, woher ich komme oder wohin ich gehe ist für mich einerlei. Ich wandle jetzt schon fast 2 000 Jahre auf der Erde hin und her und muß weiterhin auf der Erde hin und her wandern, viele tausend Jahre. Das ist mein Los, wovon ich niemals befreit werden kann. Nach diesen Worten wanderte das Männchen wieder weiter. Erschrocken starrten ihm die Bauersleute nach.
Hess, Spuk Nr.15

as Hiebfestmachen

Während der Freiheitskriege desertierte 1812 in Lyon ein aus dem Odenwald gebürtiger Soldat und kehrte in sein Heimatdorf zurück. Er fühlte sich aber daheim nicht wohl, denn sofort waren die Landjäger hinter ihm her, um ihn festzunehmen. Dennoch hielt er es vier Wochen zu Hause aus. Als er merkte, daß er auf Dauer nicht daheim bleiben konnte, entschloß er sich auf Wunsch seiner Eltern, die vor den Landjägern ebenfalls Tag und Nacht keine Ruhe hatten, wieder zu seiner Truppe zurückzukehren. Bevor er die Rückfahrt antrat, ließen sie Eltern eine Zigeunerin kommen, die Leute hiebfest machen konnte. Das heißt, wenn jemand Schläge bekam, verspürte er nicht den geringsten Schmerz. Also ließen sie ihren Sohn hiebfest machen, denn es war sicher, daß er als Deserteur mindestens 50 Stockhiebe erhielt, sobald er zu seiner Truppe zurückgekehrt war.

Nachdem die Zigeunerin unter Hersagen allerlei Sprüche den Sohn hiebfest gemacht hatte, kehrte er zu seiner Einheit zurück. Er wurde auch sofort übergelegt und erhielt auf Befehl eines Leutnants vorerst 25 heftige Prügel. Da er keinen Schmerzlaut von sich gab, ließ der Leutnant nachsehen und stellte zu seinem Erstaunen fest, daß nicht die geringste Spur von einem Schlag zu sehen war. Er ließ ihn nochmals überlegen und befahl den Soldaten, noch kräftiger als beim ersten Mal zuzuschlagen. Nach 25 Schlägen ließ er wieder nachsehen und stellte auch jetzt wieder fest, daß die Prügel nicht die geringste Spur auf seinem Körper hinterlassen hatten.

Hess, Spuk Nr.18

er nächtliche Reiter

Nicht lange nach dem 30jährigen Krieg wurde öfters ein Reiter bemerkt, der im wilden Galopp über die Felder und Wiesen und durch die Wälder eines Dorfes dahinritt. Einer jeden Person, die ihm bei seinen nächtlichen Ritten begegnete, rief er zu: „Habt Erbarmen, habt Erbarmen!" Wie die alten Odenwälder behaupteten, war es der Geist des Anführers einer Mörderbande, die im 30jährigen Krieg eine Anzahl Menschen im Dorf hinmordete und mehrere Gebäude einäscherte und nun als Strafe Gottes im Grab keine Ruhe finden kann.

Hess, Spuk Nr.40

er Mann im nächtlichen Gewitter

Es ist schon lange her, da ging ein Mann bei Nacht von einem Odenwalddorf zu einem andern. Unterwegs wurde er von einem schweren Gewitter überrascht. Es blitzte und krachte, daß es ihm mitten im Wald sehr unheimlich wurde und er sich sehr fürchtete. Bei jedem Blitz wurde es taghell um ihn herum. Als er an einer mitten im Wald gelegenen Wiese vorbeischritt, kam wieder ein Blitzstrahl und beleuchtete seine Umgebung. Da sah er plötzlich mitten auf der Wiese zwei Gestalten stehen. Vor Schreck konnte er keinen Schritt mehr tun, denn er wußte sofort, das waren zwei Gespenster. Als es wieder dunkel um ihn wurde, sah er zu seinem Schrecken, wie die Gestalten langsam auf ihn zukamen. Er bekreuzigte sich und rief Gott den Vater, Gott den Sohn und Gott den heiligen Geist an, und sofort waren die beiden weißen Gestalten verschwunden.

Hess, Spuk Nr. 49

ächtliche Begegnung

Zwei Odenwälder Bauern unternahmen vor langer Zeit einen Fußmarsch in die Gegend von Heidelberg. Sie gingen abends um zehn Uhr von zu Hause weg, und mochten etwa zwei Stunden gelaufen sein, als plötzlich eine weißte Gestalt vor ihnen stand, mit einem Kind auf dem Arm.

Sie redete beide Männer an und sagte: „Habt Erbarmen, habt Erbarmen mit mir. Ich bin eine Kindesmörderin und kann seit hundert Jahren keine Ruhe im Grab finden. Heute ist der Tag, an dem ich erlöst werden kann, wenn mir die ersten Menschen, die mir begegnen, mein Kind abnehmen. Und das seid ihr, habt Erbarmen, nehmt mir das Kind ab, pflegt es, oder gebt es in Pflege, dann bin ich erlöst und kann endlich Ruhe im Grab finden."

Als die beiden Bauern die Gestalt so reden hörten, erschraken sie sehr und machten, daß sie weiterkamen. Sie hatten sich erst einige Schritte entfernt, da hörten sie hinter sich einen schauerlichen Schrei, und im Jammerton rief die Gestalt: „Jetzt muß ich nochmals als Geist und Gespenst hundert Jahre auf der Erde wandeln und finde keine Grabesruhe." Die beiden Bauern blieben jetzt stehen und überlegten. Sie bekamen Mitleid mit dem unglücklichen Geschöpf und entschlossen sich, das Kind an sich zu nehmen. Als sie zurückgingen an die Stelle, wo die Gestalt gestanden hatte, war der Platz leer, die Gestalt war verschwunden. Aus der Ferne hörten sie leises Weinen und Stöhnen.

Hess, Spuk Nr. 80

ie Katze auf dem Ochsenwagen

Zwei Odenwälder Bauern fuhren mit ihrem Ochsenwagen nach dem Main, um dort von einem Mainschiff Asche zu laden und heimzufahren. Spät in der Nacht fuhren sie hintereinander heimwärts. Auf einmal blieben die Ochsen, die den hinteren Wagen zogen, stehen. Alles Zureden und Antreiben ihres Herrn waren vergebens, sie brachten den Wagen nicht mehr von der Stelle. Lange suchten beide Fahrer vergeblich nach der Ursache. Aber sie konnten sie nicht finden, und der Wagen stand wie angewurzelt. Da sahen sie hinten auf dem Wagen eine schwarze Katze mit zwei glühenden Augen sitzen. Sie versuchten, diese mit Peitschenschlägen vom Wagen zu jagen, aber jedesmal, wenn sie zum Schlag ausholten, fuhr die Peitsche anstatt auf die Katze, auf sie zurück. Sobald sie einen Kienspan ansteckten, kam vom Wagen ein kurzer Windstoß und löschte das Licht aus. Jetzt merkten beide Fahrer, daß sie verhext waren. Sie fingen an zu beten und bekreuzigten sich. Als sie zum dritten Mal das Vaterunser beteten, hörten sie plötzlich neben sich im Wald einen gräßlichen Fluch, gleichzeitig sahen sie, wie der Wagen zitterte. Jetzt konnten ihn die Ochsen wieder ziehen wie vorher. Der Spuk war verschwunden.

Hess, Spuk Nr. 50

er kranke Zugstier

Wie das „Brauchen" im allgemeinen angewendet wurde, erfahren wir in dieser Geschichte. Ein Bauer hatte einen Zugstier, der abends noch gesund war, am nächsten Morgen aber nicht fressen wollte. Man sah es ihm an, daß er krank war. Sofort holte der Bauer einen Mann herbei, der gegen Vieherkrankungen sehr gut brauchen konnte, und bat ihn, den Stier zu heilen. Der Mann untersuchte den Stier und stellte zunächst fest, daß in der Nacht jemand im Stall war, der den Stier verhext hatte. Der Mann machte zunächst das Zeichen des Kreuzes über dem kranken Tier, strich dann in der drei höchsten Namen dreimal mit der Hand über den Rücken und den Leib des Tieres, sagte dann seine Brauchformel mit folgenden Wortlaut:

„Sind deine Schmerzen wie Messers Schneid,
will ich fahren mit der Hand dir um den Leib,
daß die Krankheit soll in drei Tagen so genesen,
als wärst du niemals krank gewesen."
In den drei höchsten Namen + + +.

Dies wiederholte der Mann vier Tage lang. Da war der Stier wieder gesund. Damit in Zukunft des Nachts die Hexen nicht mehr in den Stall konnten, machte der Mann an die inwendige Seite der Stalltür einen Zettel an in den drei höchsten Namen mit drei + + +. Die Rechnung für das Brauchen für den kranken Stier betrug ein Gulden und 80 Kreuzer.

Hess, Spuk Nr. 64

ächtlicher Lärm in einem Bauernhaus

In einem Odenwälder Bauernhaus hörte man jedes Jahr an einem bestimmten Tag in mitternächtlicher Stunde allerhand Lärm, als ob jemand in der oberen Stube herumgeschleift werde. Weiter hörte man dumpfe Schläge, lautes Poltern, als ob Stühle umgeworfen würden und dann jemand stöhnen und jammern. Ältere Leute im Dorf behaupteten, daß in diesem Haus in der oberen Stube vor vielen Jahren eine Frau grauenhaft ermordet wurde.
Hess, Spuk Nr.52

Der Brandstifter

In einem Odenwalddorf gerieten einstmals vor mehr als 100 Jahren ein Müller und ein Arbeiter miteinander in Streit, in dessen Verlauf der Müller den Arbeiter, einen Schnapslumpen, verprügelte. Aus Rache dafür steckte kurze Zeit später der Schnapslump das Wohnhaus des Müllers in Brand, das total niederbrannte. Niemand wußte zunächst, wer der Täter war. Als die ersten Bewohner des Dorfes dem Müller zu Hilfe eilten, hörten sie, wie ein Mann am Wasserlauf entlang, in der Richtung von der Mühle kam und dem Ort zueilte. Er ging den Leuten, die zur Mühle eilten, aus dem Weg. Kurze Zeit später starb der Müller.

Zehn Jahre später kam an einem kalten Wintertag der Schnapslump, der inzwischen ein alter Mann geworden war, zitternd und frierend zu dem Sohn des Müllers und bat um etwas zu essen, was ihm der junge Müller auch gab. Nachdem er gegessen und sich durchgewärmt hatte, legte er dem Müller ein Geständnis ab, daß er es war, der seinerzeit das Wohnhaus seiner Vaters in Brand gesteckt habe. Seit dieser Zeit habe er keine Ruhe mehr, sagte er, und bat um Verzeihung. Wenn ihm nicht verziehen würde, müsse er ewig im Fegefeuer schmachten, oder sein Geist habe im Grab keine Ruhe. Lange danach, als der Schnapslump gestorben war, wollen Leute einen alten, verlumpten Mann am Wasserlauf der Mühle gesehen haben, der laut schrie: „Verzeiht mir, sonst finde ich keine Ruhe!"

Hess, Spuk Nr. 54

ie Blutlache in der Mühle

Vor vielen Jahren arbeiteten in einer Odenwälder Mühle zwei Gesellen, von denen der eine aus dem Österreichischen stammte. Er war ein jähzorniger Mensch, und es kam zwischen den beiden öfters zu heftigen Auseinandersetzungen. So kam es auch wieder einmal zu Streitereien, beide wurden handgreiflich, der Österreicher rutschte dabei auf der Treppe ab, stürzte in das Räderwerk und wurde von diesem zu Tode gedrückt. Der andere Geselle ergriff die Flucht. Es wurde auch behauptet, der Tod des Österreichers sei auf andere Art verursacht worden, er sei nämlich in die Kammräder geschleudert worden.

Nachdem der tote Geselle aus dem Räderwerk befreit worden war, legten sie ihn auf den Boden. Da bildete sich eine merkwürdige Blutlache, welche die Gestalt eines Männerkopfes, von der Seite aus gesehen, hatte. Obwohl diese Blutlache sauber abgewischt wurde, kam sie immer wieder zum Vorschein, und der blutige Männerkopf war immer wieder zu sehen.

Der neu eingestellt Müllergeselle, dem die Mühlenbesitzerin von dem Vorfall nichts sagte, kam nach etwa vier Wochen in der Nacht zu ihr gelaufen und erzählte ihr aufgeregt, daß er beim Reinigen des Fußbodens in der Mühle plötzlich ein blutiges Gesicht auf dem Boden gesehen habe, dessen Lippen sich bewegt hätten. Vor Angst betrat der Geselle die Mühle nicht mehr und kündigte seinen Dienst. Beim nachfolgenden Gesellen war es nicht anders. Auch er kam zur Müllerin und wollte das blutige Gesicht gesehen habe. Die Besitzerin fürchtete sich noch mehr als die Gesellen und wollte die Mühle wegen des nächtlichen Spuks verkaufen.

Hess, Spuk Nr. 98

er Gotteslästerer

In einem abgelegenen Bauernhof im hinteren Odenwald kam eines Abends eine lustige Gesellschaft aus mehreren Burschen und Mädchen aus dem eine halbe Stunde entfernten Dorf zusammen. Es wurde Bier getrunken, gesungen, und es wurden allerlei übermütige Streiche ausgeführt. In später Nachtstunde kam einer der jungen Burschen auf die Idee, zwei der jungen Leute kirchlich zu trauen. Als er seine Absicht bekanntgab, bekam er starken Beifall. Ein Bursche und ein Mädchen erklärten sich sofort bereit, sich trauen zu lassen. Der Bursche, der die Idee hatte, verkleidete sich als Pfarrer und traute unter großer Heiterkeit der anderen das Paar.

Die alte Großmutter im Nebenzimmer hörte das alles mit zu. Sie warnte und rief den jungen Leuten zu, sie sollten ja nicht glauben, daß der Herrgott solchen Frevel zuließe. Aber man lachte sie nur aus. Die jungen Leute johlten und tobten weiter. Jetzt wurde ein Puppe geholt, als Täufling gekleidet, und der Bursche nahm auch noch eine Kindtaufe vor. Die Großmutter geriet vor Zorn außer sich, riß die Tür auf und schrie: „Ihr unverschämtes Gesindel, schämt ihr euch nicht, so Gott zu lästern, wartet nur, ihr werdet euere Strafe schon noch kriegen." Da meinte ein Bursche: „Geh wieder in dein Bett, Großmutter, sonst werden wir dich auch noch beerdigen."

Nachdem die jungen Leute noch eine Zeitlang gefeiert hatten, machten sie sich auf den Heimweg, der an einem Eichenwäldchen vorbei führte. Da krachte plötzlich ein Schuß, der junge, hübsche Bursche, der die Trauung und die Kindtaufe vorgenommen hatte, stürzte schreiend nieder, und die anderen rannten schnell davon. Der Bursche sprang wieder auf und lief heulend hinter den anderen her. Als sie im Dorf ankamen, stellten sie fest, daß der Frevler durch das Geschoß am rechten Auge und an der Nase schwer verletzt war. Er kam ins Krankenhaus. Als er entlassen wurde und ins Dorf zurückkam, war sein

Gesicht so verstellt, denn das Auge war herausgenommen und die Nase verstümmelt, daß ihn fast niemand mehr erkannte. Als man dies alles der alten Großmutter erzählte, meinte sie, das habe sie vorausgesehen, den habe der Herrgott wegen seiner Gotteslästerei für sein ganzes Leben gekennzeichnet.

Hess, Spuk Nr.101

er Grenzsteinversetzer

Es ist schon lange her. In einem abgelegenen Odenwalddorf wohnten zwei Bauern friedlich nebeneinander. Bis auf einmal, da kam der Geiz über den einen. Er versuchte, sich zu bereichern, wo er konnte. So versetzte er auch eines Tages die Grenzsteine zwischen den Grundstücken zu Ungunsten seines Nachbarn. Lange Zeit merkte der geschädigte Nachbar nichts, da die Grenzsteine in einem Waldgrundstück versetzt wurden. Als er es aber schließlich merkte, brach der Streit zwischen den beiden seither friedliebenden Bauern aus. Es kam zu einem Prozeß, den der geschädigte Bauer, obwohl er im Recht war, verlor, so daß er zu seinem Schaden noch die Gerichtskosten zu tragen hatte. In der damaligen Zeit wurde nicht immer nach Recht entschieden.

Aus Wut über seinen Schaden verfluchte der geschädigte Bauer seinen Nachbarn und wünschte ihm alles Schlechte. So wünschte er ihm unter anderem, er solle im Grab keine Ruhe haben, und sein Geist solle in jedem Jahr an dem Tag, da er den Grenzsteinfrevel begangen hat, an der Stelle herumirren, wo früher der Grenzstein sich befunden hat. Daher kam es, daß Leute schon viele Male an der Stelle, meistens um Mitternacht, ein altes, graues Männchen beobachtet haben, das ängstlich hin und her ging, auf den Boden starrte und den versetzten Grenzstein suchte.

Hess, Spuk Nr. 9

Der wilde Jäger

Es war am letzten Wiesenmarkttag des Jahres 1865. Ein Truppe junger Burschen und Mädchen befand sich in später Nachtstunde auf dem Heimweg in ihr Odenwalddorf. Sie sangen fröhliche Lieder und waren guten Muts. Da plötzlich hörten sie einen lauten Lärm, der immer näher kam. Gespannt horchten sie in die Nacht hinein, da hörten sie zu ihrem Erstaunen über sich in der Luft lautes Hundebellen, Peitschenknallen, Schießen, wildes Stimmengewirr und Räderrollen. Als sie zu Hause ankamen und ihren Eltern aufgeregt erzählten, was sie gehört hatten, sagten diese: „Kinder, das war der wilde Jäger, der über den Odenwald hinweg brauste, er wird uns doch kein Unglück bringen?" Ein Jahr später brach der deutsche Bruderkrieg aus.

Hess, Spuk Nr. 36

er feurige Wagen

Es war nicht lange nach dem 30jährigen Krieg, da fuhr durch den Odenwald ein feueriger Wagen, bespannt mit vier Rossen. Aus allen Teilen des Wagens schlug das Feuer heraus. Die Kerle, die darauf saßen, waren rotglühend, aus Mund und Ohren schlug das Feuer heraus. Ebenso waren die Rosse rotglühend, auch bei ihnen schlug überall das Feuer heraus. Die Fahrer hatten es eilig. Sie schlugen mit den Peitschen heftig auf die wild dahinjagenden Rosse. Die alten Odenwälder bekreuzigten sich immer, wenn von diesem Feuerwagen gesprochen wurde, und sagten: „Das waren im 30jährigen Krieg die Anführer von Mörderbanden, die viele Häuser in Brand steckten und unschuldige Menschen hinmordeten."

Hess, Spuk Nr.53

Literaturverzeichnis

Bader, Karl: Hessische Sagen 2. Reihe. Selbstverlag des Herausgebers für den Buchhandel: Schlapp, Hof-Buchhandlung. Darmstadt 1912

Brüder Grimm: Deutsche Sagen. Parkland Verlag. Stuttgart 1974

Buxmann, Philipp: Ortschronik von Ober-Kainsbach. Hrsg.: Ortsbeirat Ober-Kainsbach und die Gemeinde Reichelsheim. Ober-Kainsbach 1992

Dascher, Georg: Ober-Kainsbach

Esselborn: Hessische Heimat 1921/22

Glenz, Wilhelm: Heimatsagen aus dem Kreise Erbach. Darmstadt 1929

Hardes, Werner: Der Odenwald: Heimatkundliche Zeitschrift des Breuberg-Bundes, Heft 1/1960, 2/1960, 4/1960

Haas, Jakob: Unter der Dorflinde. Heft 7/1933, 12/1934

Hess, Leonhard: Spuk- und abergläubische Geschichten; Sagen, Sitten und Gebräuche aus dem Odenwald. Verlagsgemeinschaft Blumenschein-Dascher-Steinmetz. Ober-Kainsbach 1987

Heß: Die Heimat. Heft 3/1934

Hieronymus, Ernst: Das Reichelsheimer Sagen- und Geschichtenbuch. Heimatkundliche Schriftenreihe der Gemeinde Reichelsheim. Reichelsheim 1997

Höreth: Die Heimat. Heft 3/1978

Interessengemeinschaft Heimatmuseum Rodenstein e.V.: Die Rodensteiner, Geschichte und Sagen. Fränkisch-Crumbach 1982

Mößinger, Friedrich: Südhessische Sagen; Heppenheim 1950 der Schriftenreihe für Heimatkunde und Heimatpflege im südhessischen Raum, Heft 6, hrsg. im Auftrag der Südhessichen Post, Heppenheim von Dr. Heinrich Winter

Müller, Christian: Sagen und Erzählungen aus dem Odenwald. Pöschel & Trepte. Leipzig 1900

Pfister, H.: Sagen und Aberglauben aus Hessen und Nassau. Marburg 1885

Schlicht: *Die Heimat. Heft 10/1972*
Schwinn, Karl: *Reichelsheim im Naturpark Bergstraße-Odenwald, 2. überarbeitete Auflage, Hrsg.: Gemeinde Reichelsheim im Odenwald 1993*

Schwinn, Karl: *Die Evangelische Kirche zu Reichelsheim im Odenwald hrsg. von der evangelischen Kirchengemeinde Reichelsheim im Odenwald 1978*

Schüppel, Horst E. M.: *Güttersbach erzählt. Selbstverlag des Verfassers. Güttersbach 1968*

Volk und Scholle: *Nr. 11. Heft 9/1933*

Wolf, Johannes Wilhelm: *Hessische Sagen. Olms Verlag. Leipzig 1982*

Wolf, Johannes Wilhelm: *Die Sagen von Rodenstein und Schnellerts und ihre Bedeutung für die deutsche Alterskunde.*

Zabel, Günter: *Der Axthirsch und andere Sagen aus dem Odenwald. Hrsg.: Werner Weyrauch. Schnelldruck Verlag. Michelstadt 1981*

Zehfuß, Heinrich: *Die Herren von Rodenstein nebst der Sage von den Wandergeistern auf Schnellerts und Rodenstein. Darmstadt 1825*

lea 25,-